ARZTRECHT KOMPAKT

W. Hirche
Rechtsanwalt

ARZTRECHT KOMPAKT

Juristischer Ratgeber
für die
Arztpraxis

Anschrift des Autors:
Wolfram Hirche
Siegfriedstraße 20
80803 München

Hirche, Wolfram
ARZTRECHT KOMPAKT: Juristischer Ratgeber für die Arztpraxis/W. Hirche
ISBN 3-930527-00-6
NE: Wolfram Hirche, Illustrationen von Erik Liebermann

6. überarbeitete und ergänzte Auflage, 1998

Geschützte Warennamen (Warenzeichen) werden nicht immer kenntlich gemacht. Aus dem Fehlen eines solchen kann nicht geschlossen werden, daß es sich um einen freien Namen handelt.

Alle Rechte, insbesondere das Recht der Vervielfältigung und der Verbreitung sowie der Übersetzung vorbehalten. Kein Teil des Werkes darf in irgendeiner Form (durch Fotokopie, Mikrofilm oder ein anderes Verfahren) ohne schriftliche Genehmigung des Verlages reproduziert werden. Gleiches gilt für die Einspeicherung und Verarbeitung in elektronischen Systemen.

© Copyright 1998 by MD-Verlag GmbH, Schleißheimer Str. 141, 80797 München.
Printed in Germany
ISBN 3-930527-00-6

Inhaltsverzeichnis
I. DAS RECHTSVERHÄLTNIS ARZT - PATIENT
1. Kassenpatient ... 11
1.1 Vorteile ... 11
1.2 Verpflichtungen ... 11
1.3 Leistungsanspruch ... 13
1.4 Wirtschaftlichkeit ... 19
1.5 Eingriffe ... 21
1.6 Hausarztprinzip ... 21
1.7 EBM-Reform ... 24
1.8 Dokumentationspflicht ... 25
1.9 Besonderheit Röntgenverordnung ... 26

2. Der Privatpatient ... 27
2.1 Dienstvertrag ... 27
2.2 Haftung des Ehepartners ... 28
2.3 Mahnkosten ... 29
2.4 Verjährung ... 30
2.5 Honorarvereinbarungen ... 30
2.5.1 Formularmäßige Honorarvereinbarungen ... 32
2.5.2 Individualvereinbarung ... 32
2.6 Ausfallhonorar für unpünktliche Patienten ... 33
2.7 Medizinisch notwendige Leistung ... 35
2.8 Rechtsschutzversicherung ... 36

3. Arzthaftung in der Praxis ... 39
3.1 Rechtliche Grundlagen ... 39
3.1.1 Vertragliche Haftung ... 41
3.1.2 Die Haftung aus "unerlaubter Handlung" ... 43
3.2 Der Haftpflichtprozeß ... 45
3.2.1 Beweislastregel ... 45
3.2.2 "Die Balance" im Prozeß ... 46
3.2.3 Der Behandlungsfehler ... 48
3.3 Die Aufklärung des Patienten ... 50
3.3.1 Zwei Wurzeln ... 50
3.3.2 Der Zeitpunkt der Aufklärung ... 51
3.3.3 Aufklärungsumfang ... 52
3.3.4 Der Beweis der Aufklärung ... 55
3.3.5 Aufklärungsmißbrauch durch Patienten ... 56
3.3.6 Verzicht auf die Aufklärung ... 58
3.4 Die Verjährung ... 59
3.4.1 Vertragliche Ansprüche ... 59
3.4.2 Deliktische Ansprüche ... 59
3.4.3 Hemmung der Verjährung ... 60
3.4.4 Unterbrechung der Verjährung ... 60
3.5 Haftung für das Personal ... 60
3.5.1 Das Delegieren ärztlicher Handlung ... 61
3.5.2 Vertragliche Haftung für das Personal ... 62
3.5.3 Deliktische Haftung ... 63
3.5.4 Überwachung des Personals ... 64
3.6 Taktik im Zivil- und Strafverfahren ... 64
3.6.1 Der Verdacht ... 64
3.6.2 Anspruchsabwehr ... 65

3.6.3 Strafantrag ... 69
3.6.4 Gutachter- und Schlichtungsstellen ... 70
4. Gynäkologische Sonderfragen ... 71
4.1 Der Gynäkologe als Zahlvater ... 71
4.2 Die mißlungene Sterilisation ... 72
4.3 Der mißlungene Schwangerschaftsabbruch ... 72
4.4 Beratungsfehler ... 72
5. Der Arzt als Gutachter ... 75
5.1 Die Arbeitsunfähigkeitsbescheinigung ... 75
5.2 Arbeitsunfälle ... 79
5.3 Sonstige Gutachten und Atteste ... 80
6. Der Belegarzt ... 83
6.1 Definition ... 83
6.2 Statistik ... 83
6.3 Die Stellung des Belegarztes ... 83
6.4 Haftungsfragen ... 84
6.5 KV Regeln ... 86
6.5.1 Voraussetzungen ... 86
6.5.2 Honorarfragen ... 87
7. Der Betriebsarzt ... 89
7.1 Grundlagen ... 89
7.2 Aufgaben ... 89

II. ÄRZTLICHES BERUFS- UND STRAFRECHT
1. Die Wirtschaftlichkeitsprüfung ... 91
1.1 Die Durchschnittsprüfung ... 92
1.2 Arzneimittelregreß ... 97
1.3 Die Prüfung nach Richtgrößen ... 98
1.4 Zufallskontrolle ... 99
1.5 Der Weg durch die Instanzen ... 100
1.5.1 Das Prüfverfahren ... 100
1.5.2 Anhörung und Akteneinsicht ... 101
1.5.3 Strategie und Kosten ... 102
1.5.4 Verjährung ... 104
1.5.5 Freie Bahn für Prüfer? ... 105
2. Berufsordnung ... 106
2.1 Patientenkartei ... 106
2.2 Wirken in der Öffentlichkeit ... 106
2.3 Die Behandlungspflicht ... 107
2.4 Werbung ... 107
2.5 Approbationswiderruf ... 108
3. Vertragsärztliches Disziplinarrecht ... 110
3.1 Verfahren ... 111
3.2 Das Entziehungsverfahren ... 112
3.3 Widerspruch ... 113
4. Strafrecht für Ärzte ... 115
4.1 § 263 StGB - Betrug ... 116
4.2 § 323c - Unterlassene Hilfeleistung ... 117
4.3 § 203 StGB - Schweigepflicht ... 119
4.3.1 Tägliche Praxis ... 119
4.3.2 Kindesmißhandlung ... 121

4.3.3 Post mortem 122
4.3.4 Sonderfall: Abrechnung über Verrechnungsstellen 123
4.4 § 218 StGB - Abbruch der Schwangerschaft 124

III. ALLGEMEINE RECHTSFRAGEN IN DER PRAXIS

1. Praxiskauf und -verkauf 127
1.1 Grundlage 127
1.2 Bewertung 127
1.3 Verkauf der Patientenkartei 128
1.4 Lösungsmöglichkeiten 130
1.5 Mietvertragsprobleme 132
1.6 Zulassungsbeschränkungen 133

2. Kauf der Praxiseinrichtung 136
2.1 Pauschalangebote 136
2.2 Kredite 136
2.3 Einschaltung der Ehefrau 136
2.4 Kauf oder Leasing? 138
2.5 Mängelhaftung 139

3. EDV-Einsatz in der Arztpraxis 141
3.1 Computer-Mängel 141

4. Mietvertrag für Praxisräume 144
4.1 Kosten 144
4.2 Laufzeit 145
4.3 Schönheitsreparaturen 146
4.4 Konkurrenz 147
4.5 Praxiszweck 147
4.6 Einbauten 148
4.7 Todesfall 149

5. Der Arzt als Arbeitgeber 150
5.1 Arbeitsvertrag 150
5.2 Sozial- und Steuerrecht 151
5.3 Die Arzthelferin 152
5.4 Die Einstellung 154
5.5 Die Probezeit 155
5.6 Krankheit des Arbeitnehmers 156
5.7 Die Schadenshaftung 159
5.7.1 Haftung des Arbeitnehmers 159
5.7.2 Arbeitsunfall 161
5.8 Das Direktionsrecht 161
5.9 Urlaub 162
5.10 Besondere Arbeitnehmer 164
5.10.1 Auszubildende 164
5.10.2 Werdende Mütter 167
5.10.3 Schwerbehinderte 170
5.11 Die Kündigung 173
5.11.1 Ordentliche Kündigung 173
5.11.2 Die außerordentliche fristlose Kündigung 175
5.12 Zeugnisse 177
5.13 Aushilfen und Teilzeitpersonal 180
5.13.1 Aushilfen 180
5.13.2 Teilzeitpersonal 183

5.13.3 Flexible Arbeitszeit 185
5.14 Assistenten 187
6. Gemeinschaftspraxis und Praxisgemeinschaft 188
6.1 Gemeinschaftspraxis 188
6.2 Die Praxisgemeinschaft 192
6.3 Die „Partnerschaft" 193
6.4 „Arzt-GmbH" 195
7. Meldepflicht für Ärzte 196
7.1 AIDS melden? 196
7.2 Das Bundesseuchengesetz (BSeuchG) 197
7.3 Das Gesetz zur Bekämpfung von Geschlechtskrankheiten 198
7.4 Weitere Meldepflichten 199
7.5 Das Bundeskrebsregistergesetz 200
8. Betreuungsrecht und Zwangseinweisung 201
8.1 Grundlagen 201
8.2 Medizinische Maßnahmen 202
8.3 Die Zwangsunterbringung (§1906) 205

IV. RECHTSMEDIZIN UND SONSTIGES ARZTRECHT

1. Die Todesbescheinigung 206
2. Sterbehilfe 209
2.1 Leitsatz des BGH 209
2.2 Richtlinien der BÄK 211
2.3 Patientenbrief 211
2.4 Tötung auf Verlangen und Beihilfe zum Selbstmord 212
3. Die Alkoholblutprobe 214
4. Sterilisation 215
5. Embryonenschutz 216
6. Sektion 218

V. WICHTIGE URTEILE IN KÜRZE

Urteile (Leitsätze des Verfassers) 220

VI. MUSTERVERTRÄGE UND FORMULARE

1. Behandlungsvertrag (Kassenpatient) 223
2. Behandlungsvertrag (Privatpatient) 223
3. Einverständnis mit privater Abrechnungsstelle 224
4. Einverständnis im Falle der Praxisveräußerung 224
5. Mahnschreiben 225
6. Schweigepflicht-Entbindungserklärung 225
7. Arbeitsvertrag mit Arzthelferinnen 226
8. Aufhebungsvertrag 228
9. Ausgleichsquittung I + II 229
10. Anzeige der Schwangerschaft 230
11. Arbeitsvertrag für Aushilfskräfte 231
12. Vertretungsvertrag 232
13. Vertragsmuster für eine Gemeinschaftspraxis 234

INDEX 237

Vorwort zur 6. überarbeiteten und ergänzten Auflage

Das vorliegende „Arztrecht kompakt" soll dem niedergelassenen Arzt, vor allem dem Gynäkologen, den raschen Zugriff auf die wesentlichen Rechtsfragen seines Berufes ermöglichen. Dabei liegen die Schwerpunkte der Darstellung auf dem Haftungs- und dem Arbeitsrecht für die ärztliche Praxis. In den letzten Jahren hat allerdings der Privatpatient für den niedergelassenen Arzt an Bedeutung gewonnen. Die Fragen der Honorarabrechnung nehmen daher breiteren Raum ein als in früheren Auflagen.

Bei aller Detailfreude kann es nicht die Aufgabe des Buches sein, den kompetenten Rat eines Fachmanns im konkreten Einzelfall zu ersetzen. Es zeigt aber auf, wie der Arzt seine rechtlichen und gerichtlichen Möglichkeiten besser als bisher ausschöpfen kann.

Über 100 Fallbeispiele aus der Rechtsprechung sollen dem Leser das Verständnis erleichtern, auch wenn er nicht mit der juristischen Fachsprache vertraut ist.

Rechtsprechung und Gesetzgebung wurden bis Oktober 1998 berücksichtigt.

Wolfram Hirche, München, Oktober 1998

Abkürzungsverzeichnis

ArbSichG	Arbeitssicherheitsgesetz
BBiG	Berufsbildungsgesetz
BeschFG	Beschäftigungsförderungsgesetz
BetrVG	Betriebsverfassungsgesetz
BGB	Bürgerliches Gesetzbuch
BGH	Bundesgerichtshof
BMÄ	Bundesmantelvertrag Ärzte
BUrlG	Bundesurlaubsgesetz
BVerfG	Bundesverfassungsgericht
GG	Grundgesetz der Bundesrepublik Deutschland
KSchG	Kündigungsschutzgesetz
MuSchG	Mutterschutzgesetz
NJW	Neue Juristische Wochenschrift
SchwbG	Schwerbehindertengesetz
SGB V	Sozialgesetzbuch, Band fünf
StGB	Strafgesetzbuch
TVG	Tarifvertragsgesetz

I. DAS RECHTSVERHÄLTNIS ARZT - PATIENT

1. Der Kassenpatient

1.1 Vorteile

Über 86% der Bevölkerung in Deutschland sind "Kassenpatienten". Dies hat für den Arzt den unübersehbaren Vorteil, daß er dem Geld nicht hinterherlaufen muß und daß die Patienten unabhängig von finanzieller Kalkulation zu ihm kommen können.

Andererseits hat der Arzt dieser schlichten Tatsache zahlreiche Eingriffe in seine Berufsfreiheit zu verdanken - zuletzt mit dem Stichwort "Gesundheitsstrukturgesetz" (GSG) gekennzeichnet. Der Arzt bezahlt also die finanzielle Sicherheit mit einem immer enger werdenden **Kontrollnetz** (Budgetierung, Wirtschaftlichkeitsprüfung, Richtsätze, etc.), und mit der Verpflichtung, am "Sicherstellungsauftrag" *(§§ 72 ff SGB V)* mitzuwirken - z.B. als Notarzt.

Kontrollnetz

1.2 Verpflichtungen

Der Arzt hat zum Kassenpatienten nach Auffassung des Bundessozialgerichtes *(BSG E 33, 158)* kein direktes Vertragsverhältnis. Er ist vielmehr gegenüber den Krankenkassen verpflichtet, deren Mitglieder zu behandeln. Es handelt sich somit um eine Art "Vertrag zugunsten Dritter" i. S. § 328 BGB. Diese Auffassung ist mit einem modernen Verständnis der Privatautonomie des Patienten nicht mehr zu vereinbaren. Die Zivilgerichte gehen daher von einem direkten Vertrag Kassenarzt-Patient aus *(BGH in NJW 1980, 1452)*.

*Was kann der Arzt tun, wenn ein **Patient ohne Versicherungskarte** kommt?*

Patient ohne Karte

Wenn er den Patienten kennt, kann er ihn selbstverständlich auf "Kasse" behandeln und ihn bitten, die Versicherungskarte innerhalb von zehn Tagen nachzureichen. Allerdings bleibt auch dann das Risiko, daß der Patient vielleicht nicht mehr versichert ist. Dann: Privatliquidation!

Bei unbekannten Patienten gilt:

- Der Arzt hat keine Behandlungspflicht, außer wenn es sich um einen Notfall handelt *(siehe dazu Kapitel "Unterlassene Hilfeleistung")*. Der Patient ist kassenrechtlich verpflichtet, innerhalb von 10 Tagen die Karte nachzureichen.

- Tut er dies nicht, so kann der Arzt nach der GOÄ privat abrechnen - so ist es jedenfalls in § 8 des BMÄ zwischen Kassen und KVen geregelt. Die Behandlung ab dem Zeitpunkt der Schein-Vorlage hat dann wieder "auf Kasse" zu erfolgen.

- Nach § 8 BMÄ (Bundesmantelvertrag Ärzte) kann der Arzt allerdings auch von der "Kasse" die Zusendung der Karte verlangen.

- Sicherlich hat er auch das Recht, in Anwesenheit des Patienten bei der Anmeldung die Kasse anzurufen und die Frage der Versicherung zu klären.

- Auch ein Telefax mit Unterschrift des Patienten kann hier nützlich sein.

- Ansonsten kann dem Arzt aus rechtlichen Gründen vor allem bei einer aufwendigen Behandlung nur folgendes empfohlen werden:

Privatvertrag abschließen Schließen Sie mit dem Patienten einen privaten schriftlichen Behandlungsvertrag, in dem er Ihnen nicht nur versichert, daß er innerhalb von 10 Tagen die Karte bringt, sondern auch, daß er die private Behandlung für den Fall wünscht, daß er die Ausweiskarte nicht rechtzeitig nachreicht. Einzelheiten entnehmen Sie bitte dem Mustervertrag im Anhang.

Diese Absicherung ist auf jeden Fall zu empfehlen, weil die Gerichte § 8 BMÄ nicht unbedingt im Verhältnis Arzt/ Patient gelten lassen! So hat das Amtsgericht Köln *(Az. 125 C 460/89 in NJW 1990, 2939)* entschieden, daß ein Arzt von einem krankenscheinsäumigen Patienten, der gesetzlich versichert ist, nicht das Privathonorar einklagen kann, es sei denn, zwischen beiden wird <u>ausdrücklich</u> Privatabrechnung vereinbart.

Bei unbekannten Patienten ohne Versicherungskarte oder -ausweis sollte vor Vertragsabschluß auch der Personal- oder ein sonstiger Ausweis zur Identifizierung verlangt werden. *(Der freundliche Ton der Praxishelferin läßt die Strenge der Maßnahme vergessen.)*

Statt der Vorlage des Krankenausweises genügt auch die Überweisung eines anderen Vertragsarztes auf dem üblichen Musterformular.

Rezept ohne Krankenversicherungskarte:

Auch dies ist möglich. Der Arzt stellt ein Privatrezept aus mit dem Vermerk "mangels Versicherungskarte" - mit der Folge, daß der Patient zunächst selbst zahlt, die Kosten aber dann von der Kasse ersetzt bekommt.

Privatrezept

<u>Wichtig:</u> Der Arzt macht sich regreßpflichtig, wenn er <u>ohne Versicherungskarte</u> ein Kassenrezept ausstellt, obwohl der Patient gar nicht versichert ist!

Wenn die <u>Versichertenkarte ungültig</u> ist, den der Patient vorgelegt hat, so ist das nicht das Problem des Arztes: Die Kasse zahlt dann die Vergütung nach üblichem Punktwert, der Arzt tritt seinen Vergütungsanspruch gegen den Patienten an die Kasse ab.

1.3 Leistungsanspruch

Der sozialversicherte Patient hat einen direkten und unmittelbaren Leistungsanspruch gegenüber seiner Krankenkasse. Diese erfüllt diesen Anspruch über die Rahmenverträge mit den Kassenärztlichen Vereinigungen, in denen die Ärzte wiederum Mitglieder sind.

Leistungsanspruch

Dürfen Vertrags- (früher: Kassen-)ärzte die Behandlung ablehnen oder abbrechen?

Behandlungspflicht

Grundsätzlich ist der niedergelassene Vertragsarzt Freiberufler und an keinerlei Weisungen gebunden - es gilt Vertragsfreiheit. Durch seine Einbindung in das kassenärztliche System, das ihm eine weitgehende finanzielle Sicherheit gewähren soll, besteht jedoch für Kassenpatienten im Rahmen der "Zumutbarkeit" Behandlungspflicht!

Unzumutbar ist die Behandlung in folgenden Fällen:

Behandlung zumutbar?

- Zeitliche Überlastung: Der Arzt, der zehn und mehr Stunden täglich in der Praxis steht und damit bis an die Grenze seiner Leistungsfähigkeit geht, kann zusätzliche Behandlungen ablehnen - er muß es sogar, wenn er spürt, daß er geistig und körperlich nicht mehr in der Lage ist, den Patienten fachgerecht zu versorgen; - im Notfall *(siehe auch "Unterlassene Hilfeleistung")* wird diese Grenze natürlich weiter zu ziehen sein, als in normalen Krankheitsfällen. Eine objektive Grenze besteht hier nicht, der Arzt hat nach subjektivem Empfinden zu entscheiden.

- Fachliche Überlastung: Diese bietet keinen ausreichenden Grund für eine Verweigerung des Behandlungsbeginns: Der Arzt wird immer in der Lage sein, die erste Untersuchung vorzunehmen:

- Danach muß er entscheiden, ob er den Patienten selbst weiterbehandelt oder an einen Kollegen überweist. In diesem Fall kann also allenfalls die weitere Behandlung wegen fachlicher Kompetenzmängel unzumutbar sein. Eine fachfremde Behandlung muß der Arzt also nicht durchführen - er darf es noch nicht einmal.

Vorsicht, Querulant!

- Verhaltensmängel des Patienten: Unverschämtes, beleidigendes Verhalten gegenüber Arzt oder Personal muß selbstverständlich nicht hingenommen werden - die Behandlung kann abgelehnt oder abgebrochen werden. Dabei ist allerdings beim typischen Querulanten die Grenze weiter zu ziehen, da er möglicherweise gerade deshalb behandlungsbedürftig ist und dem Arzt zugemutet wird, auch mit (psychisch) Kranken "umzugehen" und sie zu behandeln bzw. zu überweisen.

Ähnliches gilt für "Simulanten"

- Der Patient, der <u>ungesetzliche</u> Maßnahmen und Verschreibungen begehrt, darf nicht ohne weiteres "gekündigt" werden. Zunächst muß der Arzt versuchen, ihn zu belehren. Dem unbelehrbaren Patienten, der nur "Streit sucht", kann jedoch der Vertragsarzt auch die "rote Karte" zeigen.

Erst belehren!

- <u>Zerstörtes Vertrauensverhältnis</u> ist ein dehnbarer Begriff und kann damit anfangen, daß der Patient sich beim Personal oder anderen Patienten über den Arzt beschwert und damit enden, daß er die ärztlichen therapeutischen Empfehlungen nicht befolgt, die Medikamente nicht einnimmt. Auch hier wird dem Arzt jedoch Menschenkenntnis zugemutet - Behandlung ist schmerzhaft und der Patient muß auch mal "Dampf ablassen".

Sollte es übrigens einmal zu einem Behandlungsabbruch von seiten des Arztes kommen, empfiehlt sich eine kurze Notiz im Krankenblatt, damit im Falle von Beschwerden bei der KV die Gründe für den Abbruch noch präsent sind.

Abbruch notieren!

<u>Hausbesuche</u> sollte der Vertragsarzt allerdings nicht nur im Not- oder Unglücksfall machen, sondern immer auch dann, wenn der <u>Patient nicht transportfähig</u> ist. Dies gilt jedenfalls in den Fällen, in denen der Arzt die Behandlung bereits begonnen hat. Er ist dann aus vertraglicher Nebenpflicht gehalten, alles zu unternehmen, um den Patienten ausreichend und sorgfältig zu behandeln! Eine Verweisung an den Notfalldienst ist nur dann zulässig, wenn der Arzt aus dringenden dienstlichen Gründen am Hausbesuch verhindert ist. Es empfiehlt sich daher, die Sprechstunde so einzurichten, daß genügend Zeit für Hausbesuche bleibt.

Zeit für Hausbesuche

Beispiel: Ein Arzt wurde nachts um 3 Uhr von der Tochter einer 79jährigen Patientin gebeten, wegen "wahnsinniger Kopfschmerzen" der Mutter sofort zu kommen. Die Mutter hatte drei Jahre zuvor einen Schlaganfall erlitten. Der Arzt empfahl Schmerzmittel und weigerte sich, wegen "Kopfweh" zu kommen. Die alte Dame wurde von ihrer Tochter danach ins Krankenhaus gebracht und sechs Tage lang

Kernbereich verletzt stationär behandelt. Nach der Anzeige bei der Ärztekammer wurde der Arzt zunächst zu DM 5000.-, dann zu DM 2000.- Geldbuße verurteilt. Grund für das Ersturteil: Fehlverhalten im "Kernbereich" ärztlicher Pflichten. Die Gefahr eines erneuten Schlaganfalls war per Telefon nicht auszuschließen! Der Arzt mußte kommen.

Grund für die Bußmilderung: Der Arzt hatte sich in der mündlichen Verhandlung "einsichtig" gezeigt, so daß eine Buße von DM 2000.- dem Gericht ausreichend erschien, um ihn für künftige Fälle zu ermahnen *(Landesberufsgericht f. Heilberufe beim OVG Koblenz in NJW 1991, S. 772).*

Dabei betonte das Gericht, daß der Arzt in zwei Fallkonstellationen "zu kommen" hat:

a. wenn er am Telefon erkennt, daß sofortige ärztliche Hilfe nötig ist;

b. wenn die Lage unklar ist und der Arzt die Situation nur mit persönlichem Eindruck entscheiden kann.

<u>Kein Hausbesuch</u> ist erforderlich, wenn, so das Gericht,

a. "notorische Querulanz" des Anrufers oder

b. eindeutige Symptomschilderungen erwarten lassen, daß mit Sicherheit keine "alsbaldige ärztliche Hilfe" erforderlich ist.

Spätestens beim zweiten Anruf! Hier empfiehlt es sich aber, wie die Entscheidungen anderer Gerichte zeigen, den Kranken oder seinen Mitbewohner die Symptome ein bis zwei Stunden weiter beobachten zu lassen und bei einer Verschlimmerung und <u>nochmaligem Anruf</u> den Hausbesuch abzustatten!

Beispiel: An einem Sonntag im April 1990 wurde die Ärztin, die in der Gemeinde Bereitschaftsdienst hatte, von der Lebensgefährtin eines Kranken wegen dessen "starker Bauchschmerzen" um Hilfe gerufen. Antwort der Ärztin: Er solle Milch trinken und eine Wärmflasche auflegen. Nach Mitternacht wurde er von der Gefährtin ins Krankenhaus gebracht, wo Darmgasansammlung (Subileus) festgestellt wurde. Der Patient wurde neun Tage stationär behandelt. Das Amtsgericht Jever verurteilte die Ärztin zivilrechtlich zu DM 800.- Schmerzensgeld.

Grund:

a. Die Kollegin hatte telefonisch die Behandlung übernommen, da sie telefonisch Diagnose und Therapie genannt hatte. *Nicht telefonisch behandeln!*

b. Sie hatte Bereitschaftsdienst und deshalb schon eine "Garantenpflicht" zum Handeln. Unterläßt sie dies, so macht sie sich einer Körperverletzung schuldig!

c. Durch das Nichttätigwerden hat die Ärztin das Leiden des Patienten verlängert.

Konsequenz: Der Arzt darf nicht die Angaben Dritter übernehmen und eine Ferndiagnose stellen, wenn es sich "offensichtlich um eine schwere Krankheit handelt". *(AG Jever, C 697/90 in NJW 1991, S. 760)*

Überweisungen

Der hinzugezogene Arzt - sowohl der Facharzt als auch die Klinik -, der aufgrund der Überweisung eines anderen Arztes tätig wird, ist nicht zur umfassenden Beratung und Behandlung des Patienten verpflichtet. Diese bleibt vielmehr weiterhin in den Händen des überweisenden Arztes. Der BGH geht zwar davon aus, daß der Patient aufgrund der Überweisung einen Arztvertrag mit dem hinzugezogenen Spezialisten abschließt, jedoch bleibt dieser Vertrag beschränkt auf diejenigen Aufgaben, die der überweisende Arzt dem hinzugezogenen Arzt überträgt.
Allerdings muß der hinzugezogene Spezialist auch prüfen, ob die von ihm erbetene Leistung den Regeln der ärztlichen Kunst entspricht und nicht etwa kontraindiziert ist.
Er muß auch prüfen, ob die erbetene Leistung ärztlich sinnvoll ist und dem Krankheitsbild entspricht.
Hat er Zweifel an der Richtigkeit der übermittelten Diagnose, muß er diesen Zweifeln nachgehen. Wird dies zu einer Überschreitung des Überweisungsauftrags führen, so ist der hinzugezogene Arzt verpflichtet, die Einwilligung des

primärbehandelnden Arztes für weitergehende Untersuchungen bzw. Behandlungen einzuholen.

Außerdem muß der hinzugezogene Arzt den primär Behandelnden umgehend und umfassend über das Ergebnis des Überweisungsauftrags in einem sogenannten "Arztbrief" informieren. Tut er dies nicht, so stellt dies einen "Pflichtverstoß" dar, der die Mithaftung des hinzugezogenen Arztes begründen kann.

Beispiel: Ein Augenarzt überwies ein knapp einjähriges Kind zur "Tränenwegspülung" in eine Augenklinik. Dort wurde die Tränenwegspülung zunächst durchgeführt und weitere Termine zu einer Tränenwegsondierung festgelegt. Der Klinik-Chefarzt hatte einen Verdacht auf Glaukom und wollte daher das Kind weiter untersuchen. Wegen eines Infekts kam das Kind jedoch zu einer weiteren Behandlung bei seiner Kinderärztin. Der Klinik-Chef unterließ es, den überweisenden Arzt über seinen Verdacht zu informieren. Als vier Jahre später tatsächlich der Glaukom-Befund bestätigt wurde, war es zu spät. Das Kind erblindete weitgehend. Der BGH stellte ein Mitverschulden des hinzugezogenen Klinik-Chefarztes fest, weil er den überweisenden Arzt nicht umgehend informiert hatte *(BGH VI ZR 237/92, NJW 1994, 797).*

Fachfremde Leistungen Der Facharzt darf fachfremde Leistungen nicht abrechnen, es sei denn, daß ein Notfall vorliegt. Wenn dies der Fall sein sollte, muß er genau dokumentieren!

Ein "Notfall" liegt vor, wenn "aus medizinischen Gründen
- die sofortige Behandlung des Patienten notwendig ist und
- ein fachlich zuständiger Vertragsarzt nicht in der gebotenen Eile herbeigerufen oder aufgesucht werden kann."
(*LSG Baden-Württemberg, Urteil vom 24.01.1996 in MedR 96, 569*)

Beispiel: Ein Gynäkologe hat seine Patientinnen sowohl orthopädisch (Arthritis) als auch internistisch behandelt; ebenfalls die Männer seiner Patientinnen. - Kein Honoraranspruch für diese Behandlungen.

BSG vom 18.10.1995 (*NJW 96, 3103*): Ein Anästhesist darf chirotherapeutische Leistungen auch dann nicht erbringen und abrechnen, wenn er die Zusatzbezeichnung "Chirotherapie" führen dürfte und chirotherapeutisch nur im Rahmen einer "ganzheitlichen Schmerztherapie" tätig sein will.

Ausnahme: Viele Honorarverteilungsmaßstäbe lassen bis zu 5% des Gesamtumsatzes als "fachfremde Leistungen" zu.

1.4 Wirtschaftlichkeit

Der Leistungsanspruch der Patienten ist in § 12 SGB V definiert. Danach müssen die Leistungen "ausreichend, zweckmäßig und wirtschaftlich sein; sie dürfen das Maß des Notwendigen nicht überschreiten". Und weiter, "Leistungen, die nicht notwendig oder unwirtschaftlich sind, können Versicherte nicht beanspruchen, dürfen die Leistungserbringer nicht bewirken und die Krankenkassen nicht bewilligen." *Leistungsanspruch*

Daraus folgt dann auch, daß Krankenkassen und Leistungserbringer - dies sind die Ärzte - eine "bedarfsgerechte und gleichmäßige, dem allgemeinen anerkannten Stand der medizinischen Erkenntnis entsprechende Versorgung des Versicherten zu gewährleisten" haben *(§ 70 Abs. 1 SGB V)*. Im Gegenzug ist dann auch gesetzlich geregelt, was die Ärzte für diese Leistung zu erwarten haben:

"Die ärztlichen Leistungen (müssen) angemessen vergütet werden" *(§ 72 Abs. 2 SGB V)*.

Einen Vergütungsanspruch hat der Vertragsarzt weder gegenüber den Patienten noch gegenüber den Kassen, sondern nur gegenüber seiner KV. Dies allerdings erst dann, wenn die KV das Honorar festgesetzt hat. Dabei bestimmen vier Elemente die ärztliche Vergütung: *Vergütungsanspruch*

a.) Die begrenzte Gesamtvergütung durch die Kassen;

b.) die abgerechneten Einzelleistungen nach dem EBM;

c.) das individuelle Praxisbudget (ab 01.07.1997 - siehe dazu unter Nr. 1.7);

d.) Der Honorarverteilungsmaßstab (HVM) gemäß § 85, IV SGB V.

Vor allem mit dem HVM versuchten immer wieder einige KVen Politik zu machen. Die Sozialgerichte haben dies gebremst. So ist nach dem BSG eine Verteilungsmethode nicht zulässig, nach der ein überdurchschnittlicher Fallwert bei einem Teil der Ärzte reduziert wird, um andere Praxen aufzuwerten. - Die Aufteilung der Gesamtvergütung hat nach sachlichen Kriterien zu erfolgen (*BSG vom 24.08.1994 - 6 R Ka 21/93*).

Die "Qualität, Humanität und Wirtschaftlichkeit", zu der der Arzt verpflichtet ist, kann im Einzelfall dazu führen, daß auch Arzneimittel oder Behandlungsmethoden von den Kassen erstattet werden müssen, die <u>abseits der Schulmedizin</u> liegen.

Beispiel: Das Bundessozialgericht (BSG) hat in ständiger Rechtsprechung betont, daß die "Zweckmäßigkeit" einer medizinischen Leistung nicht immer gleichzusetzen ist damit, daß ihre Wirkung wissenschaftlich erwiesen ist. In seinem Urteil vom 21. November 1991 *(3 RK 8/90 in NJW 1992, S. 1584)* war die Schulmedizin bei einem Patienten am Ende. Der Arzt verordnete Ney-Tumorin, weil dieses Mittel in Einzelfällen bereits positive Wirkung entfaltet habe, allerdings eine generelle **Wirksamkeit nicht nachgewiesen** worden war. Wegen der "nicht ganz entfernt liegenden Erfolgsaussicht" hat das BSG die Erstattungsfähigkeit dieses Mittels bejaht. Es weist daraufhin, daß der Arzt, der die konkreten Krankheitsumstände seines Patienten kennt und beurteilen kann, gerade in den Fällen einer schweren Krankheit, in denen andere Mittel nicht vorhanden sind, einen <u>Behandlungsspielraum</u> haben muß, um seinen ärztlichen Pflichten nachkommen zu können. Einziges Erfordernis: Die Beurteilung muß medizinisch vertretbar sein; es müssen ernsthafte Gründe dafür sprechen, daß das "Alternativheilmittel" im Einzelfall bereits Wirkung gezeigt hat. Ebenso für die Autohomologe Immuntherapie nach Dr. Kaf gegen Neurodermitis *(LSG Rheinland-Pfalz, NJW 1993, 3022)*.

Aber auch dann, wenn es durchaus konkurrierende schulmedizinische Methoden gibt, um eine Krankheit wirksam zu behandeln, sind die Privatversicherer zumindest verpflichtet, Behandlungskosten zu erstatten, wenn sie nicht über den Kosten einer schulmedizinischen Behandlung liegen. So bejahte das Landgericht Kleve den Erstattungsanspruch eines Patienten, der wegen eines unheilbaren Colon irritabile Akupunktur erhielt. "Medizinisch notwendige Heilbehandlung" kann vorliegen, wenn es sich um eine Schmerzbehandlung handelt, da insoweit die Akupunktur ebenfalls von den Privatversicherern anerkannt wird. Wie weit dies auch für die Sozialversicherung gilt, bleibt noch abzuwarten *(LG Kleve 6 S 409/93 - NJW 94, 1599).*

1.5 Eingriffe

Das **Gesundheitsstrukturgesetz** aus dem Jahr 1992 hat die Unterscheidung von "Kassenärzten" und "Vertragsärzten" aufgehoben. Es gibt nunmehr eigentlich nur noch "Vertragsärzte", auch wenn das Gesetz gelegentlich noch den Begriff "kassenärztlich" verwendet. Langfristig soll wohl die Unterscheidung zwischen den früheren RVO-Kassen und den Ersatzkassen wegfallen. Dies ist aber für den Arzt nicht von entscheidender Bedeutung. Entscheidend ist, daß das Gesetz durch <u>drei weitere Maßnahmen</u> in das Honorargefüge und damit in den Leistungsanspruch des "Vertragsarztes" eingreift:
- Die Wirtschaftlichkeitsprüfung wird erweitert (Richtsätze, Stichproben);
- die Gesamtausgaben werden durch ein Gesamtbudget "gedeckelt";
- die hausärztliche Versorgung wird eingeführt.
Ab 1.7.97 gelten individuelle Praxisbudgets.
Zur Wirtschaftlichkeitsprüfung wird auf das entsprechende Kapitel verwiesen (II.1).

Gesundheitsstrukturgesetz

1.6 Hausarztprinzip

Die Konsequenzen des Hausarztprinzips sind für die finanzielle Entwicklung der Arztpraxen noch nicht absehbar. Fest steht jedenfalls, daß in Zukunft die Arztgruppen getrennt werden, in Fachärzte einerseits und "Hausärzte" andererseits. Als Hausärzte können nur die Ärzte fungieren, die entweder keine Gebietsbezeichnung haben oder

Hausarztprinzip

Ärzte für Allgemeinmedizin sind oder aber als Kinderärzte oder Internisten sich bis 31.12.1994 für die "hausärztliche Versorgung" entschieden haben. Der Patient hat zwar nach wie vor die freie Arztwahl *(§ 76 SGB V)*, er darf jedoch innerhalb eines Quartals den Arzt nur noch bei Vorliegen eines wichtigen Grundes wechseln *(§ 76 Abs. 3 SGB V)*. Der Versicherte hat in der Regel einen Hausarzt zu wählen *(§ 76 Abs. 3 SGB V)*.

Kopfpauschale

Ob die Hausbesuchspflichten für Fachärzte von der Rechtsprechung weiterhin in allen Fällen wie bisher aufrechterhalten bleiben, ist noch abzuwarten. Im Prinzip nähert sich die Neuregelung einer „Kopfpauschale" – wie die Einführung der „Ordinationsgebühr" pro Quartal zeigt. Dem Patienten soll ein Hausarzt zugeordnet werden, der die „allgemeine ärztliche Betreuung bei Kenntnis des häuslichen und familiären Umfelds" übernimmt.

Zwischen Kassenärztlicher Bundesvereinigung (KBV) und Kassenverbänden wurde folgendes vereinbart:

- Ab 1. 1.1994 werden nur noch Fachärzte zur vertragsärztlichen Versorgung zugelassen - Ausnahmen sind möglich.

- Die hausärztliche Versorgung umfaßt: Gesundheitsvorsorge, Krankheitsfrüherkennung und -behandlung, Rehabilitation, integrative ärztliche Betreuung, Zusammenarbeit mit Fachärzten und Krankenhäusern.

- Der Hausarzt ist verpflichtet, im einzelnen folgende Funktionen zu erfüllen:

Dienstbereitschaft

* Die ärztliche Betreuung erkrankter Patienten auch in der sprechstundenfreien Zeit sowie die **Dienstbereitschaft**;

* die persönlichen Lebensumstände des Patienten sind besonders zu berücksichtigen.

Wiederum ein Hinweis: Er muß bettlägerige, pflegebedürftige oder gebrechliche Patienten zu Hause besuchen.

* Ihm obliegt die Notfallversorgung.

- Koordination diagnostischer und therapeutischer Maßnahmen: Insbesondere soll der Hausarzt den ärztlichen Sachverstand anderer Fachgebiete einbeziehen, komplementäre Heilberufe und flankierende Dienste (häusliche Pflege) in die Behandlung integrieren und die **Lebensführung des Patienten** in gesundheitlicher Hinsicht kritisch bewerten und beraten.

Lebensführung des Patienten

- Der Hausarzt soll präventive Maßnahmen anraten, einleiten und durchführen: Insbesondere gesundheitsschädigende Verhaltensweisen abbauen, Maßnahmen zur Krankheitsfrüherkennung treffen, Strategien zur Krankheitsbewältigung entwickeln und bei Selbsthilfegruppen mitarbeiten.

- Die **ärztliche Vergütung** ist diesen Veränderungen angepaßt worden. So können im Rahmen der hausärztlichen Versorgung diejenigen ärztlichen Leistungen nicht vergütet werden, die Fachgebietskenntnisse beinhalten, welche ausschließlich in einer zusätzlichen Weiterbildung in einem Schwerpunktbereich der Inneren Medizin oder Kinderheilkunde erworben werden können.

Ärztliche Vergütung

- Wer sich für die hausärztliche Versorgung entschieden hat, ist an diese Wahl gebunden. Ein Widerruf ist nur mit Genehmigung des Zulassungsauschusses möglich. Diese muß aber mit angemessener Übergangsfrist erteilt werden. (§ 7 des Vertrags über die hausärztliche Versorgung).

Im übrigen haben Kassen und KBV den Hausärzten im EBM (Einheitlicher Bewertungsmaßstab) eine Art „Grundvergütung" mit dem Namen „Ordinationsgebühr" in Höhe von 265 Punkten (Rentner 475 Punkte) gewährt. Darüberhinaus wurde eine „Konsultationsgebühr" eingeführt.

Grundvergütung

Das Gesundheitsstrukturgesetz hatte außerdem eine allgemeine Obergrenze für Arzneimittelkosten eingesetzt. Diese lag ursprünglich um 1,6 % unter den Kosten, die den Kassen im Jahre 1991 in den alten Bundesländern entstanden sind.

Seit 1994 wurde dieser Kosten-„Deckel" jeweils um die Steigerung der Grundlohnsumme der Versicherten angehoben. Auf die ursprünglich vorgesehenen „Richtgrößen" (vgl. auch S. 98) wurde dagegen bisher verzichtet. Theoretisch kann bei Überschreitung des „Budgets" dieser Mehrbetrag auf die Ärzte eines KV-Bezirks verteilt werden. Dies bedeutet, daß die Ärzte insgesamt entsprechend **weniger Honorarleistungen** erhalten werden. Die Verbände können beispielsweise durch einen generellen Punktwertabschlag dieses Ziel erreichen.

Weniger Honorarleistungen

1.7 EBM-Reform

Durch die EBM-Reform stieg die Punktzahlmenge im 1.Quartal 1996 um ca. 30%. Infolge des festen Budgets sank daher der Punktwert. Die Leidtragenden waren die Ärzte, die nur nach Überweisung arbeiten oder ihre Punktzahl nicht durch Gesprächs- und Beratungsleistungen erhöhen konnten. Kassenärztliche Vereinigungen und Kassen beschlossen daher eine Folgevereinbarung. Der Bewertungsausschuß für ärztliche Leistungen beschloß am 19.11.1996, daß ab 01.07.1997 ein Großteil der vertragsärztlichen Leistungen von einem individuellen "Praxisbudget" begrenzt werden soll. Dieses wird quartalsweise neu erstellt. Es ergibt sich im wesentlichen aus der Multiplikation der arztgruppenspezifischen Fallpunktzahl mit der Zahl der jeweiligen Patienten eines Arztes im jeweiligen Vorquartal.

Praxisbudget

Daraus folgt für den Vertragsarzt:

- Erbringt er Leistungen, die über sein Budget hinausgehen, werden diese nicht mehr vergütet.
- Erbringt er weniger Leistungen, so werden nur diese vergütet.
- Wenn er seine Praxiskosten senkt, kann er im Endergebnis sein Nettoeinkommen steigern.
- Wer mehr Patienten behandelt, also die Fallzahl steigert, bleibt zwar im laufenden Quartal an das Budget gebunden. Im nächsten oder übernächsten Quartal kann aber dadurch sein Budget vergrößert werden.

Die Reform bringt jedoch zahlreiche Ausnahmen: Ambulante Operationen sind nicht vom Budget betroffen;

ebensowenig die hausärztliche Grundvergütung und Wegegelder sowie zahlreiche weitere Leistungen.

Insgesamt schätzen Fachleute, daß 70 bis 80% der ärztlichen Leistungen durch Budgets erfaßt werden. Dabei reicht der Anteil der Leistungen, die von den Praxisbudgets begrenzt werden, von 88% bei Augenärzten bis zu 45% bei Anästhesisten. Die Einzelheiten können aus Platzgründen hier nicht dargestellt werden. Insoweit wird auf das *Deutsche Ärzteblatt Heft 50, 1996, Seite A 3364* verwiesen.

1.8 Dokumentationspflicht

Ärztliche Aufzeichnung, das Krankenblatt und sonstige Beiblätter sowie Dokumentationen sind, so steht es auch in § 11 der Musterberufsordnung schon seit einigen Jahren, nicht nur Gedächtnisstützen für den Arzt, sondern sie dienen auch dem Interesse des Patienten an einer ordnungsgemäßen Dokumentation.

Krankenblatt

Dokumentation

Welche Unterlagen darf der Patient einsehen, wann darf er es und auf wessen Kosten? Nach Auffassung des Bundesgerichtshofs in einem Urteil aus dem Jahre 1982 *(NJW 1983, 328, bestätigt von BGH, NJW 1985, 674)* gehört es zu den vertraglichen Nebenpflichten eines jeden Arztes, dem Kranken Einsicht in seine Unterlagen zu gewähren. "Dabei muß der Patient allerdings Rücksicht nehmen auf den geordneten Ablauf des Praxis- bzw. Krankenhausbetriebs." Da der Patient berechtigt ist, laufend und "in angemessener Form" über Befunde und Prognosen unterrichtet zu werden, hat er das Recht, im Zusammenhang mit einem ärztlichen Gespräch, Einblick in alle diejenigen Unterlagen zu erhalten, die sich mit den physikalisch objektiven Befunden und Aufzeichnungen über Behandlungsmaßnahmen und Medikation beschäftigen. Insbesondere im Zusammenhang mit einem psychiatrisch auffälligen Patienten hat der BGH entschieden, daß der Arzt subjektive Anmerkungen zur Diagnose und Therapie abdecken darf - etwa eine Verdachtsdiagnose, die sich später nicht bewahrheitet hat, oder psychologische Beobachtungen im Hinblick auf das Verhalten des Patienten.

Einsicht

Den Zeitpunkt der Einsicht kann der Arzt in angemessener Weise mit den Notwendigkeiten des Praxisbetriebs abstimmen.

Die Kosten, sofern der Patient Fotokopien wünscht, muß der Patient selbst zahlen.

Zur Einsicht berechtigt ist übrigens auch der Rechtsanwalt des Patienten und, wenn der Patient verstorben ist, unter bestimmten Voraussetzungen auch dessen Angehörige. Dies gilt insbesondere dann, wenn davon auszugehen ist, daß dem Patienten und auch einem Dritten durch die Einsichtnahme kein Schaden entstehen würde.

Selbstverständlich kann und muß der Arzt in diesen Fällen die Berechtigung des "Dritten" prüfen, also z.B. die Vollmacht, das Testament, etc.

Berechtigt kann auch ein anderer Arzt sein, den der Patient aufgesucht hat. Dem Kollegen sind ebenfalls die erforderlichen Unterlagen zu übergeben - schon allein um Doppeluntersuchungen zu vermeiden.

1.9 Besonderheit Röntgenverordnung

Herausgabe-
anspruch

Der Herausgabeanspruch des Patienten hinsichtlich der Originalröntgenaufnahmen war bis 1988 umstritten. Nunmehr regelt § 28 Abs. 6 der Röntgenverordnung, daß

- Röntgenaufnahmen dem nachuntersuchenden oder behandelnden Arzt auf Verlangen vorübergehend zu überlassen sind, und daß diesem auch die sonstigen Aufzeichnungen und Auskünfte zu erteilen sind;

- dem Patienten selbst die Röntgenaufnahmen zur Weiterleitung an einen später untersuchenden oder behandelnden Arzt zu übergeben sind, wenn dadurch eine Doppeluntersuchung vermieden werden kann.

Da in der Praxis diese Voraussetzungen kaum überprüfbar sind, wird man in der Regel dem Patienten die Aufnahmen in einem verschlossenen Kuvert überreichen, wenn er dies wünscht.

Empfehlung: Nur gegen schriftliche Quittung.

2. Der Privatpatient

2.1 Dienstvertrag

Immer dann, wenn der Patient kein Mitglied einer gesetzlichen Krankenkasse ist, kommt zwischen ihm und dem Arzt ein Behandlungsvertrag zustande. Dieser Vertrag fällt unter die Kategorie "Dienstvertrag", §§ 611 ff BGB. Das heißt, der <u>Arzt schuldet</u> eine Behandlung nach den Regeln der ärztlichen Kunst, aber <u>keinen Erfolg</u>. Der Patient schuldet das Honorar nach der amtlichen Gebührenordnung für Ärzte (GOÄ). Der Arzt hat einen direkten Honoraranspruch gegenüber dem Patienten; er trägt das volle Risiko, daß der Patient entweder privat versichert ist oder aus eigener Tasche die Behandlungskosten bezahlen kann. Ein Recht auf Gebührenvorschuß, wie es etwa für Architekten oder Rechtsanwälte vorgesehen ist, gibt es nach der GOÄ nicht. Einen direkten Anspruch gegen die Private Krankenversicherung hat der Arzt nicht. Es empfiehlt sich daher der schriftliche Abschluß eines Behandlungsvertrages (vgl. Muster im Anhang)

Arzt schuldet keinen Erfolg

Da es sich um "Dienste höherer Art" handelt, können beide Seiten nach § 627 BGB prinzipiell den Vertrag <u>jederzeit</u> ohne besondere Begründung <u>kündigen</u>. Der Arzt darf dies nach § 627 Abs. 2 BGB allerdings nur dann, wenn sich der Patient ohne Probleme bei einem anderen Arzt weiterbehandeln lassen kann. Andernfalls käme der Arzt auch mit seiner Berufsordnung in Konflikt.

Jederzeit kündigen

Im Falle eines vorzeitigen Abbruchs der Behandlung kann der Arzt das Honorar beanspruchen, das ihm für seine Leistung bis zum Ende der Behandlung zusteht.

Bleibt allerdings die bisherige Behandlung ohne Interesse für den Patienten, etwa weil es sich um eine fehlerhafte Behandlung handelte, so stellt dies eine "positive Vertragsverletzung" dar. Der Patient hat einen Schadensersatzanspruch, der unter anderem auch auf die Befreiung von der Vergütung gerichtet ist *(vgl. Laufs, NJW 94, 1570)*. Hinsichtlich der weiteren Schadensersatzansprüche wird auf das Kapitel "Arzthaftung" verwiesen.

2.2 Haftung des Ehepartners

Haftung des Ehepartners
Eine "automatische" Mithaftung des Ehepartners für die Bezahlung des ärztlichen Honorars besteht gemäß § 1357 BGB für alle "Geschäfte zur angemessenen Deckung des Lebensbedarfs". Dazu zählt nach der Rechtsprechung auch das Arzthonorar, sofern es das normale Familienbudget nicht deutlich sprengt.

Also:

Keine Haftung des Ehegatten bei kosmetischen Operationen;

keine Haftung bei Behandlungen oder Eingriffen, die über den normalen Lebensbedarf hinausgehen und ohne weiteres zurückgestellt werden können.

Als Grenze hat das OLG Karlsruhe z.B. bei Zahnarztkosten die Höhe von einem Monatseinkommen angenommen.

Keine Haftung auch, wenn es sich um einen Kassenpatienten handelt, der ausnahmsweise mit dem Arzt einen Privatvertrag abschließt - damit muß der Ehepartner nicht rechnen, deswegen haftet er nicht dafür.

Keine Haftung bei Getrenntlebenden
Keine Haftung auch dann, wenn die Ehegatten getrennt leben.

Absicherung des Arztes: Wenn der Arzt den Patienten noch nicht kennt, kann er verlangen, daß der Patient eine Erklärung der Privatversicherung beibringt, wonach diese für die Arztkosten gerade steht. Der Arzt kann die Behandlung verweigern, solange diese Erklärung nicht vorliegt. Ausnahme: Notfall.

Um sicher zu gehen, sollte der Arzt bereits vor Beginn der Behandlung die persönlichen Daten des Patienten aufnehmen und auch klären, ob er verheiratet ist und zusammenlebt mit seinem Ehepartner. Auf den ehelichen "Güterstand" kommt es dabei nicht an - es ist also egal, ob gesetzliche Zugewinngemeinschaft besteht oder vertragliche Gütertrennung bzw. Gütergemeinschaft!

2.3 Mahnkosten

Das Honorar wird nach § 12 GOÄ fällig, wenn dem Patienten eine ordnungsgemäße Rechnung erstellt worden ist und diese ihm zugegangen ist. Das heißt, das Honorar wird immer erst nachträglich fällig, wenn der Arzt seine Leistung bereits erbracht hat. Voraussetzung ist außerdem, daß das Honorar sich an die Kriterien der GOÄ hält, also: Es muß bei Gebühren die Nummer und die Bezeichnung der einzelnen berechneten Leistung enthalten, wie den jeweiligen Betrag und den Steigerungssatz. Bekanntlich ist bei Überschreiten der Gebühr über das 2,3fache des Gebührensatzes eine schriftliche Begründung in der Abrechnung anzugeben.

Honorar immer erst nachträglich

Schriftliche Begründung

Erst wenn der Patient nach angemessener Frist - üblich sind hier 3 bis 4 Wochen - nicht bezahlt hat, kann der Arzt ihm eine Mahnung schicken. Für diese Mahnung kann er noch keine zusätzlichen Kosten erstattet verlangen. Die Mahnung setzt den Patienten nur dann in "Verzug", wenn bestimmte Voraussetzungen gegeben sind.

a. Hinweis auf die Rechnung mit Endbetrag;

b. Erklärung, daß der Betrag bis zu einem bestimmten Datum bezahlt werden muß;

Datum angeben!

c. Erklärung, daß eine weitere Verzögerung vom Arzt nicht hingenommen werden kann.

Der Patient ist dann in Verzug, wenn er die gesetzte Frist in der Mahnung ohne Bezahlung verstreichen läßt. Folge: Der Patient muß den Verzugsschaden zusätzlich bezahlen. Das sind die Kosten, die dem Arzt für weitere Mahnungen, für Anwaltshonorar oder Gerichtskosten entstehen. Außerdem stehen dem Arzt 4 % Zinsen p.a. zu (*vgl. Muster für Mahnschreiben im Anhang*).

Zugang beweisen   Wichtig: Der Arzt muß den Zugang der Mahnung beim Patienten beweisen können. Dafür geeignet ist entweder der Einwurf in den Briefkasten durch einen Boten - mit Einwurf in den Briefkasten gilt der Brief als zugegangen. Oder die Versendung per Einschreiben mit Rückschein. (Rückscheine sind kostenlos in jedem Postamt erhältlich - ein "ERSch" kostet allerdings - bis zu 20 g - derzeit DM 8.- Porto).

Auch mündlich ist eine Mahnung möglich und genauso wirksam. Es sollte jedoch, gerade im Falle einer telefonischen Mahnung, auf jeden Fall ein Zeuge vorhanden sein.

2.4 Verjährung

Zwei Jahre   Das Arzthonorar verjährt gemäß § 196 Abs. 1 Nr. 14 BGB nach zwei Jahren. Die Zweijahresfrist beginnt allerdings erst mit dem Jahresende zu laufen, in dem der Anspruch fällig war.

Wichtig: Ein normales Mahnschreiben unterbricht die Verjährung nicht. Dies bzw. eine Hemmung der Verjährung kann nur durch eine Abschlagszahlung oder sonstiges Anerkenntnis des Patienten oder durch eine Stundungsvereinbarung oder durch Antrag auf gerichtlichen Mahnbescheid bzw. Klageerhebung erreicht werden.

2.5 Honorar nach GOÄ

Nach § 5 der GOÄ bemißt sich die ärztliche Gebühr nach dem 1fachen bis 3,5fachen des Gebührensatzes. Als Regelgebühr gilt gem. § 5 Abs. 2 ein Satz zwischen dem 1fachen und 2,3fachen (Regelspanne). Das heißt, ohne gesonderte Honorarvereinbarung muß der Arzt schon beim 2,3fachen des Gebührensatzes Schwierigkeiten, Zeitaufwand oder sonstige Umstände am oberen Rand des "Normalen" annehmen. Er braucht dies allerdings in der Rechnung nicht zu begründen. Die Begründungspflicht trifft ihn erst vom 2,4fachen bis 3,5fachen des Gebührensatzes. Sollte es allerdings zu einer gerichtlichen Überprüfung kommen, so hat der Arzt auch schon beim 2,3fachen zu begründen, warum das 2fache oder 1,5fache nicht ausreichte.

Die Neufassung der GOÄ zum 01.01.1996 hat zahlreiche Änderungen gebracht. So sind medizinisch-technische Leistungen jetzt auf das 2,5-fache begrenzt (Abschnitte A, E, M und O); Laborleistungen sogar auf das 1,3-fache. Der Punktwert wurde auf 11,4 Pfennige festgesetzt. Er ist also im Gegensatz zu den Krankenkassengebühren nicht variabel.

	Schema der GOÄ-Gebühren		
	Rein ärztliche Leistung	Med.-techn. Leistung	Labor
Gebührenrahmen	1 - 3,5	1 - 2,5	1 - 1,3
Regelspanne ohne Begründung	1 - 2,3	1 - 1,8	1 - 1,15

Persönliche Leistung

Abrechnen darf der Arzt nur Leistungen, die er
- eigenhändig erbracht hat oder
- die unter seiner Aufsicht nach fachlicher Weisung erbracht wurden (§ 4, II GOÄ).

Dabei gibt es einige Leistungen, die er nach der Rechtsprechung bzw. dem Berufsrecht nicht delegieren darf. Er darf sie nur abrechnen, wenn er sie eigenhändig erbringt:

- Leistungen, die wegen ihrer Schwierigkeit, Gefährlichkeit oder möglicher Komplikationen ärztliches Fachwissen voraussetzen.

Insbesondere
- ärztliche Untersuchungen und Beratungen;
- Entscheidung über Diagnose und Therapie;
- operative Eingriffe;
- intravenöse Injektionen und Anlegen von Infusionen.

Fälligkeit des Honorars

Fällig wird das Honorar des Arztes erst, wenn der Patient eine nach GOÄ ordnungsgemäße Rechnung erhalten hat (§ 12 GOÄ).

Die Rechnung muß das Datum der Leistung (Behandlungszeitraum), die Gebührennummer und die Bezeichnung der Leistung enthalten; die Rechnung muß den DM-Betrag und den jeweiligen Steigerungssatz ausweisen.

Es wäre daher für viele Ärzte wünschenswert, durch eine Honorarvereinbarung dem engen Korsett der GOÄ entgehen zu können.

2.5.1 Formularmäßige Honorarvereinbarung

Seit der Grundsatzentscheidung des BGH vom 30.10.1991 (*NJW 1992,746*) ist von formularmäßigen Honorarvereinbarungen dringend abzuraten!

Der Gesetzgeber ist dem Gericht gefolgt und hat in § 2 II GOÄ jetzt festgelegt: Eine Honorarvereinbarung ist nur wirksam, wenn sie "nach persönlicher Absprache im Einzelfall zwischen Arzt und Zahlungspflichtigem" getroffen wurde. Für formularmäßig Vorgedrucktes wird dies in der Regel nicht gelten.

Pauschalhonorar unwirksam — Ein Pauschalhonorar ist ebenso unwirksam. Eine Vereinbarung etwa, wonach für einen bestimmten Eingriff DM 2.000,-- zu zahlen sind, orientiert sich weder am Punktwert noch an der Punktzahl und ist daher schon nach § 2, I GOÄ unzulässig - egal, ob sie durch Formular oder individuell vereinbart wurde.

Wichtig: Eine Formularvereinbarung liegt auch dann vor, wenn die einzelnen Steigerungssätze handschriftlich eingetragen werden, der Rest jedoch vorformuliert ist.

2.5.2 Individualvereinbarung

Die Individualvereinbarung setzt voraus, daß der Arzt dem Patienten kein Schriftstück vorlegt, das er mehrfach verwendet und auch bei anderen Patienten einsetzt. Es müssen die Honorarbedingungen einzeln "ausgehandelt" werden. Es spielt daher keine Rolle, ob das Schriftstück handschriftlich oder mit Maschine bzw. Computer erstellt wird. Entscheidend ist, daß die einzelnen Bedingungen mit dem Patienten besprochen werden.

Mehr ist möglich — Unter diesen Voraussetzungen kann der Arzt individuell einen höheren Steigerungssatz als den in der GOÄ festgelegten verlangen. Er kann also beispielsweise festlegen, daß für alle Leistungen das 3fache berechnet wird - ohne schriftliche Begründung! Ob er auch das fünf- oder sechsfache individuell vereinbaren kann, ist - soweit ersichtlich - noch nicht gerichtlich entschieden.

Seit 01.01.1996 legt die GOÄ für die Honorarvereinbarung folgendes fest (§ 2):
- Sie muß schriftlich erfolgen;
- sie muß vor Erbringung der ärztlichen Leistung von beiden Seiten unterschrieben sein.
- Sie muß den Hinweis enthalten, daß die kostenerstattenden Stellen (Privatversicherung, Beihilfe etc.) das Honorar möglicherweise nicht voll erstatten werden;
- sie darf keine anderen Erklärungen enthalten.
- Weder Punktzahl noch Punktwert der GOÄ-Gebühren dürfen verändert werden.

In Notfällen oder bei akuter Schmerzbehandlung darf der Arzt seine Leistung nicht von einer Honorarvereinbarung abhängig machen. Dasselbe gilt unmittelbar vor einer Operation.

Nicht abdingbar ist die Vorschrift des § 12 GOÄ über die Fälligkeit des Honorars.

Begründungspflicht: Anstelle der gesetzlichen Begründung kann ab dem 2,3-fachen Gebührensatz als Begründung die "Honorarvereinbarung" angegeben werden. Für Leistungen nach den Abschnitten A, E, M und O ist eine Honorarvereinbarung unzulässig.

Neu: Bei stationärer Behandlung ist eine Honorarvereinbarung hinsichtlich der Wahlleistungen nur dann zulässig, wenn der "Wahlarzt" (meist der Chefarzt) höchstpersönlich diese Leistungen erbringt (§ 2 III GOÄ).

2.6 Ausfallhonorar für unpünktliche Patienten

Immer wieder haben Ärzte versucht, gegenüber unpünktlichen Patienten Schadensersatzansprüche geltend zu machen. Dies ist vor den Gerichten regelmäßig gescheitert. Argument: Die GOÄ sieht eine "Ausfallgebühr" nicht vor.

Kein Schadensersatz

Der Nachweis eines Einkommensausfalls für den Arzt ist sehr schwierig. Denkbar nur, wenn:

- Ein fester Termin und die genaue Dauer vorher vereinbart sind;

- der Arzt in diesem Zeitraum bei Ausbleiben des Patienten keinen anderen Patienten behandeln kann.

Auch dann ist es jedoch problematisch, in welcher Höhe der Arzt das Ausfallhonorar ansetzen soll. Von einem Prozeß ist daher abzuraten.

Beispiel: Ein Gynäkologe verlangte von seiner Patientin Schadensersatz, weil sie den ambulanten Operationstermin für einen Schwangerschaftsabbruch nicht eingehalten hatte. Der Arzt verlangte für die zwei Stunden einschließlich Vor- und Nachsorge, an denen er keine anderen Behandlungen hatte durchführen können, einen Schadensersatz von DM 200,– pro Stunde. Das zuständige Amtsgericht hat die Klage jedoch abgewiesen, weil der Operationstermin vereinbart worden war, bevor die Schwangere sich durch eine Beratungsstelle hatte beraten lassen. Ein derartiger Termin könne niemals als verbindlich angesehen werden. (*Amtsgericht Bad Oeynhausen in NJW 1998, 1799*)

Wartezeit

Wesentlich leichter tun sich dagegen - zumindest nach der Entscheidung eines bayerischen Amtsgerichts - die Patienten, die bei zu langer Wartezeit Schadensersatz vom Arzt verlangen wollen.

Das Amtsgericht Burgdorf hat entschieden, daß dem Patienten, der keine akuten Beschwerden hat, nur etwa 30 Minuten Wartezeit zugemutet werden konnten. Danach hatte er einen Anspruch darauf, über die voraussichtliche Weiterverzögerung genau informiert zu werden. Die Angabe der Helferin, daß es "noch ein bißchen" dauere, reicht nicht aus (*Amtsgericht Burgdorf, Az: 3 C 204/84*).

Der Patient konnte daher letztlich mit Erfolg für eineinhalb Stunden Verspätung einen Verdienstausfall von DM 70,-- einklagen. Dabei handelte es sich allerdings um einen freiberuflich tätigen Handelsvertreter. Der Internist hatte ihn in seiner Abendstunde um 18.30 Uhr bestellt. Nach 45 Minuten Wartezeit beschwerte sich der Patient erstmals in der Anmeldung. Die Arzthelferin sagte, "es dauere noch ein bißchen". Nach einer weiteren halben Stunde ließ sie ihn in das Behandlungszimmer. Dort wartete er noch weitere 10 Minuten, forderte dann seinen Krankenschein zurück und ging.

Das Gericht hat sich dabei nicht auf die Diskussion eingelassen, ob für Kassenpatienten ein zivilrechtlicher Dienstvertrag mit dem Arzt zustande kommt. Allerdings hat es entschieden, daß der Arzt jedenfalls die vorvertragliche Verpflichtung habe, den Patienten möglichst genau über die Wartezeiten zu informieren. Verstößt er dagegen, so macht der Arzt sich schadensersatzpflichtig nach dem Grundsatz "Culpa in contrahendo". *"Culpa in Contrahendo"*

Diese Entscheidung ist allerdings ein Einzelfall geblieben. Schule hat sie nicht gemacht.

Konsequenz für den Arzt:

Bei absehbaren Wartezeiten sollten die Patienten möglichst genau darauf hingewiesen werden, wie viele Minuten sie voraussichtlich noch zu warten haben. Damit ist ein Schadensersatzanspruch des Patienten ausgeschlossen.

2.7 Medizinisch notwendige Leistung

Grundsätzlich darf der Arzt eine Vergütung nur für medizinisch notwendige Leistungen berechnen (§ 1 II GOÄ). "Leistungen, die über das Maß einer medizinisch notwendigen ärztlichen Versorgung hinausgehen, darf er nur berechnen, wenn sie auf Verlangen des Zahlungspflichtigen erbracht worden sind."

Entsteht hierüber nachträglich Streit, so trägt der Arzt die volle Beweislast dafür, daß seine Therapie (ggf. auch seine Krankenhauseinweisung) medizinisch erforderlich war. Seine Dokumentation im Krankenblatt ist hier besonders wichtig (*BGH NJW 79, 1250*).

Erstattungspflicht

Prinzipiell gleichgültig kann es dem Arzt sein, ob und wie der Patient versichert ist. Er hat insoweit keine Erkundigungspflichten. Allerdings gibt es oft Ärger mit dem Patienten, wenn die Versicherung nicht zahlt.

Daher folgender Hinweis:

Die von den meisten Privatversicherungen verwendete "Wissenschaftsklausel" (gem. § 5 der Musterbedingungen) ist vom BGH schon 1993 für unwirksam erklärt worden (*NJW 93, 2369*).

Da der Patient nach § 4 der Musterbedingungen auch Heilpraktiker in Anspruch nehmen darf, und diese nicht nach streng wissenschaftlichen Maßstäben arbeiten, würde die Versicherung hier völlig leerlaufen, wenn die Wissenschaftsklausel ernst zu nehmen wäre. Sie entfällt daher völlig und gilt auch nicht bei Behandlungen durch den Arzt. Nicht gedeckt sind allerdings Aufwendungen im Bereich der "Scharlatanerie oder Wunderheilungen" (*OLG München in NJW 96, 2434*).

Als medizinisch notwendig hat es das OLG München (a.a.O.) jedoch angesehen, wenn die Heilbehandlung auf "allgemein-anerkannten biologischen Therapiemaßnahmen" aufbaut und ein "Gesamtkonzept erkennen läßt, welches den Erfolg der Heilung oder Linderung anstrebt ...". So wurde z.B. gerichtlich anerkannt die Behandlung von HIV-Infizierten mit Ozon. Ebenso wurde anerkannt die Behandlung von HIV-Infizierten mit extracorporaler Photophorese (*LG München, NJW 96, 2435*).

2.8 Rechtsschutzversicherung

Da gerichtliche Auseinandersetzungen zwischen dem Arzt und seinen Privatpatienten keine Seltenheit mehr sind und sich vielleicht in Zukunft sogar häufen werden, soll hier auf die Möglichkeit einer Praxis-Rechsschutzversicherung hingewiesen werden.

Hierfür gibt es grundsätzlich zwei Möglichkeiten: Entweder wird die Rechtsschutzversicherung im Rahmen einer Verbandsmitgliedschaft abgeschlossen oder unabhängig davon privat.

So bietet z.B. der BPA (Bundesverband der Praktischen Ärzte) einen kombinierten Praxisrechtsschutz, der die Anwalts- und Gerichtskosten auf folgenden Gebieten deckt:
- Bei Straf- oder Bußgeldverfahren;
- für arbeitsrechtliche Streitigkeiten mit Arbeitnehmern;
- für Schadensersatzansprüche;
- bei gerichtlichen Auseinandersetzungen vor dem Sozialgericht, etwa wegen Regreßforderung.

Ähnliche und durchaus finanziell günstige Rechtsschutzkombinationen bieten aber auch einzelne Rechtsschutzversicherungen ohne Verbandsmitgliedschaft an. Die Prämien richten sich einmal nach der Selbstbeteiligung, zum anderen nach der Anzahl der Beschäftigten in der Praxis und der Vertragsdauer.

Günstige Rechtsschutzkombination

Ein Beispiel: Eine Münchner Rechtsschutzversicherung bietet z.B. speziell für freiberuflich tätige Ärzte einen kombinierten Praxis- und Familienrechtsschutz bei einer Selbstbeteiligung von DM 300,-- je Versicherungsfall für eine Kleinpraxis mit bis zu 3 Beschäftigten für eine Jahresprämie von DM 632,30 an. Die Deckungssumme: DM 100.000,--.

Besonders zu achten ist immer auf die Ausschlüsse, die oft nur im Kleingedruckten der Versicherer enthalten sind und darauf, daß selbstverständlich nur die gesetzlichen Honorare bezahlt werden. Wenn Sie mit Ihrem Anwalt eine private Honorarvereinbarung abschließen und diese über dem gesetzlichen Honorar liegen sollte, deckt die Rechtsschutzversicherung dies nicht.

Ausschlüsse beachten

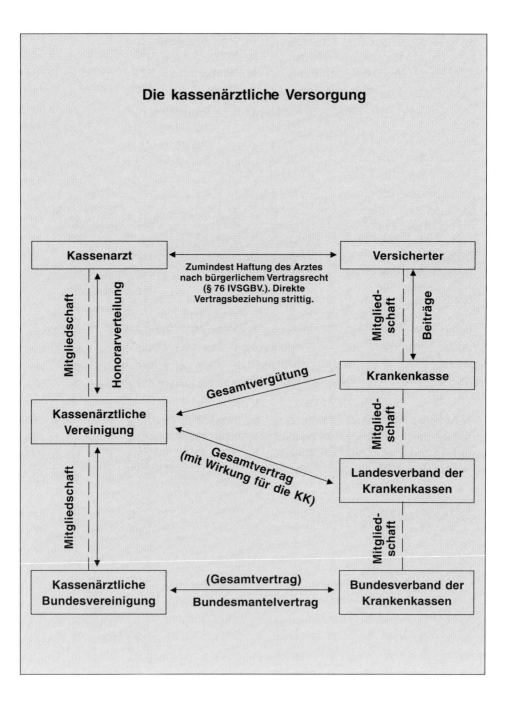

3. Arzthaftung in der Arztpraxis

3.1 Rechtliche Grundlagen

Der große Schrecken, den der Arzthaftungsprozeß noch in den 70iger und 80iger Jahren für viele Ärzte auslöste, ist heute einer größeren Gelassenheit gewichen. Die Zahl der Prozesse, in denen Ärzte wegen eines Behandlungsfehlers oder wegen mangelhafter Aufklärung des Patienten zu Schadensersatz verurteilt werden, stagniert. Nach einer Untersuchung in Bremen aus dem Jahre 1991 haben dort in den städtischen Kliniken 0,15 Promille, in den nichtstädtischen Kliniken 0,07 Promille aller Behandlungen Haftungsprozesse ausgelöst (*vgl. Wilfried Seehafer, "Der Arzthaftungsprozeß in der Praxis", Heidelberg, Springer 1990*). Nach Informationen einer der führenden Arzt-Haftpflichtversicherungen wurden im Jahr 1996 etwa 40 % der Ansprüche von Patienten außergerichtlich reguliert. 60 % wurden abgewiesen. Von den Fällen, die schließlich zu Gericht kamen, gewannen die Ärzte ca. 75 %, verloren etwa 10 %, und etwa 15 % der Prozesse endeten durch Vergleich oder Teilsieg des Arztes und seiner Versicherung. Zwar ist die Anzahl der Anspruchsanmeldungen seit 1980 um etwa 30 % gestiegen, jedoch sinkt diese Anzahl seit 1989 leicht. Stark gestiegen ist allerdings die durchschnittliche Schadenshöhe, so daß die meisten Versicherungen ihre Beiträge erheblich erhöhen mußten. So hat eine der führenden deutschen Versicherungen, z.B. den Haftpflichttarif für Chirurgen in eigener Praxis von 1984 zu 1993 von DM 1.960,40 auf DM 7.938,00 erhöht. Das gleiche gilt für Orthopäden und für Gynäkologen, sofern sie Geburtshilfe leisten.

Außergerichtlich reguliert

Haftpflichttarif

Kleine Schäden nicht melden

Viele Versicherungen sind dazu übergegangen, die Altverträge systematisch zu kündigen, sobald der versicherte Arzt einen Schaden gemeldet und die Versicherung ihn reguliert hat. Nach § 9 AHB (Allgemeine Versicherungsbedingungen für die Haftpflichtversicherung) ist dies innerhalb eines Monats nach Regulierung möglich. Die Versicherung bietet anschließend in der Regel einen wesentlich höheren Tarif an mit neuem Vertrag.

Die Konsequenz für den Arzt: kleinere Schäden nicht melden, sondern selbst regulieren!

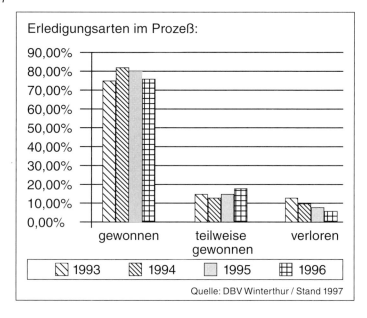

Belegärzte zahlen am meisten

Für Belegärzte, die sowohl ambulant als auch stationär behandeln, gelten noch weit höhere Tarife. Hier ist auch der Anstieg, insbesondere bei den Gynäkologen am deutlichsten zu spüren. So mußte ein Frauenarzt mit Geburtshilfe und operativer Tätigkeit 1984 noch eine Jahresprämie von DM 8.681,40 bezahlen – 1993 zahlte er DM 20.671,90 pro Jahr. 1996 zahlten die Gynäkologen mit Geburtshilfe bei der selben Versicherung schon DM 32.250,– pro Jahr bei einer erheblich erhöhten Deckungssumme von DM 5.000.000,–.

Dieser enorme Anstieg bei Gynäkologen hängt damit zusammen, daß die Schadenshäufigkeit im Bereich der Gynäkologie etwa doppelt so hoch ist, wie beim gesamten übrigen Arzthaftpflichtbestand. Unter der Schadenshäufigkeit verstehen die Versicherer dabei die Anzahl der gemeldeten Schäden pro 1000 versicherter Risiken. Der Arzt kann sich zivilrechtlich haftbar und strafrechtlich strafbar machen. Für die zivilrechtlichen Ansprüche hat er die Haftpflichtversicherung, im Falle einer strafrechtlichen Verurteilung hilft ihm dagegen niemand.

3.1.1 Vertragliche Haftung

Die vertragliche Haftung aus dem Dienstvertrag, § 611 BGB, den der Arzt mit dem Patienten abschließt, betrifft nur die <u>materiellen</u> Schäden, die dem Patienten bei seinem "Arztbesuch" entstehen können. Egal, ob ein Privat- oder Kassenpatient die Arztpraxis betritt, die vertraglichen Sorgfaltspflichten gelten in beiden Fällen. Für den Privatpatienten leuchtet dies unmittelbar ein, da er unstreitig in eine direkte vertragliche Beziehung zum Arzt tritt. Damit hat der Arzt im Zusammenhang mit seiner "Dienstleistung", die er gegenüber dem Patienten erbringt, gemäß § 276 BGB für "eigenes Verschulden" zu haften. Über § 278 BGB haftet er darüber hinaus für seine Angestellten und Mitarbeiter (siehe dazu Kapitel "Haftung für das Personal"). *Materieller Schaden*

Fahrlässig handelt der Arzt nach dem Gesetz, wenn er "die im Verkehr erforderliche Sorgfalt außer acht läßt". Dies bedeutet, daß er nicht etwa nur die übliche Sorgfalt beachten muß, aber auch nicht nur die für ihn persönlich zumutbare Sorgfalt. *"Erforderliche Sorgfalt"*

Das Gesetz legt einen objektiven Maßstab an.

<u>Hintergrund:</u> Jeder soll darauf vertrauen dürfen, daß die anderen, mit denen er in eine rechtliche Beziehung tritt, die für die Erfüllung ihrer Pflichten erforderlichen Kenntnisse und Fähigkeiten besitzen. Der Arzt kann sich daher nicht auf vorhersehbare alters- oder krankheitsbedingte Ausfallerscheinungen berufen, auf mangelnde Kenntnisse oder Überarbeitung. Gegebenenfalls hat er eben die ver-

tragliche Pflicht, eine Behandlung auf das Nötigste zu begrenzen oder sogar abzulehnen, wenn sie seine Kräfte übersteigt.

Unter Vorsatz versteht das Gesetz das "Wissen und Wollen des rechtswidrigen Erfolges" - sowohl der Fahrlässigkeits- als auch der Vorsatzbegriff gelten für die vertragliche und für die Haftung aus "unerlaubter Handlung" (*§ 823 ff BGB*).

Haftungsausschluß unzulässig
Ein Haftungsausschluß oder eine Haftungsbegrenzung, auch für fahrlässiges Handeln, ist im ärztlichen Bereich unzulässig. Der Arzt ist nach § 1 der Berufsordnung verpflichtet, "seinen Beruf gewissenhaft auszuüben und dem ihm im Zusammenhang mit dem Beruf entgegengebrachten Vertrauen zu entsprechen". Damit wäre es nicht zu vereinbaren, wenn er von vornherein vertraglich die Haftung für schuldhaftes Handeln ausschließen könnte. Dies gilt sowohl für die vertragliche als auch für die deliktische Haftung, also auch für das Schmerzensgeld.

Das Vertragsrecht sieht kein Schmerzensgeld vor, sondern lediglich eine Haftung für materielle Schäden. Da die Haftung des Arztes in der Regel ohnehin mit der Haftung aus "unerlaubter Handlung" zusammenfällt, werden die Einzelheiten dort behandelt.

Auch Kassenpatienten
Für den Kassenpatienten gelten die vertraglichen Haftungspflichten zumindest über § 76 Abs. 4 SGB V ebenso. Auf die umstrittene Frage, ob er unmittelbar einen Dienstvertrag mit dem Arzt abschließt oder ob der Arzt lediglich über die Gesamtverträge mit Kassen und Kassenärztlicher Vereinigung einen Vertrag zugunsten des Patienten abschließt, kommt es daher nicht an.

Die materiellen Schäden, die dem Patienten entstehen können, treten aus zwei Gründen in den Hintergrund:

a. Der Patient ist meist gesetzlich oder privat krankenversichert, so daß hier die Ersatzansprüche auf die entsprechenden Versicherungen übergehen. Dies gilt auch im Fall des Gehaltsausfalls für die Lohnfortzahlung durch den Arbeitgeber.

b. Das Schmerzensgeld nach § 847 BGB, das nur nach dem Recht der "unerlaubten Handlung" verlangt werden kann, ist meist wesentlich höher, als die materiellen Schäden.

Es verbleiben daher allenfalls Ansprüche aus dem entgangenem Gehalt oder Honorar (bei Freiberuflern) oder Ansprüche wegen "entgangener Urlaubsfreuden".

Auch die KV droht

Dem Kassenarzt droht im Falle einer materiellen Schädigung durch zusätzliche Krankenhauskosten des Patienten sogar ein Konflikt mit dem Prüfungsausschuß seiner kassenärztlichen Vereinigung.

Der Fall: Eine Patientin erhielt versehentlich vom Urlaubsvertreter ihres Hausarztes eine intramuskuläre anstatt einer intravenösen Injektion. Die Patientin mußte wegen innerer Blutungen ins Krankenhaus. Die Behandlungskosten für eine Woche in Höhe von DM 5.490,00 verlangte die gesetzliche Krankenkasse über den Prüfungsausschuß der KV vom Arzt erstattet.

Das Bundessozialgericht (BSG) bejahte den Anspruch, weil der Arzt nicht nur gegenüber dem Patienten, sondern auch gegenüber der KV verpflichtet ist, sich an die Regeln der "ärztlichen Wissenschaft" zu halten. Da der Arzt für seinen Urlaubsvertreter haftet (§ 278 BGB), und zwar wie für eigenes Verschulden, mußte er die Krankenhauskosten erstatten (*Az.: 6 RKa 3/81, NJW 1984, 1422*).

3.1.2 Die Haftung aus "unerlaubter Handlung"

Nach § 823 ff BGB ist zum Schadensersatz verpflichtet, wer vorsätzlich oder fahrlässig Leben, Körper, Gesundheit, Freiheit, Eigentum oder ein sonstiges Recht eines anderen widerrechtlich verletzt. Dieser Anspruch aus "unerlaubter Handlung", der auch als "deliktischer Anspruch" bezeichnet wird, kann im Falle einer Körper- oder Gesundheitsverletzung zu "Schmerzensgeld" nach § 847 BGB verpflichten.

Da die Körper- oder Gesundheitsverletzung von der Rechtsprechung sehr weit gefaßt ist, erfüllt jeder Arzt beinahe bei jeder Behandlung den objektiven Tatbestand dieser An-

Körper- und Gesundheitsverletzung

spruchsnorm. Jede ärztliche Behandlung, die in die "Körperliche Unversehrtheit" eingreift, ist "Körperverletzung" (*vgl. Dreher/Tröndle, §223 StGB, Rn 9a*). Eine Körper- und Gesundheitsverletzung ist nämlich nach der Rechtssprechung "ein Eingriff, der zu einer Störung der körperlichen, geistigen oder seelischen Lebensvorgänge führt" (*vgl. BGH in NJW 1989, 1538*). Obwohl die Verabreichung eines Medikamentes, einer Spritze, einer Injektion oder auch eine Operation das gesundheitliche Befinden eines Patienten gerade bessern und nicht "verletzen" soll, wird jedoch von der Rechtsprechung der objektive Tatbestand der Körperverletzung bei ärztlichem Handeln angenommen. Die Gerichte haben durch eine Fülle von Beweislastregeln und durch die juristische Dogmatik auf der subjektiven Seite den Arzthaftungsprozeß inzwischen so "ausbalanciert", daß die meisten Entscheidungen wohl beiden Seiten, Patient und Arzt, gerecht werden.

Objektiv Körperverletzung

Im einzelnen gilt folgendes Schema:

- Schaden des Patienten?

Hierunter fällt jede Körperverletzung, jede Beeinträchtigung der Gesundheit, die kausal durch ärztliches Handeln oder Unterlassen herbeigeführt worden sind.

- Schuldhaftes Handeln des Arztes?

Der Begriff wird ebenso wie im Vertragsrecht, wie oben dargestellt, § 276 BGB, verstanden. Die objektive Sorgfalt des Arztes entscheidet. Fahrlässigkeit und Vorsatz erstrecken sich auch auf die Rechtswidrigkeit des Eingriffes. Ein Eingriff ist also nur dann schuldhaft, wenn der Arzt fahrlässigerweise (Vorsatz scheidet in der Regel aus) einen Behandlungsfehler begeht oder wenn er zwar nach den Regeln der ärztlichen Kunst handelt, aber fahrlässigerweise von einer ordnungsgemäßen Aufklärung ausgeht, die aber nicht vorliegt.

Objektiv sorgfältig?

- War das Verhalten des Arztes rechtswidrig?

Einwilligung nötig!

Rechtswidrig ist jeder Eingriff in die Rechte eines anderen (also insbesondere eine Körperverletzung), der ohne Rechtfertigungsgrund erfolgt. Nur durch die Einwilligung des Patienten wird die "Körperverletzung" durch den Arzt gerechtfertigt. Die Einwilligung ist wiederum nur dann wirksam, wenn vorher der Patient in dem Umfang und nach den Grundsätzen, die die Rechtsprechung entwickelt hat, über Inhalt und Folgen des Eingriffs aufgeklärt worden ist.

<u>Ausnahme:</u> Der Arzt handelt in "Geschäftsführung ohne Auftrag", § 677 BGB, nach dem mutmaßlichen Willen des Patienten, wenn dieser aufgrund der konkreten Situation nicht in der Lage ist, seine Einwilligung zu geben, diese aber anzunehmen ist, weil die Behandlung zur Rettung von Leben oder Gesundheit unbedingt sofort erforderlich ist.

Die Einzelheiten der Aufklärung werden im gesonderten Kapitel Nr. 3.3 (S. 50) behandelt. Im übrigen wird zur Aufklärungspflicht hingewiesen auf § 1a der Ärztlichen Berufsordnung sowie auf die Empfehlungen der Bundesärztekammer zu dieser Vorschrift vom 09. März 1990.

Empfehlung der BÄK

3.2 Der Haftpflichtprozeß

Im Prozeß kommt es vor allem darauf an, wer was beweisen muß bzw. kann.

3.2.1 Beweislastregeln

Der Patient muß folgendes beweisen:

Die fahrlässige Körperverletzung bzw. gesundheitliche Schädigung durch den Arzt.

Das schuldhafte Handeln des Arztes und die Tatsache, daß der Arzt durch sein Verhalten den genannten Schaden verursacht hat. Wenn dem Patienten dieser Beweis gelingt, so spielt die Rechtswidrigkeit keine Rolle mehr. <u>Grund:</u> Für einen schuldhaften Behandlungsfehler gibt es keine Rechtfertigung, er ist immer rechtswidrig. Er kann auch durch keine Einwilligung gedeckt sein.

Kausalitäts- nachweis

Gelingt dem Patienten dieser Beweis nicht - und dies ist häufig der Fall, da er einen Sachverständigen beauftragen muß, der den Behandlungsfehler bestätigt oder - trotz Behandlungsfehler die Kausalität zum körperlichen Scha-

Aufklärungs-nachweis den durchaus noch nicht gegebenen sein muß. So wird der Patient häufig bestreiten, daß der Arzt ihn ordnungsgemäß aufgeklärt habe. In diesem Fall muß der Arzt beweisen, daß der Patient von ihm über die möglichen Folgen und Risiken eines Eingriffs aufgeklärt worden ist. An den Nachweis dieser Aufklärung sind allerdings nach der Rechtsprechung des BGH "nicht zu hohe" Anforderungen zu stellen (*BGH in VersR. 1985, 361*). Im einzelnen dazu im Kapitel "Aufklärung".

3.2.2 "Die Balance" im Prozeß

Die Gerichte haben vom obigen Beweisschema einige Ausnahmen zugelassen:

- Der "Anscheinsbeweis" kann gegen den Arzt sprechen, wenn der eingetretene Schaden nach Aussagen des medizinischen Sachverständigen die typische Folge eines Behandlungsfehlers ist. Hier muß der Arzt seinerseits darlegen, daß in seinem konkreten Behandlungsfall ein atypischer Verlauf vorliegt. Gelingt ihm dies, so hat der Patient wiederum die volle Beweislast für die Kausalität von ärztlicher Behandlung und Körperverletzung.

Typischer Geschehensablauf

- Der "grobe Behandlungsfehler": Dieser Fehler liegt nach der Rechtsprechung des BGH vor, wenn ein Fehlverhalten bewiesen worden ist, das "aus objektiver ärztlicher Sicht bei Anlegung eines für einen Arzt geltenden Ausbildungs- und Wissensmaßstabes nicht mehr verständlich und verantwortbar erscheint, weil ein solcher Fehler dem behandelnden Arzt aus dieser Sicht schlechterdings nicht unterlaufen darf" (*BGH, NJW 1983, 2080*). Ist dieser Behandlungsfehler generell geeignet, gerade die konkrete Schädigung des Patienten herbeizuführen, so braucht der Patient die Ursächlichkeit des Fehlers für den eingetretenen Schaden nicht mehr zu beweisen.

„Grober Fehler" **Beispiel:** Der Arzt hat vor der Punktion des Kniegelenks keine "chirurgische Hand-Desinfektion" durchgeführt, sondern lediglich eine kurze hygienische Handdesinfektion: Grober Behandlungsfehler (*OLG Schleswig vom 20.07.1989, NJW 1990, 773*). Kein grober Behandlungsfehler dagegen liegt vor, wenn ein Nervenfacharzt aus der

Praxis heraus zu einem akuten Notfall gerufen wird und er als nicht speziell geschulter Notfallmediziner die Situation nicht voll beherrscht (*OLG München, VersR 1992, 876*).

Die Abgrenzung vom "einfachen" zum "schweren" Behandlungsfehler gewinnt zunehmend an Bedeutung. Die Rechtsprechung nimmt jedoch nach wie vor den groben oder schweren Behandlungsfehler nur in Ausnahmefällen an.

Beispiel: Der BGH wies die Klage einer Witwe ab, deren verstorbener Ehemann nach einer Herzuntersuchung zu früh - auf eigenen Wunsch - entlassen worden war. Der zuständige Arzt hätte zwar dem Hausarzt die speziellen Risiken mitteilen müssen, jedoch konnte die Witwe des verstorbenen Patienten nicht beweisen, daß dieser Fehler ursächlich für den Tod ihres Mannes war.

Sauber dokumentieren!

Ein grober Behandlungsfehler kann auch darin liegen, daß ein Arzt es unterläßt, einen Facharzt zu konsultieren, obwohl dies nach Sachlage geboten wäre und er dies auch erkennen mußte *(OLG Stuttgart, VersR 1994, 106: Arzt unterläßt es, nach Hörsturz der Patientin, den HNO-Arzt zu konsultieren).*

Ebenfalls kann es einen groben Behandlungsfehler darstellen, wenn eine gebotene Diagnose unterbleibt (Malaria-Untersuchung beim bewußtlosen Patienten nach Tropenreise, *OLG Bamberg, VersR 1993, 1019;* Abklärung eines Meningitis-Verdachts trotz entsprechender Symptome, *OLG Stuttgart, VersR 1994, 33*).

Dokumentationsfehler: Auch hier droht dem Arzt die Beweislastumkehr. Der Arzt, der Beweismittel vernichtet (Patientenkartei, Röntgenbilder, etc.) oder keine ausreichende Dokumentation anfertigt, muß damit rechnen, daß das Gericht die Kausalität von Behandlung und Mißerfolg unterstellt, sofern der Arzt nicht das Gegenteil beweisen kann. Der Dokumentenmangel indiziert, daß die aufzeichnungspflichtige Maßnahme unterblieben ist oder falsch durchgeführt wurde!

Fraglich ist natürlich, wie weit die Dokumentation gehen muß.

Ausreichende Dokumentation **Beispiel:** Ausreichende Dokumentation liegt vor, wenn "die wichtigsten diagnostischen und therapeutischen Maßnahmen (unter anderem auch Funktionsbefunde) und Verlaufsdaten (OP-Bericht, Narkoseprotokoll, Zwischenfälle) registriert sind", so das *OLG München, NJW 1992, 2973*, in einem Fall, in dem der Gynäkologe, ein Belegarzt, beim Versuch einer Tubensterilisation scheiterte. Die Patientin erlitt ein hirnorganisches Psychosyndrom mit Gedächtnis- und Konzentrationsstörungen sowie sensomotorischen Schwächen im rechten Arm - ihre Klage wurde abgewiesen, weil sie die Ursächlichkeit des ärztlichen Verhaltens zu ihrem Schaden nicht nachweisen konnte. Eine Beweislastumkehr zu ihren Gunsten nahm das Gericht nicht an (*vgl. auch BGH in NJW 1989, 2330 und 1986, 2365*).

Sudeck-Syndrom **Beispiel:** Die Klage eines Patienten wegen eines Sudeck-Syndroms wurde unter anderem deshalb abgewiesen, weil die Dokumentation des behandelnden Arztes ausreichend war. Diese enthielt zwar keine Eintragungen darüber, ob die Symptome des "Sudeck" fehlten, jedoch schadete dies dem Arzt nicht, da es üblich sei, nur den positiven Befund einer Untersuchung zu dokumentieren. Eine Dokumentationslücke liegt nicht vor, wenn eine Kontrolluntersuchung keinen positiven Befund erbracht hat. Es kann dann aus dem Schweigen der Dokumentation nicht auf das Unterbleiben entsprechender Untersuchungen geschlossen werden (*BGH in NJW 1993, 2375*).

3.2.3 Der Behandlungsfehler

In all den Fällen, in denen die Beweislastumkehr dem Patienten nicht zugute kommt, muß er beweisen, daß der Arzt einen Behandlungsfehler begangen hat, der zum Schaden geführt hat - es sei denn, der Patient kann sich mit Erfolg auf einen "Aufklärungsmangel" berufen (dazu unten). Der Behandlungsfehler kann jedem Arzt, auch dem niedergelassenen Arzt, jeder Fachrichtung unterlaufen,

„Kunstfehler" wobei als "Behandlungs- oder Kunstfehler" jede Abweichung von allgemein anerkannten Grundsätzen der medizinischen Wissenschaft angesehen wird. Dabei macht es

keinen Unterschied, ob das Schwergewicht des ärztlichen Handelns in der Vornahme einer sachwidrigen oder im Unterlassen einer sachlich gebotenen Heilmaßnahme liegt (*BGH, NJW 1989, 767*). Behandlungsfehler kann daher selbstverständlich auch eine medikamentöse Überdosierung oder Falschmedikation sein. Jeder Arzt muß sich regelmäßig über die Fortschritte der Medizin unterrichten und mit neuen Heilmitteln und -methoden vertraut machen.

Fortschritte der Medizin

Auch die Verabreichung eines kontraindizierten Medikaments ist ein Behandlungsfehler (*OLG München, VersR 1989, 198*).

Beispiel: Ein Patient bekam von seinem Urologen wegen einer Urogenitaltuberkulose eine Dreifachmedikation von Rifampicin, Myambutol und Neoteben. Nach etwa 4 Monaten ließ die Sehkraft des Patienten erheblich nach und blieb trotz Hinzuziehung eines Augenarztes irreparabel geschädigt. Der Urologe mußte Schmerzensgeld bezahlen (*BGH, Az.: VI ZR 69/80*).

Der Arzt ist auch dann für die Nebenwirkungen eines Medikaments verantwortlich, wenn es im Prinzip die richtige Therapie darstellt. Er darf sich keinesfalls auf den Beipackzettel verlassen, sondern muß den Patienten über die Nebenwirkungen informieren. Der BGH hat in dem oben zitierten Urteil aus dem Jahre 1980 den Ärzten Hinweise gegeben, wie sie sich bei Verschreibung "aggressiver Medikamente" zu verhalten haben, um einen Haftpflichtprozeß zu vermeiden (bzw. zu gewinnen):

Über Nebenwirkungen informieren

- Der Arzt muß den Beipackzettel der Herstellerfirma genau kennen und Hinweise auf Nebenwirkungen beachten.

5 Regeln für den Arzt

- Vorschädigungen des Patienten, die relevant sein könnten, müssen unbedingt ausgeschlossen werden. Evtl. Abklärung bei einem anderen Fachkollegen erforderlich.

- Der Patient sollte unbedingt zur ständigen Selbstbeobachtung aufgefordert werden und die gefürchteten Nebenfolgen bei den ersten Anzeichen melden.

- Der Arzt sollte diese Maßnahmen auf dem Krankenblatt notieren (Dokumentation!).

- Wer aggressive Mittel einsetzt, muß sich fortlaufend über die möglichen Folgen dieses Medikaments informieren. Gegebenenfalls muß er sogar den Kollegen eines anderen Fachgebiets um Rat fragen, wenn dieser mehr Erfahrung mit dem speziellen Mittel hat.

Weitere Beispiele für typische Behandlungsfehler:

Typische Fehler
- Der Arzt gibt ein Schmerz- und Beruhigungsmittel, bevor er die Ursachen der Schmerzen aufgeklärt hat (*OLG Nürnberg, VersR 1988, 1050*).

- Trotz deutlicher Symptome erkennt der Arzt nicht die bakterielle Infektion (*OLG Karlsruhe, VersR 1989, 195*).

- Unrichtige Röntgenauswertung (*OLG Celle, VersR 1987, 941*).

- Der Arzt hat die Pflicht verletzt, eine nicht eindeutige Diagnose trotz anhaltender Beschwerden zu überprüfen (*OLG Köln, VersR 1989, 195*).

Hausbesuch!
- Der Arzt, bei dem der Patient bereits in Behandlung war, gab lediglich eine telefonische Ferndiagnose, trotz schwerer Erkrankung. Er war verpflichtet, den Patienten zu Hause zu besuchen, sobald er keine anderweitige dringende Verhinderung hatte oder er hätte zumindest für andere Hilfe sorgen müssen (*BGH, NJW 1979, 1248*).

- Der Arzt hatte gegen die Pflicht verstoßen, als Hausarzt seine Bedenken gegen die Diagnose und Therapie anderer Ärzte mit seinem Patienten zu erörtern und gegebenenfalls die Therapie zu ändern (*BGH, NJW 1989, 1536*).

In allen diesen Fällen lagen übrigens einfache Behandlungsfehler vor, so daß der Patient den Nachweis der Kausalität im Hinblick auf seine Beschwerden führen mußte.

3.3 Die Aufklärung des Patienten

3.3.1 Zwei Wurzeln

Das Aufklärungsrecht des Patienten hat zwei Wurzeln: einmal das allgemeine Persönlichkeitsrecht, aus dem das "Selbstbestimmungsrecht" des Patienten gegenüber dem

Arzt abgeleitet wird, letztlich mit der Konsequenz, daß der Patient eine Behandlung ablehnen darf, auch wenn sie zu schwerer Krankheit oder zum Tode führt.

Praktisch bedeutender ist die Ableitung aus dem Zusammenhang mit der Rechtswidrigkeit des ärztlichen Eingriffs. Dieser wird bekanntlich nur dadurch rechtmäßig, daß der Patient seine <u>Einwilligung</u> erteilt. Diese wiederum ist nur dann wirksam, wenn der Patient vorher ausreichend über die Notwendigkeit, die Durchführung und die möglichen Folgen des Eingriffs aufgeklärt wurde.

Einwilligung

Beispiel: Das OLG München (*Urteil vom 11.02.1993, OLG Report 14/93*) meint dazu, "Die Aufklärung muß die im großen und ganzen bestehenden Risiken einer ordnungsgemäßen Behandlung zum Gegenstand haben." Diese Voraussetzungen hatte im gegebenen Fall vor einer <u>Stirnhöhlenoperation</u> der HNO-Arzt erfüllt. Der Patient hatte eine ausführliche vorgedruckte Einwilligungserklärung unterschrieben, wonach bei der Besprechung vor der Operation ausführlich auf die allgemeinen und speziellen Komplikationsmöglichkeiten der durchzuführenden operativen Behandlung eingegangen worden sei und dem Patienten bei allen besprochenen Punkten Gelegenheit zu Fragen gegeben worden sei. Handschriftlich war vermerkt "Beck Bohrung, Kieferhöhlen-Op, links Komplikationen". Dieses Dokument ließ das OLG München als Haupt-Beweismittel für den Arzt gelten.

3.3.2 Der Zeitpunkt der Aufklärung:

Diese Frage ist für den niedergelassenen Arzt von besonderer Bedeutung, da er in der Regel derjenige ist, der den Patienten zuallererst behandelt. Der Zeitpunkt richtet sich nach der Schwere, aber auch nach der Persönlichkeit des Patienten. Bei einem kleinen Routineeingriff genügt die Aufklärung <u>unmittelbar davor</u>, bei einem schwereren Operativeingriff verlangt der BGH, daß bereits der einweisende Arzt die Grundaufklärung vornimmt, damit der Patient ausreichend Zeit hat, sich innerlich vorzubereiten und die "innere Barriere", das "Nein" zum Eingriff auszusprechen, nicht unüberwindlich ist (*BGH in NJW 1992, 2351*).

"Innere Barriere"

Kontrastmittel-untersuchung

Beispiel: *OLG Hamm in NJW 1993, 1538*: Eine Aufklärung unmittelbar vor einer Kontrastmitteluntersuchung im Untersuchungsraum ist rechtzeitig, da der Eingriff "relativ geringfügig, risikoarm und routinemäßig" war. Dagegen ist die Unterzeichnung der Einwilligungserklärung nicht wirksam, wenn sie erst auf dem Weg zum Operationssaal erfolgt, nachdem schon eine Beruhigungsspritze verabreicht worden ist und es sich um einen schweren Eingriff (Mastektomie) handelt. (*BGH in NJW 1998, 1784*).

3.3.3 Aufklärungsumfang:

Der Umfang der Aufklärung richtet sich nach der Art des Eingriffs, nach seiner Notwendigkeit und danach, wie dringend er zeitlich ist. Die Rechtsprechung unterscheidet:

- Diagnostische Aufklärung.

- Verlaufsaufklärung über die Krankheit.

- Risikoaufklärung über das Risiko des therapeutischen Eingriffs.

- Aufklärung über Neben- und Nachwirkungen.

Zuallererst muß der Arzt dafür sorgen, daß die Aufklärung sowohl sprachlich als auch sachlich verständlich ist.

Deutsch-kenntnisse

Beispiel: OLG Düsseldorf (*8 U 60/88 in NJW 1990, 771*): Im Zusammenhang mit einer Sterilisation war die Aufklärung einer (ehemaligen) Jugoslawin deshalb unwirksam, weil sie keine ausreichenden Deutschkenntnisse besaß. "Bei der Behandlung ausländischer Patienten muß der Arzt eine sprachkundige Person hinzuziehen, wenn zu befürchten ist, daß der Patient die ärztlichen Erläuterungen nicht richtig versteht. Es muß gesichert sein, daß die Gefahr von Mißverständnissen ausgeschlossen ist" (*so auch OLG München, VersR 1993, 1488*).

Was für die Fremdsprache gilt, gilt selbstverständlich auch für die Sache, über die der Arzt aufklärt: er muß verständlich aufklären, darf weder unter- noch übertreiben.

Beispiel: Es ist unzulässig, einen Patienten etwa mit der Androhung schwerster Gefahren für Leben und Gesundheit zu einer Gallensteinoperation zu drängen, wenn andere, weniger schmerzhafte Therapieformen möglich sind oder die Operation zeitlich durchaus aufschiebbar ist. - In diesem Falle droht immer der Einwand des Patienten, daß er bei korrekter Aufklärung sich den Eingriff noch überlegt hätte oder aber eine weniger schwerwiegende, schmerzhafte Therapieform gewählt hätte!

Keine Übertreibungen

Als "Grundaufklärung" bezeichnet der BGH, wenn der Arzt "den zutreffenden Eindruck von der Schwere des Eingriffs und von der Art der Belastungen vermittelt", die für die Integrität und Lebensführung des Patienten entscheidend sind.

Grundaufklärung

Dies kann so weit gehen, daß ein Arzt selbst dann für die tragischen Folgen eines Eingriffs haftbar ist, wenn sich ein anderes Risiko verwirklicht hat, als dasjenige, über das er hätte aufklären sollen.

Beispiel: *BGH in NJW 1991, 2346 (VI ZR 232/90 vom 12.03.1990)*: Ein Patient mit Bandscheibenbeschwerden war ohne "Grundaufklärung" operiert worden und erlitt eine Querschnittslähmung. Die Lähmung wurde zurückgeführt auf psychogene Ursachen, über die der Arzt wegen ihres Ausnahmecharakters nicht aufklären mußte. Da er aber jede Grundaufklärung ebenfalls unterlassen hatte, haftete er dennoch: "Fehlt es an der Grundaufklärung, dann ist das Selbstbestimmungsrecht des Patienten im Kern genauso tangiert, als wenn der Arzt den Eingriff vorgenommen hätte, ohne den Patienten um seine Zustimmung zu fragen".

Psychogene Ursachen

Hier werden zwei Hauptprobleme der Aufklärungspflicht deutlich:

- Der Arzt haftet unter Umständen selbst dann, wenn er keinen Behandlungsfehler begangen hat, aber der Patient geschädigt ist.

- Er haftet unter Umständen auch dann, wenn der Patient aufgrund eines nicht-aufklärungspflichtigen Risikos erkrankt.

- Insbesondere aber haftet der Arzt auch dann, wenn er die Aufklärung des Patienten nicht beweisen kann (dazu unten).

Keine Aufklärung ist erforderlich über Behandlungsfolgen, die nach Schwere und Häufigkeit als der "Allgemeinheit bekannt" vorausgesetzt werden können.

Die üblichen Risiken So hat es der BGH ausreichen lassen, daß der Arzt vor einer Blinddarmoperation den Hinweis erteilte, "eine Operation ist eben eine Operation" und damit klar machte, daß die üblichen operativen Risiken auch bei einer Blinddarmoperation gegeben sind (*NJW 1980, 633*). - Der Arzt sollte aber auch hier besser auf "Nummer Sicher gehen" und sich nicht auf eine großzügige Entscheidung eines Gerichts in letzter Instanz verlassen!

Empfehlenswert und inzwischen auch üblich ist die sogenannte Stufenaufklärung, wonach der Patient zunächst schriftlich mit einer Broschüre informiert wird und danach im Aufklärungsgespräch vom Arzt noch detailliert beraten wird, wobei der Arzt die Fragen des Patienten beantworten muß.

Praktischer Hinweis: Gründliche Aufklärung ist besonders geboten in folgenden Fällen:

Auch bei unwahrscheinlichen Folgen - Bei möglichen schweren Folgen eines Eingriffs, auch wenn sie unwahrscheinlich sind. Die Schwere richtet sich auch nach der individuellen Situation des Patienten. So kann für den professionellen Pianisten der Verlust eines Fingers oder einer Hand wesentlich schwerer wiegen als etwa im Falle eines Berufes, der keine manuelle Tätigkeit erfordert.

- Bei typischen Risiken eines Eingriffs.

- Beim diagnostischen Eingriff: Die Notwendigkeit entscheidet sich oft erst, wenn die Diagnose feststeht. Die Frage, ob der Patient bei gegebenen Symptomen einen schweren diagnostischen Eingriff riskieren will, ist daher zu erörtern.

Kosmetik - Bei nicht oder zeitlich noch nicht medizinisch indiziertem Eingriff - hier gilt als Paradebeispiel der kosmetische

Eingriff etwa im Gesicht oder an der Brust, über dessen Risiken besonders aufgeklärt werden muß.

Umgekehrt kann die Notwendigkeit einer Einwilligung völlig entfallen, wenn der Patient dazu nicht mehr in der Lage ist.

Hier ergibt sich die Einwilligung aus der "mutmaßlichen Einwilligung" nach "Geschäftsführung ohne Auftrag". Es käme allenfalls noch in Betracht, nächste Angehörige zu informieren.

Der BGH hat immer wieder vor einer Überspannung der Aufklärungspflicht gewarnt.

Beispiel (*NJW 1990, 2930*): Im Falle der Pericardektomie eines "Panzerherzes" mußte der Patient nicht über alle medizinischen Einzelheiten eines vorgesehenen ärztlichen Eingriffs informiert werden. "Er muß, und das freilich ist erforderlich, aber auch ausreichend, im großen und ganzen wissen, worin er einwilligt". *Nicht alle medizinischen Einzelheiten*

Keine theoretischen Erörterungen werden vom Arzt verlangt, insbesondere muß er nicht darauf hinweisen, daß der Eintritt bislang unbekannter Komplikationen in der Medizin "nie ganz auszuschließen sei" (*BGH in NJW 1990, 1529*).

Ebenso haftet der Arzt nicht, wenn er es unterläßt, Risiken zu erörtern, "die den Patienten nur unnötig verwirren und beunruhigen" und die für seine Entscheidungsfindung ohne Bedeutung sind (*BGH ebd.*). *Unnötig verwirren*

3.3.4 Der Beweis der Aufklärung

Die Aufklärung muß der Arzt beweisen. Grund: Jeder ärztliche Eingriff ist prinzipiell rechtswidrig. Der Arzt muß daher die Einwilligung des Patienten nachweisen können. Diese Einwilligung ist nur dann wirksam, wenn der Patient vorher rechtzeitig und ausreichend informiert wurde.

Davon gibt es allerdings eine Ausnahme, die von der Rechtsprechung unter dem Stichwort "Aufklärungsmißbrauch" zusammengefaßt wird.

Beweissicherung:

Der Beweis wird am besten durch eine Unterschrift des Patienten unter einer Erklärung gesichert, in der die wesentlichen Risiken des Eingriffs aufgezählt sind. Allein die Unterschrift reicht jedoch in keinem Fall aus. Die Erklärung muß daher auch beinhalten, daß der Patient in einem ausführlichen Gespräch aufgeklärt wurde. Dieses muß immer ein Arzt führen!

Ausführliches Gespräch

Beispiel: Ein Patient mußte einen endonasalen Siebbein-Eingriff durchführen lassen und unterschrieb ein Formular, in dem er auf das (allerdings sehr geringe) Risiko einer Erblindung nicht hingewiesen wurde. Er wurde allerdings dazu aufgefordert, nach Wunsch Rückfragen an den operierenden Arzt zu stellen. Der BGH entschied: Dies reicht nicht aus! Wenn die Aufklärung schon durch ein Formblatt durchgeführt wird, dann muß sie auch vollständig sein und darf den Eingriff nicht verharmlosen oder schwerwiegende, wenn auch seltene Risiken verschweigen *(NJW 1994, 793)*.

Empfehlung: Die Aufklärung und den Zeitpunkt sowie die Zeitdauer des Gesprächs im "Krankenblatt" genau erfassen - bei schwierigen Patienten einen Zeugen (z.B. Arzthelferin) hinzuziehen.

3.3.5 Aufklärungsmißbrauch durch Patienten

Hier geht es um folgende Konstellation:

a. Der Arzt kann die Aufklärung des Patienten nicht beweisen.

b. Der Patient kann den Behandlungsfehler bzw. das schuldhafte Vorgehen des Arztes nicht beweisen.

Entscheidungskonflikt

c. Der Patient trägt vor, daß er vor einem echten Entscheidungskonflikt gestanden hätte, wenn der Arzt zutreffend informiert hätte. Er hätte sich dann anders, später oder gar nicht behandeln lassen!

d. Der Arzt kann nachweisen, daß die Aussage des Patienten nicht zutrifft und der Patient in dieser konkreten Situation auch bei pflichtgemäßer Aufklärung mit größter Wahrscheinlichkeit dem Eingriff zugestimmt hätte.

Beispiel *(BGH in NJW 1991, 2342)*: Vor einer Analfistelentfernung hätte der Patient darüber informiert werden müssen, daß bei 3 bis 20 % aller Fälle das Risiko von bleibender Inkontinenz besteht. Dem Arzt gelang hier nicht der Nachweis, daß der Patient sich auch bei Aufklärung hätte operieren lassen.

Der Patient braucht in dieser Konstellation lediglich plausibel machen, daß er aus nachvollziehbaren Gründen im Falle vollständiger Aufklärung über das Für und Wider des ärztlichen Eingriffs ernsthaft überlegt hätte, ob er zustimmen würde oder nicht. Es kommt also nicht auf einen verständigen Patienten an, sondern auf den konkreten Patienten in seinen besonderen Verhältnissen (*BGH, NJW 1991, 2344*). *Der konkrete Patient*

Aufklärungsmißbrauch des Patienten liegt dagegen vor, wenn der Patient ohnehin schon von einem Spezialisten operiert werden sollte und der Eingriff dringlich war, so daß der Patient

a. weder einen zeitlichen Aufschub, etwa eine Denkpause, noch

b. einen zuverlässigeren oder kompetenteren Arzt, noch

c. eine weniger einschneidende Maßnahme oder Therapie

als Grund dafür ins Feld führen kann, daß er im Falle einer Aufklärung die Maßnahme oder den Eingriff abgelehnt hätte. So wurde der Anspruch eines Patienten vom OLG Köln abgelehnt (*NJW 1990, 2940*), der keine plausiblen Gründe dafür anführen konnte, daß er im Falle einer Aufklärung die Operation noch einmal verschoben hätte. *Plausible Gründe*

Die Situation ist allerdings für den Arzt nicht einfach, da der Patient seine Gründe nur darzulegen braucht. Der Arzt muß diese jedoch mit sachlichen und stichhaltigen Argumenten widerlegen.

Tendenz der Rechtsprechung: Im Gegensatz zu den 80iger Jahren, in denen die Aufklärung geradezu als Auffangtatbestand im Falle von Beweisschwierigkeiten des Patienten galt, geht der Trend der Rechtsprechung seit wenigen Jahren dahin, an die "Aufklärungsrüge" des Patienten strengere Anforderungen zu stellen. Dies äußert sich in zwei Punkten, auf die der Arzt besonders Wert legen sollte: *Strengere Anforderungen*

- Der Beweis der Aufklärung durch den Arzt kann oft schon durch eine Eintragung im Krankenblatt gesichert werden.

- Der Arzt kann durch den Hinweis, daß der Patient auch im Falle einer Aufklärung dem Eingriff zugestimmt hätte, den Patienten dazu zwingen, wenigsten konkret darzulegen, weshalb er dann einem Eingriff widersprochen hätte.

3.3.6 Verzicht auf die Aufklärung

Ein völliger Verzicht des Patienten auf Aufklärung ist nur ausnahmsweise zulässig und wirksam. Der Patient sollte zumindest in den Genuß einer Grundaufklärung (siehe oben) kommen. Im übrigen kann sich eine Reduzierung der Aufklärung aus der Gefahrensituation, bei dringenden vitalen Indikationen oder Bewußtlosigkeit ergeben. Es bleibt festzuhalten: Im Falle eines Behandlungsfehlers ist jeder Verzicht unwirksam, da es eine wirksame Zustimmung zu der Möglichkeit eines Behandlungsfehlers nicht gibt. Schonung des Patienten: Hier ist äußerste Vorsicht für den Arzt geboten. Das früher gängige Argument, der Patient dürfe wegen der Gefahr einer Selbstgefährdung nicht informiert werden, kann für den Arzt sehr riskant werden. Zumindest muß er die Selbstgefährdung eines Patienten im Falle der Aufklärung beweisen können, was, da hypothetisch, so gut wie ausgeschlossen ist. Im übrigen ist der Arzt selbstverständlich dazu verpflichtet, mit der Aufklärung auch den dringenden Rat zu verbinden, daß der Patient das für einen Heilerfolg Erforderliche tut.

Verzicht unwirksam

Vorsicht: Der Patient kann seine Einwilligung jederzeit vor dem Eingriff widerrufen.

Der Patient, der ausdrücklich erklärt, von den Risiken nichts wissen zu wollen, der meint "Sie werden schon wissen, was Sie zu tun haben, Doktor", ist für den Arzt ein Risiko. Wenn etwas schiefgeht, denkt der Kranke sicher anders darüber.

Kein Aufklärungszwang

Da aber niemand zur Aufklärung gezwungen werden kann, sollte der Verzicht wenigstens vor Zeugen oder schriftlich erklärt werden!

Beispiel: "Im Vertrauen auf die ärztliche Kunst des Dr. ... verzichte ich auf jegliche Aufklärung hinsichtlich der Risiken und Folgen des erforderlichen Eingriffs (der erforderlichen Therapie) - ..." (Unterschrift)

3.4. Die Verjährung

3.4.1 Vertragliche Ansprüche:

Die Verjährung für diese Ansprüche, soweit sie die Arzthaftung für "Körperverletzung" oder verletzte Aufklärungspflicht betreffen, beträgt nach den allgemeinen Verjährungsvorschriften (§ 195 BGB) 30 Jahre. Da hier jedoch nur der materielle Schaden betroffen ist und es in den Haftpflichtprozessen meist um den immateriellen Schaden (Schmerzensgeld) geht, spielt diese Verjährungsvorschrift nur eine untergeordnete Rolle.

3.4.2 Deliktische Ansprüche

Für deliktische Ansprüche gilt die Verjährungsfrist von 3 Jahren (§ 852 BGB).

Beginn: In dem Zeitpunkt, "in welchem der Verletzte von dem Schaden und der Person des Ersatzpflichtigen Kenntnis erlangt, ohne Rücksicht auf diese Kenntnis in 30 Jahren von der Begehung der Handlung an." *Kenntnis entscheidet*

Der Streit geht oft darum, wann der Patient tatsächlich "Kenntnis" erlangt hat über Schaden und Person. Hier hat der BGH entschieden, daß die Frist nicht zu laufen beginnt, bevor nicht der Patient als medizinischer Laie Kenntnis von Tatsachen hat, aus denen sich ein Abweichen des Arztes vom ärztlichen Standard ergibt. Es genügt also die Kenntnis der Tatsachen - ihre rechtliche Würdigung ist nicht erforderlich. Sobald der Patient weiß, daß der aufgetretene Schaden auf einem fehlerhaften Verhalten des ihm bekannten Arztes beruht, beginnt die Frist zu laufen.

Da das Wissen des Patienten ein innerer Vorgang ist, werden Indizien für sein Wissen ausreichen, z.B. seine Kenntnis der Krankenunterlagen oder des Operationsprotokolls.

Beispiel: OLG München (*VersR 1992, 1407*): Hat der Patient den Vorwurf eines Behandlungsfehlers innerhalb der Verjährungsfrist bereits erhoben und zwar gegen den konkreten Arzt, dann hat er i.d.R. genügend Kenntnis i.S. des § 852 BGB.

Hemmung der Verjährung

Meinungsaustausch

3.4.3 Hemmung der Verjährung

Hemmung bedeutet, daß die Verjährung mit Eintritt des Hemmungsgrundes zum Stillstand kommt und erst nach dessen Wegfall weiterläuft (§ 205 BGB). Sie tritt nach § 852, II BGB ein, wenn zwischen dem Ersatzpflichtigen und dem Ersatzberechtigten Verhandlungen über den Schadensersatz laufen. Dabei gilt nach der Rechtsprechung des BGH für den Begriff der "Verhandlung" jeder Meinungsaustausch über den Schadensfall. Auf seiten des Arztes kann selbstverständlich auch die Haftpflichtversicherung anstelle des Arztes verhandeln.

3.4.4 Unterbrechung der Verjährung

Eine Unterbrechung hat zur Folge, daß die bis dahin verstrichene Zeit nicht mehr in Betracht kommt und eine neue Verjährung erst nach Beendigung der Unterbrechung beginnt (§ 217 BGB). Der Regelfall der Unterbrechung: Klage bzw. Mahnbescheid.

<u>Wichtig:</u> Die Einrede der Verjährung muß vom Schuldner in jedem Fall ausdrücklich gegenüber dem Gericht erhoben werden, da sie nicht von Amts wegen zu berücksichtigen ist, und da das Gericht auch nicht darauf hinweisen darf.

3.5 Haftung für das Personal

Versicherung zahlt

Grundsatz: Der Arzt haftet in den Fällen, in denen es wegen der Handlung einer Arzthelferin, einer MTA oder einer Laborangestellten beim Patienten zu gesundheitlichen Problemen kommt, nahezu immer, weshalb die Haftpflichtversicherung in der Regel auch fahrlässige Fehler des Personals abgedeckt. Dies gilt jedenfalls für die finanziellen, also zivilrechtlichen Ansprüche des Patienten. In strafrechtlicher Hinsicht liegt die Sache anders. Hier muß in jedem Einzelfall das konkrete Verschulden des Arztes (z.B. Überwachung, Auswahl, Organisation) an dem Fehler seiner Angestellten nachgewiesen werden. Die Nachweispflicht trifft im Strafverfahren prinzipiell den anklagenden Staatsanwalt. Dabei ist strafrechtlich von großem Interesse, ob der oder die Angestellte eine delegierbare Handlung vorgenommen hat oder nicht.

3.5.1 Das Delegieren ärztlicher Handlung

Rechtsprechung, Gebührenordnung und Berufsordnung haben bestimmte Regeln dafür aufgestellt, welche Handlungen der Arzt unbedingt persönlich vornehmen muß, welche einer unmittelbaren Kontrolle unterliegen und welche er mit "weicher Kontrolle" delegieren darf. Hierbei gilt der Grundsatz des § 613 BGB: "Der zur Dienstleistung verpflichtete hat die Dienste im Zweifel in Person zu leisten." Dies hat eine unangenehme Folge für den Arzt: Er muß beweisen, daß und warum er eine Leistung auf eine Hilfsperson übertragen durfte und konnte.

Nicht delegieren darf der Arzt
- die Untersuchung und Beratung des Patienten,
- operative Eingriffe,
- Psychotherapie, soweit sie nicht ausdrücklich an einen gemäß der "Psychologievereinbarung" ausgebildeten Diplompsychologen erfolgt,
- invasive diagnostische Eingriffe,
- die Entscheidung über therapeutische Maßnahmen,
- die Aufklärung des Patienten über Diagnose, Behandlungsverlauf und Risiken von Diagnose und Therapiemaßnahmen.

In den hier genannten Fällen ist eine Übertragung auf nichtärztliches Personal ausgeschlossen, weil es sich um den <u>Kernbereich</u> ärztlicher Tätigkeit handelt.   *Kernbereich*

<u>Einzelfall-Delegation</u> ist in folgenden Fällen möglich:

- Injektionen, Infusionen und Blutentnahmen;
- Punktionen;
- radiologische Leistungen;
- EKG- und EEG-Leistungen;
- Laborleistungen.

Hierbei gilt jedoch folgende entscheidende Einschränkung:

Der Arzt muß in jedem Einzelfall je nach Krankheitsbild   *Je nach*
des Patienten und Qualifikation seiner Angestellten <u>ent-</u>   *Krankheitsbild*
<u>scheiden</u>, ob die Delegation ohne gesundheitliche Gefähr-

dung des Patienten möglich und verantwortbar ist. Vor allem für Injektionen, Infusionen, Blutentnahmen und Punktionen gilt die Stellungnahme der Bundesärztekammer vom 16.02.1974. Danach kann der Arzt diese Maßnahmen an sein Personal delegieren, wenn und soweit nicht "die Art des Eingriffes sein persönliches Handeln erfordert". Erforderlich ist insbesondere eine Überprüfung der Ausbildung und Praxis des Personals.

Arzt persönlich erreichbar
Empfehlung: Diese Maßnahmen sollten nur dann delegiert werden, wenn der Arzt persönlich in der Praxis erreichbar ist. Zwar steht intravenösen Injektionen kein grundsätzliches Delegationsverbot entgegen, jedoch ist wegen der Komplikationsgefahr die persönliche Vornahme durch den Arzt zu empfehlen (*vgl. Laufs, Die Entwicklung des Arztrechts 1992/93 in NJW 1993, 1503*).

Stichproben machen
Die Regel-Delegation ist für diejenigen Tätigkeiten des Arztes möglich, für die sein Personal im Rahmen der üblichen Berufsausbildung geschult wird. Er hat hier Stichproben zu machen und laufend zu kontrollieren, ob die Fähigkeit der Angestellten den Anforderungen entspricht.

Beispiele:

- Einfacher Verbandwechsel;
- physikalisch-medizinische Leistungen;
- Laborleistungen, mit Ausnahme des Speziallabors.

Bei Delegation dieser Leistungen muß der Arzt nicht persönlich in der Praxis anwesend sein. Es dürfte ausreichen, daß er in angemessener Zeit persönlich erreichbar und abrufbar ist.

3.5.2 Vertragliche Haftung für Personal

Wie eigenes Verschulden
Die folgenden Grundsätze gelten auch gegenüber Kassenpatienten, obwohl von der herrschenden Meinung keine unmittelbare dienstvertragliche Beziehung zwischen Kassenarzt und Patienten angenommen wird. Gemäß § 278 BGB haftet der Arzt für alle Personen, "deren er sich zur Erfüllung seiner Verbindlichkeit bedient". Er hat ihr Verschulden so zu vertreten, als wäre es sein eigenes.

Dies betrifft jedoch wiederum nur materielle Schäden, nicht aber Schmerzensgeldansprüche, da diese nur als deliktische Ansprüche gefordert werden können. Zu den Erfüllungsgehilfen gehört das gesamte Personal (vgl. unten 3.5.3) des Arztes, auch freie Mitarbeiter, auch Teilzeitkräfte, auch die Ehefrau, sofern sie gelegentlich in der Praxis tätig ist.

Nicht Erfüllungsgehilfe ist der Arzt, an den der Patient überwiesen wird. Dieser hat dann eine eigenständige Verbindlichkeit gegenüber dem Patienten. Auch der Apotheker ist für den Arzt <u>kein</u> Erfüllungsgehilfe.

Erfüllungsgehilfe

Bei dieser Haftung kommt es nicht darauf an, ob der Arzt sein Personal überwacht und wie er es ausgewählt hat. Entscheidend ist hier lediglich, ob das Personal selbst schuldhaft gehandelt hat. Wenn dies der Fall ist, haftet der Arzt ebenso wie das Personal selbst.

3.5.3 Deliktische Haftung

Dies ist der häufigste Anwendungsfall der Mitarbeiter-Haftung, wenn es um Schmerzensgeld geht! Nach § 831 BGB haftet der Arzt für die Handlungen seiner Verrichtungsgehilfen, egal ob diese schuldhaft einen Schaden verursachen oder nicht. Er kann sich allerdings "exkulpieren". Sofern der Patient seinen Schaden und die Kausalität nachgewiesen hat, muß der Arzt seinerseits beweisen, daß er durch Auswahl und laufende Kontrolle des Personals eine ausreichende Überwachung gewährleistet hat.

Schmerzensgeld

Der Maßstab der Rechtsprechung ist sehr streng!

Kriterien für die Auswahl:
- Gründliche Prüfung der Zeugnisse, der Ausbildung, evtl. auch Zusatzausbildung von Mitarbeitern.
- In Zweifelsfällen Rückfrage beim vorherigen Arbeitgeber.
- Kontrolle der Sachkunde, der praktischen Fähigkeiten, aber auch des Charakters (Verantwortungsbewußtsein etc.) der Mitarbeiter bereits bei der Einstellung.

<u>Praktischer Hinweis:</u> Kurzes Protokoll des Einstellungsgesprächs anfertigen und aufbewahren.

3.5.4 Überwachung des Personals

- Laufende Prüfung der praktischen und theoretischen Fähigkeiten;
- Förderung von Fortbildungs- und Informationsmaßnahmen;
- unerwartete Kontrollen.

Sofern unklar ist, welcher der Arbeitnehmer den Gesundheitsschaden des Patienten verursacht hat (aber klar ist, daß es einer aus der Praxis war), muß der Arzt sich für alle Mitarbeiter exkulpieren, die für den Schaden ursächlich gewesen sein könnten!

Weitere Chance für den Arzt:

Gemäß § 831, I, 2, BGB, letzter Halbsatz, wird der Arzt dann nicht ersatzpflichtig, wenn "der Schaden auch bei Anwendung dieser Sorgfalt entstanden sein würde". Hier muß der Arzt allerdings nachweisen, daß der Schaden auch von einer sorgfältig ausgewählten und überwachten Person angerichtet worden wäre. Es reicht nicht, die bloße Möglichkeit, daß der Schaden trotz Anwendung der erforderlichen Sorgfalt entstanden wäre.

3.6 Taktik im Zivil- und Strafverfahren

Grundsatz: Kooperation ja, Schuldeingeständnis nein. Im übrigen Detail-Abklärung mit Rechtsanwalt und Haftpflichtversicherung.

3.6.1 Der Verdacht

Sobald der Verdacht eines Haftpflichtfalles von seiten des Patienten geäußert wird, muß der Arzt sich zunächst über zwei Dinge im klaren sein:

Meldung an Haftpflichtversicherung a. Zivilrechtlich ist die Meldung an seine Haftpflichtversicherung nicht nur sinnvoll, sondern auch obligatorisch, da die Versicherung bei Fristversäumnis (8 Tage) evtl. die Deckung ablehnen kann.

b. Strafrechtlich wird der Patient, wenn er anwaltlich vertreten ist, möglicherweise Strafanzeige und Strafantrag stellen, um auf Staatskosten an ein medizinisches Gutachten zu kommen sowie an Zeugenaussagen von Praxispersonal und schriftliche Unterlagen aus der Praxis. Die hier folgende Übersicht kann selbstverständlich eine detaillierte Besprechung mit einem Rechtsanwalt nicht ersetzen, aber einige Grundinformationen geben.

3.6.2 Anspruchsabwehr

Die Abwehr des zivilrechtlichen Anspruchs läuft in der Regel in Zusammenarbeit mit der Haftpflichtversicherung. Diese ist allerdings - anders als bei Kraftfahrzeug-Schadensfällen - nicht unmittelbar Partei in einem evtl. Prozeß, da hier keine gesetzliche Pflichtversicherung für den Arzt besteht.

Keine gesetzliche Pflichtversicherung

Zur Haftpflichtversicherung des Arztes einige Informationen:

- Die Haftpflichtversicherung deckt im Rahmen der Versicherungssumme den zivilrechtlichen Schaden inkl. des Schmerzensgeldanspruchs eines Patienten.

- Die Haftpflichtversicherung deckt in keinem Fall eine etwaige Strafe, die durch Strafurteil gegen den Arzt verhängt worden ist oder eine Buße, die im Zusammenhang mit einer Verfahrenseinstellung im Strafprozeß bezahlt werden muß.

- Die Arzt-Haftpflichtversicherung ist bei Abwehr von Patientenansprüchen gleichzeitig eine Rechtsschutzversicherung des Arztes. Sie bezahlt daher Rechtsanwalt und Gerichts- sowie Gutachterkosten. Im Falle eines Prozeßverlustes bezahlt sie auch die Kosten des gegnerischen Rechtsanwaltes. Aber Vorsicht: Die Versicherung hat das Recht, im Prozeßfall dem Arzt einen Rechtsanwalt vorzuschlagen. Akzeptiert der Arzt den Anwalt nicht, so ist die Versicherung in der Regel nicht verpflichtet, die Kosten eines anderen Rechtsanwaltes zu übernehmen.

- Im vorprozessualen Stadium kann der Arzt sich zwar einen eigenen Rechtsanwalt nehmen, jedoch muß die Versicherung auch diesen nicht bezahlen. Einigt sich dieser unabhängige Rechtsanwalt im Namen des Arztes mit der Gegenseite, so wird die Einigung gegenüber der Haftpflichtversicherung nur wirksam, wenn diese vorher zugestimmt hat.

Anwaltskosten - Die Anwaltskosten für das strafrechtliche Verfahren sind ein Sonderfall. Wenn sie nicht ausdrücklich im Versicherungsvertrag übernommen werden, so sind sie auch nicht gedeckt. In der Regel wird eine Sonderprämie hierfür erhoben.

- Sollte der Arzt einen eigenen Rechtsanwalt seines Vertrauens kennen und bevorzugen, so empfiehlt es sich dringend, Kontakt mit der Versicherung aufzunehmen und diese dazu zu bewegen, den "Vertrauensrechtsanwalt" zu akzeptieren. Eine gute Versicherung wird dies nur dann ablehnen, wenn der Fall äußerst kompliziert gelagert ist und der "Vertrauensrechtsanwalt" des Arztes bereits erkennbare Fehler begangen hat.

Schmerzensgeld Der Arzt kann zunächst einen Überblick über die Anwaltskosten gewinnen, indem er den möglichen Streitwert ermittelt. Einige Beispiele über die Größenordnung des Schmerzensgeldes im Auszug wie folgt:

Schmerzensgeld	Art der Verletzung	Patient	Gericht
DM 10.000,00	Endglied des Zeigefingers beim Verbandaufschneiden abgetrennt	Säugling	LG Würzburg (4 S 987/89)
DM 10.000,00	Starke OP-Narben an beiden Brüsten	29jährige Frau	OLG Bremen (VersR 1980, 654)
DM 20.000,00	Entfernung der Gebär-Mutter wegen OP-Instrument im Uterusbereich	35jährige Frau	LG München (NJW 1984,671)
DM 30.000,00	Entfernung von Gebär-Mutter, linkem Eierstock und Blinddarm infolge Diagnosefehlers	29jährige Frau	OLG Bamberg (Az: 5 U 145/86)
DM 40.000,00	Harnleiterverletzung, Entfernung der linken Niere ohne ausreichende Aufklärung	35jährige Frau	BGH (VersR 1984530)

Schmerzensgeld	Art der Verletzung	Patient	Gericht
DM 50.000,00	Schwere cerebrale Schädigung wegen Sauerstoffmangels bei der Geburt	männliches Kind	OLG Koblenz (10 W 420/87)
DM 60.000,00	Kniegelenksinfektion als Folge ärztlichen Behandlungsfehlers mit Dauerschäden	33jährige Frau	LG Aachen (Urteil vom 21.01.1986)
DM 60.000,00	Sterilisation ohne Einwilligung der Patientin	29jährige Zahntechnikerin	LG Lüneburg (2 O 137/80)
DM 65.000,00	Halbseitige Lähmung nach Carotis-Angiographie bei mangelnder Aufklärung	31jährige Patientin	OLG Hamm (VersR 1981)
DM 100.000,00	Metastasierung eines Brustdrüsenkarzinoms wegen verspäteter ärztlicher Diagnose	junge Frau	LG Bremen (3 O 934/87)
DM 120.000,00	Teil-Lähmung unterhalb des 10. Brustwirbels nach Strahlenbehandlung ohne Einverständnis	32jährige Frau	OLG Frankfurt (VersR 1989, 254)
DM 150.000,00	Verlust des Geschlechtsorgans durch Kunstfehlerbrücken	10jähriger Junge	OLG Saar- (NJW 1975)
DM 200.000,00	Querschnittslähmung nach Bandscheibenoperation	47jähriger Mann	LG Dortmund (Az: 17 O 1/86)
DM 300.000,00	Schwerste körperliche und geistige Schäden nach Behandlungsfehler bei der Geburt	Mädchen	OLG Hamm (Az:3 U18/89)

Mit Bezug auf den jeweiligen Streitwert ergibt sich dann aus der Bundesrechtsanwaltsgebührenordnung (BRAGO), welche Anwaltskosten möglicherweise entstehen können. Dabei ist allerdings die Spannweite sehr groß. Sie reicht von 7,5/10-Gebühren für die "Geschäftsbesorgung", also etwa die vorprozessuale Abwehr eines Anspruchs bis zu 30/10-Gebühren für einen Prozeß in erster Instanz, von weiteren Instanzen ganz abgesehen.

Ein Auszug aus dieser Tabelle sieht wie folgt aus:

Streitwert DM	7,5/10 DM	3 Gebühren DM	1. Instanz 2 Anwälte mit Beweis DM	2. Instanz 2 Anwälte mit Beweis DM
10.000,00	560,00	2.100,00	4.900,00	6500,00
20.000,00	861,00	3.300,00	7.800,00	10.300,00
50.000,00	1.300,00	4.970,00	8.600,00	15.800,00

Die angegebenen Kosten für die 1. Instanz umfassen das volle Risiko einschließlich der Gerichtskosten. Dieses ist von der Partei zu tragen, die den Prozeß verliert. Sofern die Haftpflichtversicherung für den Arzt eintritt, bezahlt sie auch die gesamten Prozeßkosten, um die Ansprüche des Patienten abzuwehren. Entsprechendes gilt für die hier abgegebenen Kosten der 2. Instanz. Nicht enthalten sind in diesen Kosten die Gebühren für einen evtl. Sachverständigen, die sich ebenfalls in der Regel auf mehrere Tausend DM belaufen.

Aussetzung nicht üblich

Straf- und Zivilprozeß werden völlig unabhängig voneinander durchgeführt. Jedenfalls ist eine Aussetzung des zivilrechtlichen Verfahrens bis zur Entscheidung im Strafprozeß nicht üblich, da die rechtlichen Voraussetzungen für eine strafrechtliche Verurteilung doch recht unterschiedlich von denen im Zivilprozeß sind.

Nicht vorgreifen

Der Arzt hat gegenüber seiner Haftpflichtversicherung im übrigen die Verpflichtung, kein Schuldanerkenntnis abzugeben. Tut er es dennoch, so riskiert er, daß die Haftpflichtversicherung sich weigert, den Schaden zu regulieren. Auch einem Prozeßergebnis würde er damit natürlich vorgreifen.

Der Arzt ist nach der Berufsordnung nicht verpflichtet, den Patienten von sich aus auf einen Fehler in der Behandlung hinzuweisen.

Der Arzt darf allerdings nach den Versicherungsbedingungen Patienten den objektiven Sachverhalt schildern. Es empfiehlt sich allerdings nicht, dies ohne gründliche rechtliche Überlegung zu tun, da diese Aussage auch <u>strafrechtlich</u> verwertet werden könnte.

3.6.3 Strafantrag

Der Patient wird möglicherweise Strafantrag stellen (*§§ 77 ff, 232 StGB*), um an die erforderlichen Beweismittel heranzukommen. Er hat dafür eine Frist von 3 Monaten ab Kenntnis von Tat und Täter einzuhalten. Bei dieser Frist kommt es darauf an, ob ein besonnener Patient beurteilen kann, ob er Strafantrag stellen soll, weil sowohl Gesundheitsstörung als auch die Kausalität zum ärztlichen Eingriff ihm bekannt sind.

Möglicherweise Strafantrag

Allerdings wird bei Arzthaftungsdelikten in der Regel von der Staatsanwaltschaft das "besondere öffentliche Interesse" bejaht, so daß auch bei Versäumung der Antragsfrist die Sache als Straftat verfolgt werden kann. Einer Beschlagnahmung der Krankenblätter kann der Arzt nur entgehen, indem er sie seinem Anwalt übergibt! Dies gilt auch für die Haftpflichtversicherung!

Für den Arzt empfiehlt es sich grundsätzlich, dann in die Offensive zu gehen, wenn er sich absolut sicher ist, daß an den Vorwürfen des Patienten nichts dran ist.

Er kann dann, nach Rücksprache seiner Haftpflichtversicherung einen Gutachterantrag oder Schlichtungsantrag bei der jeweiligen Gutachter- oder Schlichtungsstelle seiner Ärztekammer stellen. Dies muß er natürlich dem Patienten mitteilen. Die Folge ist, daß der Patient ein kostenloses Gutachten in die Hand bekommt, auch wenn er keinen Strafantrag stellt. Er wird daher evtl. auf Strafantrag und Strafanzeige verzichten.

Gutachterantrag stellen

Außerdem kann der Arzt dem Patienten Krankenblatt und sonstige Unterlagen zur Verfügung stellen. Falls bereits Strafanzeige erstattet sein sollte, empfiehlt es sich, das persönliche Gespräch mit dem Staatsanwalt zu suchen und hier die Vorwürfe zu widerlegen. Dies kann bereits in einem frühzeitigen Stadium zur Einstellung führen.

Folge: Keine Beschlagnahmung von Unterlagen; keine Verhöre von Angestellten oder sogar Patienten. Ist der Arzt unsicher oder vermutet er, daß der Vorwurf des Patienten zutreffen könnte, ist die Strategie der Wahl sorgfältig mit dem eigenen Rechtsanwalt zu besprechen. Hier gelten im Regelfall folgende Maßnahmen als sinnvoll:

- Das eigene Personal informieren so weit wie nötig;

Akteneinsicht - den Vorwurf des Patienten so präzise wie möglich erfahren; ggf. erst abwarten, bis die Staatsanwaltschaft Akteneinsicht in ihre Akte gewährt. Dies kann allerdings nur über den eigenen Rechtsanwalt erfolgen, da nur dieser das Recht auf Akteneinsicht hat.

- Sorgfältige Darstellung der eigenen Position. Vermeiden von Widersprüchen.

- Von Anfang an die beiden möglichen Angriffspunkte des Patienten bedenken: sowohl den Behandlungsfehler als auch die mangelnde Risikoaufklärung vor dem Eingriff!

3.6.4 Gutachter- und Schlichtungsstellen

Die Gutachter- und Schlichtungsstellen wurden von den Ärztekammern geschaffen, um kostengünstig und außerprozessual Arzthaftungsfälle zu erledigen.

- Die Schlichtungsstelle arbeitet in der Regel auf Antrag von Arzt, Patient, Haftpflichtversicherung bzw. Krankenhaus des Arztes.

Sie arbeitet nur, wenn keine der Parteien widerspricht.

Kostenloses Gutachten Das medizinische Gutachten eines Sachverständigen erfolgt kostenlos für die Parteien.

Am Ende des Verfahrens steht ein Schlichtungsvorschlag. Sofern ein Anspruch des Patienten anerkannt wird, wird der Haftpflichtversicherung des Arztes eine außergerichtliche Regelung empfohlen.

Dem Patienten steht es frei, dennoch Klage zu erheben!

- Die Gutachterkommissionen (z.B. Baden-Württemberg, Nordrhein) urteilen ausschließlich per Gutachten über die Behandlungsfehler.

4. Gynäkologische Sonderfälle

Gynäkologen haben bei fehlgeschlagener Sterilisation, erfolglosem Schwangerschaftsabbruch oder unzureichender Schwangerschaftsberatung in bestimmten Fällen mit Schadensersatzansprüchen der Eltern des ungewollt geborenen, kranken oder gesunden Kindes zu befürchten.

4.1 Der Gynäkologe als Zahlvater

Die Eltern des Kindes können den Unterhalt, den sie für ihr Kind aufbringen müssen, prinzipiell als "Schadensersatz" dem Arzt gegenüber geltend machen. Der BGH bejaht dies auch für den Fall der fehlerhaften genetischen Beratung, wenn ein Kind geschädigt zur Welt kommt, das andernfalls nicht gezeugt worden wäre *(NJW 1994, 788)*. Dies sind Beträge von im Monat zwischen 300,00 und 700,00 DM, prinzipiell so lange, bis das Kind eine Ausbildung absolviert hat und wirtschaftlich auf eigenen Füßen steht. Hinzukommen kann noch ein Zuschlag bei einem behinderten Kind, der den Wert der "pflegerischen Dienstleistungen" ausgleicht und noch einmal bis zu 500,00 DM pro Monat ausmachen kann. Es versteht sich von selbst, daß die Haftpflichtversicherungen der Ärzte seit den Grundsatzentscheidungen des BGH in den 80er Jahren zu diesem Thema ihre Prämien erheblich hochschrauben mußten.

Ansprüche der Eltern

4.2 Die mißlungene Sterilisation

Für den BGH steht fest, daß ein Arzt, der trotz entsprechendem Auftrag die Sterilisation einer Frau unzureichend durchführt, adäquat kausal für die Schwangerschaft mitverantwortlich ist. Die Frau kann für Schwangerschaft und Geburt (selbst wenn diese ohne Komplikationen verläuft) ein Schmerzensgeld bis zu DM 10.000,00 verlangen.

Die zunächst umstrittene Frage, ob tatsächlich Schwangerschaft und Geburt als "Schaden" eingestuft werden können, hat der BGH bejaht und den verklagten Arzt entsprechend verurteilt (*Urteil vom 18.03.1980, IV ZR 247/78 sowie erneut vom 16.11.1993 in NJW 94, 788*). Ebenso hat jetzt auch der 1. Senat des Bundesverfassungsgerichts entschieden *(NJW 1998, 519)*.

4.3 Der mißlungene Schwangerschaftsabbruch

Unterhalt bei Notlage

Kein Unterhalt kann vom Arzt verlangt werden, wenn es sich um einen Schwangerschaftsabbruch wegen medizinischer oder eugenischer Indikation handelt.

Begründung: Der Eingriff sollte nach der Absicht der Mutter gerade nicht das finanzielle Risiko vermeiden, sondern ein medizinisch-menschliches (*BGH, NJW 1985, 2749*).

Anders bei der Notlagenindikation: Hier wird der Arzt unterhaltspflichtig, wenn der Schwangerschaftsabbruch mißlingt, weil er gerade wegen der finanziellen Notlage durchgeführt werden sollte.

Ausnahme: Wenn die soziale Notlage der Mutter nach der Geburt nicht weiter besteht, wird der Arzt von Unterhaltsansprüchen frei.

Beispiel: Die Mutter hatte nach mißlungenem Schwangerschaftsabbruch wegen Notlagenindikation ein gesundes Kind zur Welt gebracht, das sie tagsüber zu ihrer Mutter gab. Sie nahm ihre Arbeit wieder auf und lebte bei einem neuen Partner, der das Kind akzeptierte. Hier wurde

Unterhaltsklage abgewiesen

die Unterhaltsklage der Mutter gegen den Arzt abgewiesen (*BGH, Urteil vom 09.07.1985, VI ZR 244/83*).

In jedem Fall kann der Arzt versuchen, den Beweis dafür zu erbringen, daß eine Notlage der Mutter von Anfang an nicht vorlag oder nicht mehr vorliegt.

4.4 Beratungsfehler

Den Mehraufwand für das behinderte Kind, ja sogar den gesamten Unterhaltsaufwand muß ein Arzt bezahlen, der eine im Frühstadium schwangere Mutter nicht ausreichend oder falsch über die Früherkennungsmöglichkeiten und mögliche Schädigungen der Leibesfrucht beraten hat.

Beweislast: Mutter

Die Mutter muß allerdings beweisen, daß sie unzureichend beraten wurde.

Sie muß außerdem beweisen, daß sie im Falle einer umfassenden und zutreffenden Beratung rechtzeitig einen erlaubten Schwangerschaftsabbruch durchgeführt hätte (*OLG München, VersR 1988, 523*).

Bei der Beratung von Schwangeren über 35 Jahren, hinsichtlich möglicher Erbschäden ist besondere Vorsicht geboten. *Erbschäden*

Beispiel: Der Arzt hatte für eine 39jährige Schwangere eine Fruchtwasseruntersuchung für nicht unbedingt notwendig gehalten, obwohl die Patientin ausdrücklich danach gefragt hatte. Das Kind kam mit einer Chromosomenanomalie zur Welt - die Eltern behaupteten, daß sie bei rechtzeitiger Feststellung der Anomalie durch Fruchtwasseruntersuchung einen Schwangerschaftsabbruch gewollt und durchgeführt hätten. Der Arzt konnte dies nicht widerlegen. Er wurde dazu verurteilt, den vollen Unterhalt für das Kind zu bezahlen. Es wäre seine Pflicht gewesen, die Mutter über die möglichen Folgen und Gefahren einer unterlassenen Fruchtwasseruntersuchung ausreichend zu informieren, um ihr eine Entscheidungsgrundlage zu geben (*BGH, Urteil vom 22.11.1983, VI ZR 85/92*).

Auch das Nichterkennen einer Schwangerschaft durch den Arzt kann zu Schmerzensgeld, möglicherweise Unterhaltsansprüchen führen: Eine Patientin war trotz Einsetzen der "Spirale" schwanger geworden und bekam nach einer Geburt mit Kaiserschnitt einen Schmerzensgeldbetrag von DM 10.000,00 vom Kammergericht Berlin zugesprochen. Der Arzt hatte die Schwangerschaft trotz einiger Symptome nicht erkannt.

<u>Grund für den Anspruch:</u> Die Patientin, die erst 18 Jahre alt war, hätte bei rechtzeitigem Erkennen der Schwangerschaft aufgrund ihrer Lebenssituation den Schwangerschaftsabbruch wegen ihrer sozialen Notlage durchgeführt. Das Gericht sprach ihr das Schmerzensgeld zu, weil die "durch pflichtwidriges Unterlassen des Arztes verursachte ungewollte Schwangerschaft" ein Eingriff in die Integrität der körperlichen Befindlichkeit sei.

Dem Kind selbst steht jedoch kein Anspruch zu gegen den Arzt aus dem im angelsächsischen Sprachbereich sogenannten "Wrongful life". Dazu hat der BGH entschieden, daß der Arzt dem Kind gegenüber keine Verpflichtung hat, sein Leben, so qualvoll es sein mag, zu verhindern. Es *Kein Anspruch des Kindes* entzieht sich jeder rechtlichen Beurteilung, ob ein Leben mit schwerer Behinderung gegenüber dem Nichtleben ein Schaden ist. Dem Kind selbst steht daher, wenn es behindert zur Welt kommt, bei vorheriger falscher Beratung des Arztes gegenüber der Mutter, kein eigener Schadensersatzanspruch zu.

5. Der Arzt als Gutachter

5.1 Die Arbeitsunfähigkeitsbescheinigung

Das häufigste "Kurzgutachten", das in der täglichen Praxis vorkommt, ist die AU-Bescheinigung. Im Bundesmantelvertrag für Ärzte ist die AU-Bescheinigung ausführlich geregelt. Es gibt hierfür ein besonderes Formular. Der Arzt teilt auf diesem Formular, das für den Arbeitgeber bestimmt ist, keine Diagnose mit.

Das Bundesarbeitsgericht hat erst vor kurzem bestätigt, daß grundsätzlich die ärztliche AU-Bescheinigung für den Arbeitnehmer ausreicht, um einen Anspruch auf Gehaltsfortzahlung nach § 616 BGB bzw. Lohnfortzahlung nach dem Lohnfortzahlungsgesetz geltend machen zu können.

Sollte der Arbeitgeber konkrete und begründete Zweifel an der Arbeitsunfähigkeit des Arbeitnehmers haben, obwohl eine ärztliche AU-Bescheinigung vorliegt, kann er diese Bedenken der Krankenkasse mitteilen. Diese muß dann nach § 275, I Nr. 3b StGB V zur Beseitigung dieser Zweifel eine gutachtliche Stellungnahme ihres medizinischen Dienstes einholen. *Konkrete Zweifel*

Der behandelnde Arzt sollte der Krankenkasse nicht mehr als das mitteilen, was ohnehin aufgrund des Krankenscheins bekannt ist. Der Krankenkasse wird außerdem der Befund und die voraussichtliche Dauer der Arbeitsunfähigkeit mitgeteilt. Weitere Informationen sollte der Arzt aus Gründen der Schweigepflicht nicht abgeben. Insbesondere sollte er sich davor hüten, den Verdacht der Simulation der Krankenkasse oder Dritten gegenüber zu äußern - er steht in einem Vertrauensverhältnis zum Patienten und sollte diesen Verdacht nur ihm gegenüber äußern und mit ihm erörtern! *Vertrauensverhältnis*

Im Rahmen der Arbeitsunfähigkeit ergeben sich folgende Probleme:
- Vorlage der Bescheinigung
- Rückdatierung der Arbeitsunfähigkeit
- Mehrfachausstellung der AU-Bescheinigung
- Ende der Arbeitsunfähigkeit

Bei der Ausstellung der AU-Bescheinigung steht der Patient unter Zeitdruck. Er muß nämlich nach dem Lohnfortzahlungsgesetz bzw. dem BGB spätestens bis zum Ende des 3. Arbeitstages, an dem er fehlt, die AU-Bescheinigung vorlegen. Darin muß auch das voraussichtliche Ende der AU bestätigt werden. Der Arzt ist nach dem Bundesmantelvertrag für Ärzte verpflichtet, die voraussichtliche Dauer einzutragen.

Voraussichtliche Dauer

Der Arzt, der eine falsche AU-Bescheinigung ausstellt, um dem Patienten einen Gefallen zu tun, begeht Beihilfe zum Betrug, weil der Arbeitgeber durch die Lohnfortzahlung geschädigt und durch die AU-Bescheinigung über den Gesundheitszustand des Patienten getäuscht wird!

Rückdatierung

Rückdatierung: Vor der ersten Behandlung sollte eine Rückdatierung des Beginns der Arbeitsunfähigkeit nicht erfolgen. Ausnahmsweise und in begründeten Fällen - etwa wenn der Patient auf Reisen war oder aus anderen Gründen den Arzt nicht aufsuchen konnte und auch dem Arzt ein Hausbesuch nicht möglich war, ist eine Rückdatierung nach gewissenhafter Prüfung bis zu 2 Tagen zulässig. Eine schriftliche Begründung hierfür ist nicht mehr erforderlich.

Bei Rückfragen der Krankenkasse (nicht des Arbeitgebers) kann der Kassenarzt Auskunft erteilen, weshalb er die Rückdatierung für gerechtfertigt hält.

Im weiteren Verlauf der Krankheit gilt für die AU-Bescheinigung gegenüber dem Arbeitgeber nichts Abweichendes. Für die Bescheinigung gegenüber der Krankenkasse im Falle des Krankengeldes (wenn also die sechswöchige Lohnfortzahlung bereits überschritten ist): Rückdatierung von höchstens 7 Tagen ist zulässig.

Mehrfachbescheinigung

Mehrfachbescheinigung: Sofern der Patient bei mehreren Arbeitgebern Teilzeit arbeitet, hat jeder Arbeitgeber Anspruch auf eine AU-Bescheinigung. Der Arzt ist daher auch verpflichtet und berechtigt, diese Mehrfachbescheinigungen auszustellen.

Ende der Arbeitsunfähigkeit: Hier ist kein gesonderter Nachweis für den Arbeitnehmer erforderlich. Der Patient kann ohne weiteres schon während der bescheinigten Arbeitsunfähigkeit seine Arbeit vorzeitig aufnehmen. Eine Korrektur der Bescheinigung durch den Arzt ist nicht erforderlich. Sollte ein Arbeitgeber ausdrücklich eine Bescheinigung der Arbeitsfähigkeit verlangen, handelt es sich nicht um eine kassenärztliche Tätigkeit, sondern um eine private kurze Bescheinigung, die nach Nr. 14 GOÄ abgerechnet werden kann. Dies bringt nach derzeitigem Stand 31 Punkte. Gilt übrigens auch für ein Schulsportattest, eine Impfausweis-Ausfertigung, einen Kurantrag ohne größere Begründung oder für die Bescheinigung über die Dauer der Anwesenheit in der Praxis, die evtl. von einem Arbeitgeber angefordert wird. *Punkt für's Attest*

Im übrigen gilt: Alle Mitteilungen gegenüber dem Arbeitgeber unterliegen der ärztlichen Schweigepflicht, mit Ausnahme der bereits erwähnten AU-Bescheinigung. Patient kann allerdings den Arzt von seiner Schweigepflicht entbinden. Dies geschieht auf einem ausdrücklichen Formular, welches Namen des Patienten und Arztes sowie derjenigen Person enthält, für die die Entbindung gelten soll.

Zum Schluß noch die Definition der Arbeitsunfähigkeit: *Definition*

Sie liegt vor, wenn der Arbeitnehmer unfähig ist, seine ihm vertragsgemäß obliegende Arbeit zu verrichten.

AU liegt daher auch vor, wenn der Patient nur mit dem Risiko seiner Arbeit nachgehen kann, daß dies seinen Gesundheitszustand in unmittelbarer Zukunft verschlechtert. AU liegt auch dann vor, wenn das Risiko besteht, daß er bei Arbeitsaufnahme sofort wieder einen Rückfall erleidet und der Arzt daher zur Festigung des Gesundheitszustandes weiterhin AU bestätigt. *Rückfall*

Im Notfalldienst sollte grundsätzlich die AU-Bescheinigung dem behandelnden Kassenarzt überlassen werden. Ausnahme: Wegen Feiertag oder anderen Gründen ist der Kassenarzt mehrere Tage für den Patienten nicht erreichbar. Hier kann der Notarzt, sofern die Diagnose eindeutig genug ist, ohne weiteres z.B. eine Woche AU bestätigen.

Beispiel: Schadensersatzanspruch des Patienten wegen "unrichtiger AU-Bescheinigung" abgewiesen.

Groteske Ansprüche

Mancher Arzt sieht sich grotesken Ansprüchen eines Patienten ausgesetzt. So in einem Fall, in dem ein Patient Schadensersatz von DM 7.362,08 vom Arzt verlangte und zwar gerade deshalb, weil der Arzt ihn angeblich fälschlich krankgeschrieben habe (*LG Darmstadt, NJW 1991, 757*). Der Patient (Gerüstbauer) war nach einem schweren Verkehrsunfall wegen eines Brustwirbel-Syndroms behandelt worden, das auch nach 9 Monaten noch nicht abgeklungen war. Der Arzt bescheinigte ihm weitere Arbeitsunfähigkeit. Der Patient ging daraufhin nicht zur Arbeit. Die Krankenkasse weigerte sich, Krankengeld zu bezahlen. Der Vertrauensarzt der Krankenkasse kam zu der Auffassung, daß eine weitere Arbeitsunfähigkeit nicht vorlag. Krankengeld wurde nicht gezahlt. Der Patient trug vor, daß er zur Arbeit gegangen wäre, wenn der Arzt ihn nicht arbeitsunfähig geschrieben hätte. Er hätte dann die "Zähne zusammengebissen" und Geld verdient. So sei ihm dieser Lohn entgangen und Krankengeld erhalte er ebenfalls nicht.

Unterschiedliche Ergebnisse

Das LG Darmstadt hat die Klage abgewiesen, weil der Arzt nach bestem Wissen und Gewissen gehandelt habe und bekanntlich bei medizinischen Befunden auch ohne Fehlbeurteilung hinsichtlich der Arbeitsunfähigkeit unterschiedliche Ergebnisse möglich sind.

Beispiel: Der Arbeitnehmer hat grundsätzlich keine Auskunftspflicht gegenüber dem Arbeitgeber über Art und voraussichtlicher Dauer einer Erkrankung. Der Arzt des Arbeitnehmers darf dem Arbeitgeber nur dann eine entsprechende Auskunft erteilen, wenn eine Schweigepflichtentbindung durch den Arbeitnehmer vorliegt (*LAG Berlin, NJW 1990, 2965*). Im konkreten Fall war ein Arbeitnehmer wiederholt arbeitsunfähig krank gewesen. Um seine künftige Leistungs- und Einsatzfähigkeit zu überprüfen, legte ihm der Arbeitgeber eine Schweigepflichtentbindungserklärung vor, die der Arbeitnehmer jedoch nicht unterschrieb. Das Gericht entschied in diesem Zusammenhang, daß bei begründeten und ernsthaften Zweifeln des Arbeitgebers daran, daß ein Mitarbeiter auf Dauer gesundheitlich in der Lage ist, auf seinem bisherigen Arbeitsplatz zu arbeiten, der Arbeitnehmer allerdings verpflichtet ist, sich auf Geheiß des Arbeitgebers ärztlich untersuchen zu lassen. Diese Untersuchung hat dann bei einem Arzt zu erfolgen, den der Arbeitgeber nennt. Die Kosten dieser Untersuchung hat dann der Arbeitgeber zu tragen. - Diese Entscheidung des Landesarbeitsgerichts Berlin ist allerdings nicht unumstritten.

Besonderer Hinweis: Strafbar gemäß § 278 StGB macht sich ein Arzt, der ein "unrichtiges Zeugnis über den Gesundheitszustand eines Menschen zum Gebrauch bei einer Behörde oder Versicherungsgesellschaft wider besseres Wissen ausstellt". Darunter fällt nach der Rechtsprechung auch die Ausstellung eines Zeugnisses ohne eigene Untersuchung, es sei denn urteilsfähige Angehörige etwa eines Minderjährigen sind befragt worden und die rechtzeitige Untersuchung des Kindes war nicht möglich.

Kein Zeugnis ohne Untersuchung

5.2 Arbeitsunfälle

Ärztliche Leistungen nach Arbeitsunfällen, Wege- und Schulunfällen werden seit 1. Januar 1991 nicht mehr über den Krankenschein abgerechnet. Die Unfallversicherung ist hier ausschließlich und primär zuständig.

Die Arbeitsunfähigkeitsbescheinigung nach einem Arbeitsunfall besteht aus dem üblichen Vordruck zu Lasten der Krankenkasse. Diese zahlt im Auftrag der jeweiligen Berufsgenossenschaft auch das Verletztengeld.

Die AU-Bescheinigung selbst erfolgt zu Lasten der Berufsgenossenschaft.

Achtung: Sämtliche Leistungen werden gemäß dem Abkommen Ärzte/Berufsgenossenschaften abgerechnet!

Das Rezept im Falle des Arbeitsunfalls erfolgt auf dem Kassenformular zu Lasten der Berufsgenossenschaft. An Stelle der Krankenkasse ist die jeweilige BG einzutragen. Da der Patient nichts zuzuzahlen hat, muß das Feld "Mitglied frei" angekreuzt werden. Bitte exakt eintragen: Die BG, Name und Adresse des Patienten sowie den Unfallbetrieb.

Prüffrist
Innerhalb von 10 Tagen nach Eingang der Unfallmeldung muß die BG prüfen, ob ein Arbeitsunfall vorliegt. Wenn "nein", dann muß sie den Arzt innerhalb von 10 Tagen darüber informieren - dieser rechnet dann wie immer über den Krankenschein ab. Ab dem 11. Tag ohne Information muß die BG alle Leistungen vergüten, zum Teil mit erheblichen Abweichungen von den Kassen.

5.3. Sonstige Gutachten und Atteste

Kein Zwang!

Der niedergelassene Arzt in eigener Praxis kann nur von einem Gericht gezwungen werden, als Gutachter tätig zu werden. Versicherungen, Polizei und andere Institutionen können ihn weder zu einem Gutachten noch zur Entnahme einer Blutprobe zwingen. Lediglich wenn ein Gericht ihn im Falle eines Prozesses zum Sachverständigen bestellt (was aber normalerweise nicht der Fall sein dürfte) ist er zur Übernahme des Auftrags verpflichtet. Für die Entschädigung gilt dann das Gesetz über die Entschädigung von Zeugen und Sachverständigen. Danach steht dem Arzt als Gutachter für jede Stunde der erforderlichen Zeit ein Betrag zwischen DM 40,00 und DM 70,00 zu.

Davon ist nochmal eine Überschreitung bis 50 % möglich,

- wenn in einem Gutachten der Sachverständige sich mit der wissenschaftlichen Lehre auseinandersetzen muß oder

- wenn der Gutachter seine Einkünfte im wesentlichen als Sachverständiger erzielt oder er durch die Dauer und Häufigkeit der Heranziehung als Gutachter einen nicht zumutbaren Erwerbsverlust erleiden würde.

Wenn es nicht um gerichtliche Gutachten geht, sondern um Gutachten oder Atteste für Versicherungen, so gilt folgendes:

- Für die gesetzliche Rentenversicherung und die einzelnen Landesversicherungsanstalten wurden mit der Bundesärztekammer bzw. den Landesärztekammern Vergütungsregelungen getroffen. Diese können bei der Ärztekammer erfragt werden.

- Für Lebensversicherungen oder andere Versicherungen kann entweder nach einem mit diesen vereinbarten Stunden oder Pauschalsatz abgerechnet werden oder nach Nummer 20 bis 22 GOÄ.

Beispiel: Ein Patient, der bei einem Verkehrsunfall angefahren wurde, läßt sich bei Ihnen behandeln und macht über seinen Rechtsanwalt bei der gegnerischen Kfz-Haftpflichtversicherung Schmerzensgeldansprüche geltend. Sowohl der Patient als auch die Versicherung wünschen von Ihnen eine gutachterliche Stellungnahme über die Unfallfolgen, die Therapie und eine Prognose.

Der behandelnde Arzt ist hier aus vertraglicher Nebenpflicht auch zur Erstellung dieses schriftlichen Gutachtens verpflichtet. Es handelt sich zwar nicht um die Behandlung des Patienten im engeren Sinne, jedoch ist ausschließlich der behandelnde Arzt in der Lage, die entscheidenden Fragen zu beantworten. Für den Patienten andererseits steht und fällt sein Schmerzensgeldanspruch gegenüber der gegnerischen Versicherung mit der Stellungnahme des Arztes. Es ist daher auch hier besondere Sorgfalt geboten.

Gebührenrechtliches: Die für derart allgemeine Gutachten vorgesehenen Gebühren laut Gebührenordnung sind hier sicherlich nicht angemessen. In Betracht käme etwa die Nr. 21 der GOÄ mit derzeit 371 Punkten mal Faktor 2-3 zuzüglich Schreibgebühren nach Nr. 31 und 32. In der Regel dürfte dies auch als die "übliche Taxe" im Sinne des § 612 BGB angesehen werden. Üblicherweise werden von Ärzten und Kliniken (in der Regel die Erstversorgungsambulanzen) für derartige Gutachten DM 75,00 bis DM 90,00 abgerechnet. Geschieht dies in Vereinbarung mit der gegnerischen Versicherung, so ist das in Ordnung. Streng genommen handelt es sich allerdings nur um eine Verpflichtung gegenüber dem Patienten und insofern dürfte bei Kassenpatienten nur nach dem EBM bzw. bei Privatpatienten nach GOÄ + Faktor abgerechnet werden. Wird das Gutachten auf Bitten des Patientenanwalts erstellt, so muß eine Schweigepflicht-Entbindungserklärung des Patienten vorgelegt werden. Dies gilt auch, wenn das Gut-

Schweigepflicht-Entbindungserklärung

achten gegenüber der gegnerischen Haftpflichtversicherung erstellt wird.

In vielen Fällen hat sich eine Honorarvereinbarung direkt zwischen Versicherung und Arzt bewährt und durchgesetzt. Da die Bindung des Arztes an die GOÄ im Verhältnis zur Versicherung umstritten ist, wird die Problematik durch eine freie Vereinbarung umgangen. Dabei bietet entweder die Versicherung einen Pauschalsatz an oder der Arzt. Üblich sind folgende "Tarife":

Für einen "ärztlichen Befundbericht" DM 75,-- bis DM 120,-- (Länge ca. eine DIN-A4-Seite).

Für das "ärztliche Zeugnis", DM 150,– bis DM 230,– (Anamnese und Untersuchung 2 bis 3 DIN-A4-Seiten) Für das "große ärztliche Zeugnis": DM 180,-- bis DM 330,-- (eingehende Untersuchung, mehr als 4 DIN-A4-Seiten, gutachterliche Äußerung mit Laborparametern).

6. Der Belegarzt

6.1 Definition

Für den Belegarzt gilt noch immer die Definition, die die deutsche Krankenhausgesellschaft und die kassenärztliche Bundesvereinigung in ihren Grundsätzen für die Vertragsgestaltung von Belegärzten vereinbart haben: "Der Belegarzt ist ein Arzt, dem vom Krankenhausträger das Recht eingeräumt ist, seine (einschließlich der ihm überwiesenen) Patienten im Krankenhaus unter Inanspruchnahme der hierfür bereitgestellten Räume und Einrichtungen stationär zu behandeln." Der Belegarzt steht zum Krankenhausträger weder in einem Arbeitsverhältnis noch in einem arbeitnehmerähnlichen Verhältnis. Die stationäre Tätigkeit des Belegarztes bildet im allgemeinen die Fortsetzung seiner ambulanten ärztlichen Tätigkeit.

Für den Belegarzt sind daher folgende Vertragsbeziehungen zu beachten:
- Der Belegarztvertrag mit dem Krankenhausträger;
- der Vertrag mit dem Patienten;
- evtl. noch Verträge mit von ihm selbst engagierten weiteren nachgeordneten Ärzten;
- evtl. Leasingverträge mit von ihm selbst angeschafften besonderen Geräten und Instrumenten;
- bei Vertragsärzten (Kassenärzten) die öffentlich-rechtliche Einbindung in das vertragsärztliche Versorgungs- und Finanzierungssystem.

Belegarzt

6.2 Statistik

Nach statistischen Erhebungen sind in den alten Bundesländern etwa 5.600 bis 5.700 Belegärzte tätig. Davon etwa 1.600 Gynäkologen mit 17.000 Betten, 1.400 HNO-Ärzte mit etwa 13.000 Betten. Die Gesamtzahl der Belegbetten beträgt ca. 60.000.

6.3 Die Stellung des Belegarztes

Der Belegarzt ist ein freiberuflich tätiger, niedergelassener Arzt, der zusätzlich zur Tätigkeit in seiner Praxis die ärztliche Versorgung seiner Patienten im Belegkran-

Weisungs-ungebunden kenhaus übernimmt. Er ist einerseits hinsichtlich der ärztlichen Tätigkeit weisungsungebunden und frei. Allerdings muß er sich in die Organisation des Krankenhauses einbinden lassen - so ist er auch gebunden an die Anordnungen des ärztlichen Direktors hinsichtlich organisatorischer Maßnahmen und der allgemeinen Hygiene des Krankenhauses. Er benutzt in der Regel auch die vom Krankenhaus gestellten Instrumente und Geräte.

Fachliches Weisungsrecht Der Belegarzt hat andererseits ein fachliches Weisungsrecht in seinem Arbeitsbereich gegenüber dem Krankenhauspersonal, insbesondere gegenüber den Krankenschwestern, dem medizinisch-technischen Personal und Pflegern, aber auch gegenüber nachgeordneten Ärzten. Es ist darauf zu achten, daß in den Arbeitsverträgen mit dem Personal dieses Sonderweisungsrecht verankert ist!

Dieses fachliche Weisungsrecht sollte vertraglich im Belegarztvertrag mit dem Krankenhaus abgesichert werden.

Der Belegarztvertrag regelt auch die Kosten: Der Arzt rechnet sein Honorar entweder unmittelbar mit dem Patienten ab (Privatpatienten) oder im Rahmen der Kassen (vertragsärztliche Versorgung per Krankenschein über die KV). Lediglich ein von ihm persönlich zusätzlich angestellter Arzt oder sonstiges von ihm persönlich angestelltes Personal muß er selbst noch bezahlen. Das ist allerdings die Ausnahme.

In der Regel sind alle sonstigen Kosten, die Räume, Personal und Instrumente betreffen, vom Pflegesatz mit abgegolten.

Vertretung Für den Bereitschaftsdienst bei Nacht, an Wochenenden, im Urlaub und bei Krankheit muß der Belegarzt selbst sorgen. Auch die Kosten muß er übernehmen, sofern mit der Klinik nicht etwas anderes vereinbart ist (*BSG - 6 R Ka 78/ 95*).

6.4 Haftungsfragen

Die Abgrenzung der zivilrechtlichen Haftung des Belegarztes, des Krankenhausträgers und der Angestellten ist gerichtlich noch nicht völlig geklärt. Die Tendenz geht aber in folgende Richtung (*vgl. Franzki et al. in NJW 1990, 742*):

- Der Belegarzt haftet selbstverständlich für eigenes Verschulden bei ärztlicher Leistung und für die Fehler der Ärzte, die an seiner Stelle (als Erfüllungs- oder Verrichtungsgehilfen) gehandelt haben und deren Tätigkeit er entweder direkt zu vergüten hat oder durch Erstattung an den Krankenhausträger.

Eigenes Verschulden

- Dies betrifft insbesondere andere Ärzte, die er entweder auf Dauer selbst angestellt oder zu Urlaubsvertretern bestellt hat.

- Er haftet außerdem für die nachgeordneten Ärzte des Krankenhauses, die aufgrund seiner Weisungen handeln oder aber die an seiner Stelle im Falle einer Notfallversorgung handeln müssen.

- Der Belegarzt haftet auch für das Pflegepersonal des Krankenhauses, wenn dieses durch fehlerhaftes Handeln objektiv einen Patienten schädigt. Er haftet somit

Haftung fürs Personal

- bei ungenügender Beaufsichtigung des Personals;
- bei falschen Weisungen an das Personal;
- wenn er Maßnahmen dem Personal überlassen hat, die er angesichts der Gefährlichkeit und Bedeutung selbst hätte durchführen müssen.

Beispiel: Ein gynäkologischer Belegarzt hatte die nächtliche Überwachung des CTG für eine hochschwangere Frau einer Nachtschwester ohne Spezialausbildung überlassen. Diese übersah bestimmte Warnsignale. Es kam zu schweren Schädigungen bzw. zum Tod der neugeborenen Zwillinge. Fazit des BGH: Grober Fehler des Arztes (*NJW 96, 2430*). Er mußte für eine kompetente Überwachung des CTG sorgen. Folge des groben Organisationsfehlers: Beweislastumkehr! Der Arzt mußte beweisen, daß der Tod bzw. die Schädigung der Zwillinge auch bei ordnungsgemäßer Überwachung eingetreten wären. - Ein Beweis, der in der Regel nicht gelingt.

Der Krankenhausträger haftet für Fehler seiner Organe oder seines sonstigen Personals, auf dessen Arbeit der Belegarzt keinen Einfluß hat. Der Träger haftet auch dann - zusätzlich zum Belegarzt - wenn das Pflegepersonal in Zusammenarbeit mit dem Belegarzt Fehler begangen hat.

Der Träger haftet auch für die diejenigen Krankenhausärzte, die nicht im Fachgebiet des Belegarztes tätig werden, etwa für die Krankenhausanästhesisten.

Beispiel: (*OLG Koblenz in NJW 1990, 1534*): Ein Patient wollte nach einem kieferchirurgischen Eingriff nicht nur den Belegarzt, sondern auch den Krankenhausträger für seinen Schaden in Anspruch nehmen. Dies wurde vom OLG Koblenz mit folgender Begründung abgewiesen:

- Ein Belegarzt ist weder Organ des Krankenhauses (*§ 823, 89, 31 BGB*), noch ist er dessen im fachlichen Bereich aufsichtsbeauftragter Verrichtungsgehilfe.

- Für Operationsfehler haftet daher nur der Belegarzt, nicht das Krankenhaus. Das gilt nicht für Fehler des nachgeordneten ärztlichen oder pflegerischen Dienstes.

Für die Organisation im pflegerischen Bereich ist in der Regel der Krankenhausträger verantwortlich. Das OLG Stuttgart (*in NJW 1993, 2384*) hat festgehalten, daß es für die Belastung des Pflegepersonals Grenzen gibt. Werden diese überschritten, so haftet der Krankenhausträger. So standen in einem Krankenhaus für 88 Betten in 3 Abteilungen lediglich zwei Nachtschwestern zur Verfügung. Dies war ein Verstoß des Trägers gegen seine Pflicht, in ausreichendem Maße fachkundiges, nichtärztliches Personal freizustellen.

Rechtzeitig erreichbar

Der Träger haftet auch dafür, daß ein Anästhesist im Belegkrankenhaus rechtzeitig erreichbar ist. Steht er auf telefonische Anforderung erst nach Ablauf von 20 bis 25 Minuten zur Verfügung, so entspricht dies ebenfalls nicht dem medizinischen Sollstandard.

6.5 KV-Regeln

6.5.1 Voraussetzungen

Wer sich als Belegarzt betätigen will, muß von seiner KV anerkannt werden.

Voraussetzung dafür:

- Vorlage eines Vertrags mit einem Krankenhausträger;

- untergeordnete Bedeutung der stationären Tätigkeit zu der freiberuflichen Arbeit in der eigenen Praxis;
- gesundheitliche und fachliche Eignung für die Doppelbelastung;

Eignung für die Doppelbelastung

- keine weiteren Nebentätigkeiten, z.B. als Gutachter oder Betriebsarzt;
- Nähe seiner Praxis und des Belegkrankenhauses zu seiner Wohnung - Faustregel etwa 10 km;
- nicht mehr als 1 Belegkrankenhaus pro Belegarzt.

Bei Ablehnung des Antrags kann der Vertragsarzt gegen den Ablehnungsbescheid Widerspruch einlegen und Klage vor dem Sozialgericht erheben.

6.5.2 Honorarfragen

Die Grundlagen wurden bereits kurz dargestellt: Der Belegarzt rechnet mit Patienten, sofern er Privatpatient ist, direkt ab, ansonsten über die KV. Bei Privatpatienten oder Kassenpatienten können Probleme auftauchen, wenn sie eine Sonderbehandlung wünschen, so ist es z.B. unzulässig, mit Kassenpatienten eine private Zuzahlung zu vereinbaren.

Zuzahlung unzulässig

Bei Aufnahme des Patienten im Ein- oder Zwei-Bett-Zimmer ist zu unterscheiden: Wenn die Aufnahme nach dem Wunsch des Kranken erfolgt, muß er Unterkunft und Verpflegung privat an den Krankenhausträger zahlen. Dies bedeutet nicht automatisch eine Privatbehandlung durch den Belegarzt. Diese müßte vielmehr ausdrücklich mit dem Belegarzt selbst vereinbart werden. - Auch umgekehrt kann sich ein Patient zwar in der allgemeinen Pflegeklasse unterbringen lassen, aber zusätzlich privat eine Behandlung mit dem Belegarzt vereinbaren.

Der Belegarztvertrag mit dem Krankenhausträger regelt noch folgende Punkte:
- der Belegarzt muß einen ärztlichen Assistenten, der auf seinen Wunsch in seiner Abteilung arbeitet, wie jeder andere niedergelassene Arzt von der KV genehmigen lassen und selbst finanzieren;

- der Belegarzt muß sich auf sein Fachgebiet beschränken;

-wenn die zugeteilten Betten längere Zeit ungenutzt bleiben, kann die Anzahl der Betten reduziert werden;

- bei Streitigkeiten entscheidet eine Schlichtungsstelle der KV; erst dann kann vor einem ordentlichen Gericht prozessiert werden.

- die ambulante kassenärztliche Tätigkeit ist dem Belegarzt im Krankenhaus regelmäßig nicht gestattet;

- Nachweis einer ausreichend hohen Haftpflichtversicherung;

- Urlaubsvertretung und Vertretung im Krankheitsfall muß der Arzt selbst rechtzeitig organisieren und finanzieren;

Angemessene Kündigungsregelung

- besonders wichtig ist eine angemessene Kündigungsregelung. Oft werden nur drei Monate zum Schluß eines Kalenderjahres vereinbart oder es wird ganz auf eine Vereinbarung verzichtet, was keineswegs im Interesse des Belegarztes liegen dürfte. Nach einer Entscheidung des BGH darf in diesen Fällen, in denen eine ordentliche Kündigung nicht vorgesehen ist, dem Belegarzt ohne Frist nur dann gekündigt werden, wenn ein wichtiger außerordentlicher Grund vorliegt. Dies ist nur dann der Fall, wenn dem Krankenhausträger wegen Verschuldens des Belegarztes eine Fortsetzung des Vertrags nicht mehr zumutbar wäre.

- Der Belegarzt muß unbedingt für eine eigene <u>Unfallversicherung</u> sorgen. Verunglückt er nämlich im Krankenhaus, so liegt kein Arbeitsunfall vor, weil er auch bezüglich seiner stationären Arbeit als Freiberufler tätig wird und daher die öffentlich-rechtliche Versicherung nicht eintritt.

7. Der Betriebsarzt

7.1 Grundlagen

Hauptaufgabe des Betriebsarztes ist es, den Arbeitgeber beim Arbeitsschutz und bei der Unfallverhütung zu unterstützen, also keineswegs gegen den Arbeitnehmer, sondern im gesundheitlichen Interesse des Arbeitnehmers. Der Betriebsarzt arbeitet auf der gesetzlichen Grundlage des "Gesetzes über Betriebsärzte, Sicherheitsingenieure und andere Fachkräfte für Arbeitssicherheit" aus dem Jahre 1973. Keineswegs gehört es zu den Aufgaben des Betriebsarztes, Krankmeldungen der Arbeitnehmer auf ihre Berechtigung zu überprüfen. Als fachliche Voraussetzung muß der Betriebsarzt die Fachgebietsbezeichnung "Arbeitsmedizin" mitbringen, zumindest muß er aber die Zusatzbezeichnung "Betriebsmedizin" erworben haben. Betriebsärzte können sowohl fest angestellt sein, als auch freiberuflich ein hübsches Nebeneinkommen erzielen. Die Abrechnung erfolgt immer über einen Vertrag, der mit dem Arbeitgeber abzuschließen ist. Hierfür gibt es inzwischen Musterverträge. Der angestellte Betriebsarzt gehört zu den Arbeitnehmern und hat daher auch Anspruch auf sämtliche Sozialleistungen des Unternehmens.

Arbeitsschutz Unfallverhütung

Für die neuen Bundesländer gilt: Der Arbeitgeber kann die Fachkunde als Betriebsarzt als nachgewiesen ansehen bei Fachärzten für Arbeitsmedizin oder Arbeitshygiene und bei Fachärzten mit staatlicher Anerkennung als Betriebsarzt. Die Einzelheiten sind in einer Fußnote zu § 2 Arbeitssicherheitsgesetz (ArbSichG) geregelt. Der Betriebsarzt hat Anspruch auf die volle Unterstützung des Arbeitgebers hinsichtlich seiner erforderlichen Fortbildung und hinsichtlich der Maßnahmen, die für Arbeitsschutz und Unfallverhütung erforderlich sind.

Volle Unterstützung

7.2 Aufgaben

Die Aufgaben im einzelnen sind im § 3 ArbSichG geregelt. Im wesentlichen geht es dabei um Unfallverhütung, sichere und möglichst krankheitsverhindernde Gestaltung des Arbeitsplatzes, "Erste Hilfe" im Betrieb und Eingliederung von Behinderten in den Arbeitsprozeß.

Schweigepflicht Die Arbeitnehmer sind zu untersuchen, arbeitsmedizinisch zu beurteilen und zu beraten. Auf Wunsch des Arbeitnehmers muß der Betriebsarzt ihm das Ergebnis seiner Untersuchungen mitteilen. Gegenüber dem Arbeitgeber ist der Betriebsarzt an die Regeln der ärztlichen Schweigepflicht gebunden (§ 8 ArbSichG). Die Betriebsärzte sind auch bei Anwendung ihrer arbeitsmedizinischen Fachkunde weisungsfrei.

Wenn Arbeitnehmer vor der Einstellung auf ihre gesundheitliche Eignung untersucht werden sollen, so kann dieses Ergebnis nur dann an den Arbeitgeber weitergereicht werden, wenn der Arbeitnehmer den Betriebsarzt ausdrücklich von der Schweigepflicht entbindet. Es kann allerdings auch eine begrenzte Schweigepflichtentbindung stattfinden. In diesem Fall ist der Arzt lediglich befugt, die gesundheitliche Eignung oder Nichteignung des Arbeitnehmers dem Arbeitgeber mitzuteilen. Die konkrete medizinische Diagnose darf er dann nicht weitergeben.

Beratungspflicht Bei der Bestellung und Abberufung des Betriebsarztes ist die Zustimmung des Betriebsrats erforderlich. Auch sonst hat der Betriebsarzt mit dem Betriebsrat eng zusammenzuarbeiten (§ 9 ArbSichG). In wichtigen Angelegenheiten des Arbeitsschutzes und der Unfallverhütung muß der Betriebsarzt den Betriebsrat unterrichten, und die Vorschläge mitteilen, die er dem Arbeitgeber machen will. Auch gegenüber dem Betriebsrat besteht im übrigen eine Beratungspflicht in Unfall- und Arbeitsschutzsachen.

II. ÄRZTLICHES BERUFS- UND STRAFRECHT

1. Die Wirtschaftlichkeitsprüfung

Unter die Prüfung der Wirtschaftlichkeit fallen nach § 106 SGB V sowohl die Abrechnung der Honorare als auch jede Art von Verschreibung, ja sogar die "Krankschreibung" der Patienten. Der "Vertragsarzt" ist damit der einzige Berufsstand, der die Wirtschaftlichkeit seines Handelns von externen Instanzen prüfen lassen und gegebenenfalls finanzielle Einbußen hinnehmen muß. Dabei ist nie zu vergessen: Die Wirtschaftlichkeitsprüfung ist ein starker Eingriff in die Berufsausübung des freiberuflich tätigen Arztes im Sinne des Art. 12 Grundgesetz. Jeder derartige Eingriff hat sich daher an den rechtsstaatlichen Prinzipien des "Übermaßverbotes" und des "Verhältnismäßigkeitsprinzips" zu orientieren. Es ist das gute Recht jedes Arztes, sich gegen übermäßige Kürzungsvorstellungen der Prüfgremien mit allen ihm möglichen rechtlichen und gerichtlichen Mitteln zu wehren. Bevor im einzelnen auf die Prüfungsmodalitäten eingegangen wird, soll noch einmal daran erinnert werden: Der Kassenpatient hat nach §§ 11, 27 SGB V Anspruch auf eine umfassende Behandlung, soweit sie notwendig ist, um seine Krankheit zu erkennen und zu heilen. Dabei muß der Arzt nach den Regeln der ärztlichen Kunst vorgehen. Die Leistungen müssen ausreichend und zweckmäßig sein. Der Arzt darf und muß sogar die bessere Therapie wählen, auch wenn sie mehr kostet. Die billigere Behandlung darf er nur wählen, wenn sie gleich gut oder sogar besser ist als die teurere.

Grundrechtseingriff

Die Prüfung der Wirtschaftlichkeit betrifft nur die <u>vertragsärztliche</u> Versorgung - sie gilt also nur für "Kassenpatienten". Zwischen Ersatz- und Primärkassen wird kein Unterschiede gemacht! Privatversicherte Patienten müssen sich im Prinzip selbst darum kümmern, ob ihre Versicherung die erbrachten Leistungen erstattet. Der Arzt sollte sich hier bei Anfragen des Patienten mit Auskünften zurückhalten. Die Versicherungsbedingungen der "Privaten" sind unterschiedlich ausgestaltet. Jeder Arzt, der hier eine falsche Auskunft gibt, haftet!

Die Versicherung der "Privaten" ist keineswegs auf den ersten Blick durchschaubar.

- Die Konditionen werden immer wieder geändert!
- Die Gerichte sind für Überraschungen gut!

"Wissenschaftlichkeitsklausel"

So hat der Bundesgerichtshof mit Urteil vom 23.6.93 (*IVZR135/92*) die "Wissenschaftlichkeitsklausel" der Privaten Krankenversicherungen (§ 5 Abs. I,1f der Musterbedingungen) für nichtig erklärt. Die Beschränkung auf "wissenschaftlich anerkannte Methoden" benachteiligt die Patienten unangemessen. Folge für den Arzt: Er hat künftig bei privat Versicherten noch mehr "freie Hand" als bisher, insbesondere was "Außenseitermethoden", Naturheilmittel etc. betrifft. - Er sollte aber dennoch dem Patienten nie versprechen "Ihre Kasse zahlt das doch!"

Keine Zusagen machen!

Vertragsärztliche Leistung und Verordnung wird, seit 1993, durch drei Methoden geprüft:

- Durchschnittsüberschreitung,
- Überschreitung der "Richtgrößen",
- Stichproben.

1.1 Die Durchschnittsprüfung

Diese Prüfmethode wird schon seit vielen Jahren angewendet und ist jetzt in § 106 SGB V gesetzlich geregelt. Sie umfaßt sämtliche ärztliche Leistungen und Verordnungen. Dazu gehören also z.B.:

- Arzneimittelverordnungen;
- Überweisungen zu Kollegen;

- Krankenhauseinweisungen;
- die Feststellung der Arbeitsunfähigkeit eines Patienten.

Für die Durchschnittsprüfung - das neue Gesetz hat hier nichts geändert - haben sich drei Zonen herausgebildet:

a. Der Durchschnitt eines Arztes überschreitet den seiner Fachkollegen um bis zu 20 %.

Hier ist in der Praxis die Wahrscheinlichkeit einer Kürzung sehr gering. Die Prüfgremien dürfen hier nämlich keine pauschalen Kürzungen vornehmen, sondern allenfalls einen Anlaß dafür sehen, einzelne Fälle mit dem Arzt zu besprechen und ihn zu beraten. Wird in diesen Einzelfällen eine unwirtschaftliche Behandlungs- oder Verordnungsweise festgestellt, so kann die Kürzung im konkreten Einzelfall erfolgen. Diese Zone wird allgemein "Streubreite" genannt und kann dem Arzt nur dann zum "Verhängnis" werden, wenn er etwa unzulässige Arzneimittel verordnet hat oder wenn eine auf dem Krankenschein angegebene Leistung nicht in sachlichem Bezug zur Diagnose steht. Die Verteidigungsmöglichkeiten des Arztes sind hier massiv, da die Prüfungsorgane keine Möglichkeit mehr haben, die tatsächliche Krankheit des konkreten Patienten zu beurteilen.

Kürzung unwahrscheinlich

b. Die zweite Stufe zwischen 20 und 50 %, die sogenannte "Übergangszone" ist dadurch gekennzeichnet, daß hier der Prüfungsausschuß mehrere zufällig gezogene Einzelfälle überprüfen darf, um dann aus den festgestellten Überschreitungen eine Hochrechnung auf die Gesamtüberschreitung durchzuführen. Auch hier kann der Arzt jedoch in jedem Einzelfall die Argumente der Prüfer widerlegen. Die Prüfgremien haben die Beweislast dafür, daß der Arzt unwirtschaftlich gehandelt hat. Aus diesem Grunde sind Prüfungen auch in dieser "Übergangszone" äußerst selten. Die Prüfgremien scheuen in der Regel den Arbeitsaufwand, einzelne Fälle mit dem Arzt durchzugehen. Allenfalls bei "Anfängerpraxen" kann dies der Fall sein.

Riskante Hochrechnung

Allerdings kann auch eine geringfügig unterhalb der Grenze zu 50 Prozent liegende Überschreitung des Vergleichsgruppen-Durchschnitts als Beweis für eine Unwirtschaftlichkeit ausreichen, wenn sie nicht nur vereinzelt auftritt, sondern sich in das Bild "einer längerfristigen, insgesamt unwirtschaftlichen Behandlungs- oder Verordnungsweise einfügt." *(BSG vom 28.10.1992 - 6 RKa 38/91)*: Ein Internist hatte während insgesamt acht Quartalen den Arzneikosten-Durchschnitt seiner Fachgruppe jeweils zwischen 41 und 61 Prozent überschritten. Für das streitige Quartal lag die Überschreitung bei 49 Prozent. Die KÄV (Prüfungskommission) hatte daher den Arzneikostenregreß abgelehnt. Der Ersatzkassenverband klagte dagegen und obsiegte. Die Prüfungskommissionen, so das BSG, veletzten ihren Beurteilungsspielraum, wenn sie das längerfristige Verordnungsverhalten eines Arztes außer Betracht lassen und bei geringfügiger Unterschreitung der 50-Prozent-Grenze trotz steigender Überschreitung in den Folgequartalen ohne Begründung ein offensichtliches Mißverhältnis verneinen. <u>Grund:</u> Wenn in einer Praxis, die keine wesentlichen Besonderheiten aufweist, über einen langen Zeitraum konstant hohe Abweichungen auftreten, so ist eine zufällige Verursachung praktisch ausgeschlossen.

c. Bei Überschreitungen über der <u>50 %-Grenze</u> des Durchschnitts von Verordnungen bzw. Honorarabrechnungen pro Patient beginnt die Zone des "offensichtlichen Mißverhältnisses". Hier können die Prüfer dem Arzt unter Umständen das Honorar pauschal kürzen, wenn es ihm nicht gelingt, sein Verhalten durch die "Besonderheiten seiner Praxis" zu rechtfertigen.

Theoretisch ist es sogar möglich, daß in einem derartigen Fall die pauschale Kürzung bis zum Durchschnitt hinunter durchgeführt wird.

Arzt hat Beweislast — Diese Zone, in der nach der Rechtsprechung des Bundessozialgerichts (BSG) die "offensichtliche Unwirtschaftlichkeit" beginnt, ist vor allem auch deshalb wichtig, weil hier der Arzt die Beweislast dafür trägt, daß er trotz dieses "offensichtlichen Mißverhältnisses" wirtschaftlich verordnet hat bzw. wirtschaftlich behandelt hat.

Die Grenze "um die 50 %" gilt sowohl für den Arzneimittelregreß, als auch für die Honorarkürzung (*BSG in NJW*

1986, S. 1578). Dabei ist im einzelnen noch immer vieles umstritten. Prüfgremien und Gerichte sichern sich oft zusätzlich damit ab, daß sie nicht nur die ärztlichen Kollegen des jeweiligen Fachgebietes miteinander vergleichen, sondern zusätzlich auch die durchschnittliche Honorarmenge bei einzelnen Behandlungsarten und Leistungsgruppen vergleichen. Ärztliche Berufsvertreter beklagen zurecht, daß hierdurch die Therapiefreiheit noch mehr eingeschränkt wird.

Die Gerichte öffnen allerdings hierdurch weitere Spielräume - und es lohnt sich im Einzelfall durchaus, die Grenze der Behandlungsfreiheit gerichtlich auszuloten.

Beim Vergleichen einzelner Leistungsarten wird die "offensichtliche Unwirtschaftlichkeit" erst bei mehr als 100 % über dem "Schnitt" unterstellt: Erst wer in einzelnen Bereichen (Hausbesuche, Nachtberatung etc.) seine Kollegen um mehr als 100 % übertrifft, muß seinerseits nachweisen, daß er dennoch wirtschaftlich handelt (*BSG, NJW 1987, S. 1509*). *Offensichtliche Unwirtschaftlichkeit*

Beispiel: Einem Internisten aus Düsseldorf konnte allerdings auch diese differenzierte Betrachtungsweise nicht mehr helfen. Er hatte das Honorarvolumen seiner Kollegen um 200 % überschritten und rechnete pro Quartal dreimal so viel ab, wie der durchschnittliche Kassenarzt. Gleichzeitig hatte er die durchschnittliche Fallzahl an Patienten pro Quartal ebenfalls um mehr als 100 % überschritten. Das BSG kürzte auch hier das Honorar, obwohl in erster Linie nicht unwirtschaftliche Verordnungsweise oder Behandlungsweise gerügt wurde, sondern die "übermäßige Ausdehnung der Praxis".

Neuerdings ist das Problem der "übermäßigen Ausdehnung der kassenärztlichen Tätigkeit" im § 85 Abs. 4 Satz 4 SGB V geregelt. Danach ist es Aufgabe der Kassenärztlichen Vereinigungen, die übermäßige Ausdehnung der Tätigkeit eines Kassenarztes zu verhindern. Für die Prüfgremien darf diese übermäßige Ausdehnung also künftig kein Argument mehr sein. *Ausdehnung verhindern*

Ein anderes **Beispiel** zeigt, daß es sich durchaus lohnen kann, gegen Kürzungsbescheide vorzugehen:

Eine Kollegin, Ärztin für Neurologie und Psychiatrie, sollte Arzneikostenregreß leisten, weil sie mit ihren Verordnungen erheblich (genaue Zahlen nicht bekannt) über dem Durchschnitt lag. Dabei handelte es sich durchwegs um Mehraufwand, der auf den besonderen ganzheitlichen diagnostischen und therapeutischen Verfahren ihrer Praxis beruhte. Die Ärztin hatte sich darauf berufen, daß sie aufgrund dieser Praxisbesonderheit dafür auf anderen Gebieten den Durchschnitt unterschritt - etwa bei den Sonderleistungen und beim Gesamthonorar.

Kausalität nachweisen Die Prüfgremien hatten jedoch mangels Fachkenntnis auf dem Gebiet der Naturheilkunde diese Kausalität nicht kontrollieren können. Dies war Grund genug für das BSG, den Prüfbescheid aufzuheben: Die Therapiefreiheit muß respektiert werden, auch wenn die Überprüfung der Wirtschaftlichkeit durch die Kontrollgremien einen größeren Aufwand erfordern sollte. Unter Umständen, so das BSG, muß für die Prüfung eben ein Spezialist hinzugezogen werden. Dies zeigt: Bei der Durchschnittsprüfung kann der Arzt sich immer mit diesen zwei Argumenten wehren:

- In den ersten zwei Zonen vor allem mit der Therapiefreiheit.

- In der dritten Zone, ab 50 %, vor allem mit den Praxisbesonderheiten.

Besonderheiten beweisen Bereits im Anhörungsverfahren (vgl. dazu S. 101) sollte der Arzt unbedingt auf die Besonderheiten seiner Klientel, Behandlungsweise oder Praxisstruktur hinweisen.

Beispiel:

- HIV-Häufung (z.B. infolge der Zusammenarbeit mit der AIDS-Hilfe);

- besondere onkologische oder proktologische Ausrichtung;

- hoher Anteil von Senioren/Rentnern, insbesondere Altenheimbesuche;

- besondere Behandlungsmethoden (vor allem wenn sie Einsparungen auf anderen Gebieten verursachen);

- operative Tätigkeit;

- Landarztpraxis mit vielen Haus- und Nachtbesuchen;
- Neuniederlassung;
- außergewöhnlich niedrige Fallzahlen (weil hierdurch die Möglichkeit des "Verdünnens" von teuren "Fällen" nicht möglich ist.)

Neben den Praxisbesonderheiten ist die Kompensation wichtig. Der Arzt sollte unbedingt versuchen, den Nachweis zu erbringen, daß seine Mehrausgaben auf einem Gebiet ursächlich sind für Minderausgaben auf einem anderen.

Kompensation!

Beispiel:

- Mehr Arzneimittel, mehr Besuche - dafür weniger Krankenhauseinweisungen.

- Weniger Arzneimittel - mehr Sonderleistungen.

- Der Arzt wird hier natürlich in Beweisnot geraten, z.B. wenn er beweisen soll, daß hier die Vergleichsgruppe Überweisungen ins Krankenhaus vorgenommen hätte, wo er noch besuchs- und arzneimittelintensiv weiter behandelt hat. Diese Beweisnot wird allerdings dadurch gemildert, daß die Prüfgremien im Rahmen ihrer Begründung die Vergleichszahlen auch auf den Tisch legen müssen. Liegt der Arzt mit seiner "Unwirtschaftlichkeit" nur knapp über 50%, so kann es ihm gelingen, durch schlüssige Darlegung wirtschaftlichen Verhaltens in vielen Einzelfällen unter diese 50%-Grenze zu rutschen. In diesem Moment müßte dann das Prüfgremium seinerseits wieder die Unwirtschaftlichkeit beweisen, da er dann wieder in der "Übergangszone" wäre.

"Unwirtschaftlichkeit"

1.2 Arzneimittelregreß

Die Besonderheiten liegen hier ebenso wie beim Regreß für Heil- und Hilfsmittel darin, daß es verschiedene gesetzliche und verordnungsrechtliche Einschränkungen gibt, die sich zum Teil aus den Arzneimittelrichtlinien ergeben, zum Teil aus dem Gesetz, zum Teil aus Verordnungen. Im einzelnen sei hier genannt:

- § 34 SGB V Einhaltung der Negativliste;
- Nr. 21 der Arzneimittelrichtlinien;
- § 35 SGB V Festbetragsarzneimittel;
- § 73 Abs. 5 SGB V; Hinweispflicht an Patienten, falls "Festbetrag" überschritten wird;
- § 92 SGB V Preisvergleichsliste.

Unwirtschaftlichkeit

Verstöße gegen diese Vorschriften machen es den Prüfgremien natürlich leicht, "Unwirtschaftlichkeit" im Einzelfall festzustellen. Der Arzt muß dann in der Höhe, in der er nicht verschreibungsfähige Arzneimittel verschrieben hat, das Geld über die KV an die Kasse zurückzahlen. Vom Patienten kann er diesen Verlust natürlich nicht zurückverlangen, obwohl streng genommen der Patient eine Leistung ohne rechtlichen Grund bzw. gegen das Gesetz empfangen hat.

Die ganze hier dargestellte Prüfung nach Durchschnittswerten ist für ein Quartal dann unzulässig, wenn im selben Quartal bereits die Prüfung nach den im folgenden darzustellenden Richtgrößen durchgeführt wird.

1.3 Die Prüfung nach Richtgrößen

Die Kontrolle nach Richtgrößen ist eine echte Neuerung des Gesetzes. Sie betrifft:

- Arzneimittelverschreibungen;
- Verband- und Heilmittelverschreibungen.

Diese können nach § 84 Abs. 3 SGB V zwischen Kassen und KVen vereinbart werden.

<u>Vorteil für den Arzt</u>: Das zulässige Volumen (nach Facharztgebiet differenziert) ist klar festgelegt. Die Prüfungen werden, so ist es vorläufig im Gesetz vorgesehen, ab 15% Überschreitung des Durchschnitts "automatisch", d.h. ohne Antrag von seiten der Kassen durchgeführt.

Mit Praxisbesonderheiten argumentieren

Bei einer Überschreitung von 25% des Durchschnitts muß der niedergelassene Vertragsarzt den Mehraufwand in der Regel erstatten. Auch hier gilt jedoch wieder die Ausnahme, daß er mit Praxisbesonderheiten argumentieren kann. Das Verfahren ist bisher noch nicht im einzelnen geregelt. Gerichtliche Urteile liegen noch nicht vor. Erfahrungen lie-

gen ebenfalls noch nicht vor, da eine Prüfung nach Richtgrößen frühestens ab dem 3. Quartal 1993 möglich war.
Das geschilderte gesetzliche "Korsett" war nur bis zum 31.12.1994 zwingend vorgegeben. Danach können andere Prozentsätze vereinbart werden. Bis zum Redaktionsschluß haben allerdings noch keine Richtgrößen vorgelegen. Im Streitfall kann der Arzt gegen die Kürzung nach Richtgrößen folgende Argumente ins Feld führen:
- Sind die Richtgrößen formal korrekt zustande gekommen?
- Wird die Therapiefreiheit im Einzelfall nicht unverhältnismäßig eingeschränkt?
- Wie wurden die Richtgrößen sachlich gerechtfertigt?

1.4 Zufallskontrolle
Diese dritte Prüfvariante ist jetzt neu gesetzlich geregelt in § 106 Abs. 2 Ziffer 3 SGB V. Danach müssen sich die Krankenkassen, Ersatzkassen und Kassenärztlichen Vereinigungen vertraglich darüber einigen, wann, wie oft und wie sie die Ärzte durch Stichproben kontrollieren wollen.

Nach dem Gesetz sind Stichproben vorgesehen, die sich sowohl auf den einzelnen Arzt als auch auf den Versicherten beziehen und pro Quartal 2 % der Ärzte treffen. Damit soll sichergestellt werden, daß auch diejenigen Ärzte erfaßt werden können, die weder den Durchschnitt der anderen Kollegen noch die Richtgrößen überschreiten. Auch die Formalitäten hat das Gesetz - § 297 SGB V - im einzelnen geregelt:
- Kassen und KVen bestimmen gemeinsam die Ärzte, die nach Abschluß der Quartalsabrechnungen in die Stichprobenprüfung einbezogen werden.
- Die KVen übermitteln auf Verlangen an die Kassen von den "Stichprobenärzten" die Arztnummer, Kassennummer, Krankenversichertennummer sowie die abgerechneten Gebührenpositionen je Behandlungsfall.
- Die Kassen und KVen müssen in Verträgen regeln, wie die Einzelheiten der Stichprobenprüfung aussehen sollen.
Aus verfassungsrechtlichen Gründen muß jedoch, wie bereits oben dargestellt, bei der Einzelfallprüfung das Prü- *Beweislast bei Prüfern*

fungsgremium dem Arzt im einzelnen sein unwirtschaftliches Handeln nachweisen. Der Arzt hat also auch hier wieder die große Chance, seine Praxisbesonderheiten darzulegen, auf besondere therapeutische Notwendigkeiten im Einzelfall hinzuweisen, sowie ggf. die Kompensation teurer Maßnahmen durch besonders billige zu belegen.

Es bleibt daher abzuwarten, ob die Vertragspartner den gesetzlichen Auftrag, 2% der Ärzte je Quartal durch Stichproben zu überprüfen, mit dem vorhandenen Personal überhaupt bewältigen können. Denn bei den Stichprobenprüfungen wird nicht nur die erbrachte Leistung des Arztes (Honorarabrechnung) kontrolliert, sondern auch seine Verordnungen. Insbesondere und zwingend vorgeschrieben ist die Kontrolle von
- Überweisungshäufigkeit;
- Krankenhauseinweisungen;
- Arbeitsunfähigkeits-Attest.

Die Konsequenzen aus der Stichprobenprüfung sind im Gesetz nicht eindeutig geregelt. Aus verfassungsrechtlichen Gründen gilt jedoch auch hier folgendes:

Es gibt keine pauschalen Kürzungen. Der Arzt kann nur in soweit in Regreß genommen werden, als seine Verordnungen nachgewiesenermaßen

Keine pauschalen Kürzungen
- gegen gesetzliche oder Vertragsvorschriften verstoßen (z.B. Negativliste);
- aus anderen Gründen unwirtschaftlich sind und nicht durch die Therapiefreiheit gerechtfertigt werden können.

Das entsprechende gilt auch für die Honorarabrechnung.

Zwei Jahre lang hat der Arzt, der in eine Stichprobenprüfung gefallen ist, Verschnaufpause. Erst nach Ablauf von zwei Jahren ab Einleitung der Prüfung kann er erneut in einer Stichprobe "gezogen" werden.

1.5 Der Weg durch die Instanzen
1.5.1 Das Prüfverfahren

Bei Durchschnittsprüfung und Stichprobenprüfung steht am Anfang ein Prüfantrag durch Kasse, Kassenverband oder KV an den Prüfungsausschuß. Nur bei der Richtgrößenkontrolle sind Prüfungen ohne Antragstellung vorgesehen. Nach § 5 der Prüfungsvereinbarung zwischen KV und Kassen in Bayern ist der Arzt von einem Antrag unverzüglich zu informieren.

Informationspflicht

Der Prüfungsausschuß (§ 106 Abs. 5 SGB V) ist paritätisch mit Kassenärzten und Vertretern der Krankenkassen besetzt. Der Vorsitz wechselt jährlich. Bei Stimmengleichheit soll der Vorsitz den Ausschlag geben. Bevor Kürzungs- oder Regreßmaßnahmen ergriffen werden, "sollen in der Regel" gezielte Beratungen erfolgen. Krankenkasse oder Krankenkassenverband kann vor Antragstellung den Arzt auch über sein Abrechnungsverhalten und über wirtschaftliche Alternativen informieren.

1.5.2 Anhörung und Akteneinsicht

In der Praxis ist es gang und gäbe, daß der Arzt geprüft wird, ohne davon zu erfahren und dann vor einem Beschluß des Prüfungsausschusses steht, gegen den er Widerspruch einlegen kann. Dies verstößt gegen § 24, 25 SGB X. Danach ist der Beteiligte vor einem Verwaltungsakt zu hören, der in seine Rechte eingreift, und er hat Akteneinsicht vor Erlaß des Verwaltungsaktes.

Recht auf Akteneinsicht

In der Regel wird jedoch von den Gerichten ein Verstoß gegen diese Vorschriften nicht sanktioniert, da der Arzt durch das Widerspruchsverfahren angeblich ausreichende Möglichkeiten bekommt, sich zu äußern.

Nach Zugang des Prüfbescheids kann er innerhalb eines Monats den Beschwerdeausschuß "anrufen". Diese Anrufung hat in jedem Fall aufschiebende Wirkung. Die frühere Unterscheidung zwischen Arzneimittelregreßverfahren und Honorarkürzungsverfahren gilt insoweit nicht mehr (§ 106 Abs. 5 SBG V). Diese aufschiebende Wirkung hat zur Folge, daß der Arzt zunächst einmal weder Honorar noch Regreß bezahlen muß, so lange bis der Beschwerdeausschuß seinen Bescheid erlassen hat.

Aufschiebende Wirkung

Der Beschwerdeausschuß ist ebenfalls paritätisch mit Ärzten und Versicherungsvertretern besetzt. Gegen seine Entscheidung kann der Arzt ebenfalls innerhalb eines Monats vor dem zuständigen Sozialgericht klagen. Diese Klage hat allerdings keine aufschiebende Wirkung mehr, so daß aus dem Prüfbescheid inzwischen vollstreckt werden kann. Die rechtzeitige Absendung per Telefax ist wirksam und nachweisbar!

In der Zwischenzeit kann der Arzt den weiteren Weg zum Landessozialgericht bzw. in Grundsatzfragen auch zum Bundessozialgericht gehen. Dieser Gang durch die Instanzen, der oft 5 und mehr Jahren dauern kann, ändert jedoch nichts daran, daß der Arzt die Zahlung bereits nach Erlaß des Widerspruchsbescheids von seiten des Beschwerdeausschusses leisten muß. Dies gilt natürlich nur dann, wenn er vor dem Beschwerdeausschuß "verloren" hat. Im Falle eines Obsiegens vor dem Beschwerdeausschuß kann die Krankenkasse, die betroffenen Landesverbände der Kassen oder die Kassenärztliche Vereinigung vor das Gericht ziehen.

Wichtig: Für den Ablauf der jeweiligen Frist ist immer der Eingang bei dem jeweiligen Gremium bzw. Gericht entscheidend, nicht etwa die Absendung.

1.5.3 Strategie und Kosten

Zusätzlich zu inhaltlichen Fehlerquellen sind die Prüfbescheide nach formalen Fehlern abzuklopfen. Werden formale Fehler eines Prüfungsgremiums festgestellt, so ist jedoch vor übergroßer Euphorie zu warnen. Die Gerichte können dann unter Umständen entweder selbst inhaltlich entscheiden oder die Entscheidung an das Prüfungsgremium zurückverweisen, welches dann neu entscheiden kann. Ob die Entscheidung dann günstiger für den Arzt ausfällt, steht dahin.

Formfehler Im folgenden sollen einige typische Fehlerquellen aufgezeigt werden:

- Befangenheit eines Prüfungsmitglieds: Ist im Gesetz nicht geregelt. Der Arzt kann auf die Befangenheit hinweisen und das Mitglied ablehnen. Die Befangenheit kann, wenn das Prüfungsgremium nicht reagiert, als Formfehler innerhalb der Klage geltend gemacht werden. Die Anforderungen sind allerdings streng. Nicht jede Aversion führt bereits zu einer Befangenheit. Auch frühere Negativentscheidungen führen nicht bereits zu einer Befangenheit. Kriterium ist, ob ein neutraler Betrachter die Besorgnis haben könnte, daß das betreffende Prüfungsmitglied nicht in der Lage ist, objektiv zu entscheiden.

- Verweigerung der Akteneinsicht: Zumindest im Widerspruchsverfahren eindeutig ein Formalfehler. Dürfte zur Zurückverweisung und neuen Entscheidung führen.

- Fehlen einer Rechtsmittelbelehrung: Die Folge ist, daß die Monatsfrist nicht läuft.

- Formfehler des Arztes: Er versäumt die Monatsfrist. Hier ist die Wiedereinsetzung in den vorigen Stand gemäß § 27 SGB X vorgesehen. *Wiedereinsetzung*

Voraussetzung: Er war <u>ohne Verschulden</u> verhindert, die gesetzliche Frist einzuhalten. Er muß dann den Antrag auf Wiedereinsetzung in den vorigen Stand innerhalb von 2 Wochen nach Wegfall des Fristhindernisses stellen.

Problem: Ein Verschulden des Personals oder eines ärztlichen Vertreters muß sich der Arzt zurechnen lassen. Praktisch kann der Arzt allenfalls geltend machen, aus Krankheitsgründen, wegen eines Unfalls o.ä. an der rechtzeitigen Einlegung des betreffenden Rechtsmittels gehindert worden zu sein.

Kosten: Kosten für Gericht oder Prüfungsgremien entstehen im sozialgerichtlichen Verfahren nicht. Der Arzt ist allerdings berechtigt, einen Anwalt hinzuzuziehen. Dessen Kosten kann er im Rahmen der gesetzlichen Gebühren erstattet verlangen, wenn er obsiegt. Wenn er verliert, hat er die Kosten seines Anwalts selbst zu tragen. *Anwaltskosten*

Im Vorverfahren kommt es darauf an, ob für die Rechtsverteidigung die Zuziehung eines Anwalts <u>erforderlich</u> war. Dies wird von den Gerichten in der Regel mit dem Argument verneint, daß es sich in erster Linie um medizinische Fragen handelt. Hiergegen sollte der Arzt sich auf jeden Fall wehren. Es läßt sich ohne weiteres vertreten, daß das gesamte Prüfungsverfahren inzwischen so kompliziert ist, daß der Arzt die Hinzuziehung eines Rechtsanwalts benötigt.

Die Höhe der Anwaltsgebühren richtet sich nach der BRAGO (Bundesrechtsanwaltsgebührenordnung). Dabei ist gemäß § 116 BRAGO - anders als bei den meisten sozialgerichtlichen Verfahren - der Gegenstandswert entscheidend. Es kommt also darauf an, wie hoch die Kürzung oder der Regreß sind.

Honorarvereinbarung

Da diese in vielen Fällen weit unter DM 10.000,-- liegen, die Arbeit des Anwalts aber wegen der Durchforstung der gesamten ärztlichen Leistungen und Verordnungen nicht unerheblich ist, sind viele Anwälte dazu übergegangen, Honorarvereinbarungen zu treffen. Diese können entweder nach Stundensätzen oder pauschal ausgerichtet sein. Wirksam sind sie nur, wenn der Arzt vorher darauf hingewiesen worden ist, daß die Honorarvereinbarung über dem gesetzlichen Honorar liegt.

Unzulässig ist eine Vereinbarung, die sich nach dem Erfolg eines Rechtsstreits richtet (Erfolgshonorar). Hat der Anwalt eine derartige Vereinbarung getroffen, so ist sie unwirksam und der Arzt braucht nicht zu bezahlen. Er schuldet dann nur das gesetzliche Honorar.

1.5.4 Verjährung

Zu unterscheiden ist der kassenärztliche Anspruch auf Honorar, der Anspruch der KV auf Rückerstattung zuviel gezahlten Honorars und der Anspruch der KV-Prüforgane gegen den Arzt auf Wirtschaftlichkeitsprüfung.

Für alle drei Ansprüche gilt nach der neueren Rechtsprechung des BSG *(NJW 96, 3103)* die vierjährige Verjährungsfrist.

- Ärztlicher Honoraranspruch:

Dieser wird erst mit dem Honorarabrechnungsbescheid (vorläufig) festgesetzt. Er steht unter dem Vorbehalt späterer Überprüfung auf Wirtschaftlichkeit. Erst mit Abschluß dieser Überprüfung wird er endgültig festgesetzt.

Beispiel: Der Arzt reicht seine Abrechnung am 15.10.1995 ein. Die Festsetzung erfolgt erst am 15.01.1996. Die Verjährungsfrist beginnt erst am 01.01.1997 zu laufen und endet am 31.12.2000. Erst ab 01.01.2001 ist der Anspruch des Arztes verjährt.

- Erstattungsanspruch der KV:

Nach § 50 SGB verjährt dieser Anspruch ebenfalls erst vier Jahre nach Ablauf des Kalenderjahres, in dem der Erstattungsbescheid unanfechtbar geworden ist.

- Wirtschaftlichkeitsprüfung:

Diese ist innerhalb von vier Jahren ab Erlaß des Honorarfestsetzungsbescheids abzuschließen (*BSG in NJW 94, 3036*).

1.5.5 Freie Bahn für Prüfer?

Entgegen früheren Tendenzen hat das BSG in einer neueren Entscheidung (*vom 8.4.1992 - 6 RKa 27/90, abgedruckt in NJW 1993, 1550*) betont, daß die Prüfgremien im Rahmen der Untersuchungsmaxime eine Vielzahl von Methoden benützen können, um dem Arzt Unwirtschaftlichkeit nachzuweisen. Neben der strengen Einzelfallprüfung, die wegen des immensen Aufwands eine Ausnahme sei und der gesetzlich festgelegten rein statistischen Durchschnittsüberschreitungs-Methode sind folgende Methoden denkbar:

Tagesprofile

a) Verschiedene Quartale eines Arztes können untereinander verglichen werden.

b) Erstellung von Tagesprofilen.

c) Eingeschränkte Einzelfallprüfung: Hier wird von "erfahrenen Prüfärzten" die Richtigkeit der Indikation unterstellt und geprüft, ob die angewandte Behandlung wirtschaftlich, d.h. "notwendig" war.

d) Eingeschränkte Einzelfallprüfung mit Hochrechnung!

Hier wird von einem Teil der geprüften Fälle, die nach (c) beurteilt werden, auf den gesamten Rest des Quartals geschlossen und somit die "statistische Wahrscheinlichkeit" einer unwirtschaftlichen Behandlung ermittelt.

Das BSG grenzt allerdings ein: Mindestens 20% der Fälle, die mindestens 10 Patienten betreffen müssen, sind der "Hochrechnung" zugrunde zu legen.

Und: Bei der Kürzung des Honorars darf nicht bis auf den errechneten wirtschaftlichen Durchschnittswert herunter gekürzt werden, sondern es muß ein "Sicherheitsabschlag" von 25% dem Arzt belassen werden!

Weitere Einschränkung: Diese Methode ist nur zulässig, wenn andere Methoden wegen der Besonderheit der Praxis nicht anwendbar sind.

2. Berufsordnung

Die ärztliche Berufsordnung ist in einer Vielzahl von Landesberufsordnungen normiert, die sich allerdings im wesentlichen nach einer "Musterberufsordnung" richtet, die von den Delegierten des Deutschen Ärztetags beschlossen - und immer wieder geändert wird.

Im folgenden sollen nur einige Beispiele, die besonders aktuell sind, genannt werden:

2.1 Patientenkartei

Hier heißt es jetzt, daß der Arzt bei Praxisaufgabe oder -übergabe seine Patientenkartei unter Verschluß halten muß und daß er sie nur mit Einwilligung des Patienten einsehen lassen oder weitergeben darf (vgl. Kapitel "Praxisverkauf").

2.2 Wirken in der Öffentlichkeit

Der Arzt darf an Veröffentlichungen medizinischen Inhalts in Presse, Funk und Fernsehen mitwirken, wenn und soweit diese Mitwirkung sich auf sachliche Information begrenzt und die Person des Arztes nicht "werbend herausgestellt" wird.

Ärzte-Verzeichnisse Künftig sollen auch Ärzte-Verzeichnisse möglich sein, wenn diese allen Ärzten unter denselben Bedingungen mit einem kostenfreien Grundeintrag offenstehen. Außerdem dürfen in dem Verzeichnis ausschließlich Ärzte aufgenommen werden.

2.3 Die Behandlungspflicht des Arztes ist allein nach der Berufsordnung nicht zwingend vorgeschrieben. Hier gelten allerdings für die meisten Ärzte die Verpflichtungen nach dem Kassenarztrecht. Außerdem natürlich die bereits oben erläuterten Verpflichtungen nach § 323 c StGB ("unterlassene Hilfeleistung"). *Behandlungspflicht*

Außerdem darf der Arzt die Behandlung eines Patienten abbrechen, wenn er überzeugt ist, daß das notwendige Vertrauensverhältnis nicht oder nicht mehr besteht - etwa, weil medizinische Anordnungen mißachtet, Medikamente nicht eingenommen werden etc.

Kein Grund für eine Ablehnung ist es für den Arzt, wenn ein Kranker ohne Krankenschein zu ihm kommt - er kann dann allerdings ein Privathonorar verlangen, das sofort fällig ist, und das er zurückzahlen muß, wenn der Patient innerhalb von 10 Tagen den Krankenschein nachreicht - allerdings auch hier wieder die Ausnahme: bei einem Notfall bzw. "Unglücksfall" im Sinne des § 323 c StGB haben die wirtschaftlichen Interessen des Arztes zurückzustehen. Die Besuchspflicht für Hausbesuche gilt nach der Musterberufsordnung für alle Ärzte auch mit einer Gebietsbezeichnung, wenn der Patient bereits bei ihnen in Behandlung ist. *Hausbesuche*

Auch die Fortbildungspflicht ist in der MuBO geregelt. Auch entsprechende Nachweise werden gefordert. Die Gerichte fordern schon seit Jahren in ständiger Rechtsprechung, daß der Arzt verpflichtet ist, sich laufend anhand der einschlägigen Fachliteratur über die Erkenntnisse seines Fachbereichs zu informieren. Tut er dies nicht, so wird ihm im Falle eines Behandlungsfehlers Fahrlässigkeit oder sogar grobe Fahrlässigkeit vorgeworfen werden. *Fortbildungspflicht*

2.4 Werbung für sich oder andere Ärzte ist gem. § 21 MuBo untersagt. Auch Presseberichte mit "werbendem Charakter" darf der Arzt nicht dulden.

Beispiel: Ein Arzt wurde vom Berufsgericht zu DM 3.000,– wegen unzulässiger Werbung verurteilt. Er hatte bei seiner Neuniederlassung in seiner Praxis einen Empfang mit öffentlicher Presse und Vorführung seiner Geräte sowie kurzem medizinischem Vortrag veranstaltet. Dies war nach

§ 21 der Berufsordnung Rheinland-Pfalz unzulässig. Ihm wurde vorgeworfen, daß er im gesamten Verfahren "uneinsichtig" war . (*vgl. NJW 1990, Seite 1555*).
Nach der neuen Berufsordnung (MBO-Ä 1997) darf der Arzt im Internet Patienteninformationen veröffentlichen, wenn durch "verläßliche technische Verfahren" sichergestellt ist, daß der Nutzer beim Suchprozeß zunächst nur Zugang zu einer Homepage des Arztes erhalten kann, welche ausschließlich die für das Praxisschild zugelassenen Angaben enthält, und erst nach einer weiteren Nutzerabfrage die Praxisinformationen zugänglich gemacht werden.

Patienten-information

Zulässige "Werbung" ist ein an die Patienten verschicktes Informationsblatt, in dem der Arzt über eine neue Methode, z.B. die Augenbehandlung, informiert. Voraussetzung: Er darf nicht seine persönliche Leistung herausstreichen. Zulässig sind nur die objektive Schilderung der Methode und der Erfolge sowie der Hinweis, daß die jeweilige Arztpraxis dies durchführt (*Landesberufsgericht Stuttgart 18.01.1995 in MedR. 96, 387*).
Das Informationsblatt darf nicht an Kranke verschickt werden, die noch keine Patienten des Arztes sind, dies aber möglicherweise werden können. Dies wäre wettbewerbswidrig i.S. § 1 UWG (BGH vom 09.07.1998 - I ZR 72/96).

2.5 Approbationswiderruf

Die Approbation kann auch dann widerrufen werden, wenn der betreffende Kollege bereits vom Strafgericht verurteilt wurde und ihm die Kassenzulassung bereits entzogen worden ist. Entscheidend die Prognose für seine künftige Berufsausübung:
- Bietet er noch die Gewähr, den Beruf ordnungsgemäß auszuüben?
- Hat er durch sein Verhalten gezeigt, daß er <u>unzuverlässig</u> und <u>unwürdig</u> ist, den ärztlichen Beruf auszuüben?
- Die Verfehlungen müssen nicht unbedingt unmittelbar bei der Berufsausübung stattgefunden haben.

"Charakterliche Bereitschaft"

- Die begründete Besorgnis, daß die "charakterliche Bereitschaft zur ordnungsgemäßen und adäquaten Ausübung des Arztberufs" fehlt, reicht zum Widerruf der Approbation aus!

Beispiel: Ein Arzt hatte von 1978 bis 1985 zahlreiche Falschabrechnungen und Rezeptmanipulationen durchgeführt. Er war zunächst strafrechtlich belangt worden, die Kassenzulassung wurde ihm entzogen. Danach widerrief die zuständige staatliche Mittelbehörde die Approbation. Im Prozeß vor dem OVG Koblenz wurde dies bestätigt (*6 A 124/88; NJW 1990, 1553*).

Auch hier ist die Frage oft von entscheidender Bedeutung, ob der Arzt erreichen kann, gegen den Widerruf der Approbation Widerspruch einzulegen mit Aufhebung des sofortigen Vollzugs.

Dies ist nach einer Entscheidung des Bundesverfassungsgerichts nicht möglich, wenn wegen der Schwere des Vorwurfs und wegen konkreter Gefahren für Dritte dem Arzt zuzumuten ist, bis zur Rechtskraft der Entscheidung zu warten.

- Dies gilt z.B., wenn es sich um einen Mißbrauch des Betäubungsmittelgesetzes handelt (*vgl. BVerfG in NJW 1991, 1530*). Hier sind die Rechtsmittel des Arztes im verwaltungsgerichtlichen Verfahren: Zunächst Widerspruch, dann Klage und evtl. Berufung bzw. Revision. Dabei hat die Klage grundsätzlich aufschiebende Wirkung, außer wenn die Behörde den Sofortvollzug angeordnet hat. Dann muß der Arzt vor Gericht die Wiederherstellung der aufschiebenden Wirkung nach § 80 Abs. 5 VWGO beantragen. Hier werden zwei Dinge für das Gericht entscheidend sein:

- Hat die Klage des Arztes bei "summarischer" Prüfung Erfolgsaussichten?
- Ist der Schaden für den Arzt zumutbar, wenn er bis zur Rechtskraft wartet, wenn man den möglichen Schaden für die Allgemeinheit in Betracht zieht?

Hieraus wird deutlich: Auch beim geringsten Verdacht, auch wenn für den Arzt selbstverständlich ist, daß er vollkommen unschuldig verdächtigt wird, ist wegen der drohenden Maßnahmen sofort mit allen rechtlichen Mitteln gegen Verdächtigungen und Strafmaßnahmen vorzugehen - der Schaden für die Arztpraxis ist nach Abschluß eines Verfahrens kaum wiedergutzumachen - selbst wenn der Arzt alle Prozesse gewinnt!

3. Vertragsärztliches Disziplinarrecht

Die kassenärztlichen Vereinigungen regeln gemäß § 81 Abs. 5 SGB V Verfahren und Voraussetzungen für die Maßnahmen gegen die Vertragsärzte (früher Kassenärzte), die ihre vertragsärztlichen Pflichten nicht "ordnungsgemäß" erfüllen. Organisatorisch spielt sich dies also auf der Landesebene der KVen ab, ist Sache der ärztlichen Selbstverwaltung, jedoch inhaltlich weitgehend einheitlich.

Vertragsärztliche Versorgung Sinn der Disziplinarvorschriften ist es, die kassenärztliche bzw. vertragsärztliche Versorgung aufrecht zu erhalten. Dazu muß auch das Vertrauen der Vertragspartner, also der Kassen, aber auch der Patienten geschützt werden, diesem Ziel dient folgendes Sanktionsinstrumentarium:

- Verwarnung,

- Verweis,

- Geldbuße bis zu DM 20.000,-- oder

- Ruhen der Zulassung bis zu zwei Jahren.

Die schärfste Bestrafung, nämlich das Entziehungsverfahren für die Kassenzulassung ist gesondert geregelt in § 95 Abs. 5 des StGB V.

Die häufigsten Verstöße sind schnell aufgezählt:

- Abrechnungsfehler (falsche Leistungsziffern etc.).

- Delegationsfehler (Leistungen wurden unzulässigerweise an nichtärztliches Personal delegiert).

- Notfalldienst verweigert.

- Wirtschaftlichkeitsgebot verletzt:

Dies gilt nur, wenn die Prüfbescheide wegen "Unwirtschaftlichkeit" rechtskräftig geworden sind und wenn innerhalb eines relativ kurzen Zeitraums von einigen Quartalen mehrere Verstöße festgestellt worden sind.

Besonderer Rat: Gerade wegen dieser zusätzlichen Disziplinierungsmöglichkeit empfiehlt es sich für den Arzt, gegen Honorarkürzungen oder Arzneimittelregresse vorzugehen!

Der jeweilige Disziplinarausschuß bei der KV hat für das "Strafmaß" vor allem folgende Kriterien:

- Schwere der Verfehlung
- Häufigkeit der Verstöße
- Schuldmaß (vorsätzliche oder fahrlässige Begehungsweise)

Die Entscheidung des Disziplinarausschusses ist nur begrenzt überprüfbar, da ihm von der Rechtsprechung ein sogenannter "Beurteilungsspielraum" zugebilligt wird. Dennoch unterliegt auch er rechtsstaatlichen Geboten. So ist folgendes zu prüfen: *Begrenzt überprüfbar*

- Sind sachfremde Erwägungen eingeflossen?
- Wurde gegen Gesetze der Logik verstoßen?
- Liegt eine Willkürmaßnahme vor?
- Wurde der Arzt angehört? (Art. 103 Grundgesetz)
- Wurde der gesamte Sachverhalt vollständig geprüft und gewürdigt?

3.1 Verfahren

Über die "Disziplin" der Vertragsärzte wacht ein Disziplinarausschuß bei der Kassenärztlichen Vereinigung, der ohne Kassenbeteiligung entscheidet. Die Kassen können allenfalls eine Anregung geben und damit ein Verfahren anstoßen. Normalerweise verläuft das Verfahren wie folgt:

- Antrag der KV
- Äußerung des Arztes
- Bescheid des Disziplinarausschusses

Dagegen ist direkt Klage möglich gemäß § 81 Abs. 5 Satz 3 SGB V ohne vorhergehendes Widerspruchsverfahren. Die Klage kann nur der Arzt zum Sozialgericht führen. Gegner ist die KV. Die Klage hat keine aufschiebende Wir- *Keine aufschiebende Wirkung*

kung, außer wenn die Existenz des Arztes bedroht ist. Hier gewährt das LSG Niedersachsen ausnahmsweise die Möglichkeit einer aufschiebenden Wirkung (*vgl. Az. L 5 S (KA) 125/89*).

Da die meisten Sozialgerichte dies wohl anders beurteilen, empfiehlt sich auf jeden Fall ein Antrag auf einstweilige Anordnung, mit dem die Wirkung des ursprünglichen Bescheides aufgeschoben wird bis zu einer endgültigen Entscheidung.

Dies kann im Falle einer Existenzbedrohung in der Regel damit begründet werden, daß die Folgen für den Arzt gravierender sind als für die zu schützende Öffentlichkeit bzw. die Kassen.

Volle Sachverhaltsprüfung Die Chancen vor den Gerichten sind hinsichtlich der Sachverhaltsüberprüfung sehr gut, weil hier die volle Überprüfungskompetenz beim Sozialgericht liegt.

Beim Strafmaß hat die KV allerdings einen Beurteilungsspielraum, sie muß sich allenfalls an die Gebote der "Verhältnismäßigkeit" und des "Übermaßverbots" halten.

3.2 Das Entziehungsverfahren

Dem Vertragsarzt wird die Zulassung entzogen, wenn er gemäß § 95 Abs. 5 SGB V durch gröbliche Verletzung seiner kassenärztlichen Pflichten sich als ungeeignet erweist für die Teilnahme an der vertragsärztlichen Versorgung. Voraussetzung, da die Entziehung die schwerstmögliche Maßnahme ist, daß

- keine andere geringere Maßnahme erfolgversprechend ist.

Zusammenarbeit unzumutbar Dies wird bejaht, wenn die Häufigkeit oder Schwere der Verstöße dafür sprechen, daß der KV und den Kassen eine weitere Zusammenarbeit nicht mehr zugemutet werden kann (*vgl. den Wortlaut von § 95 Abs. 5 SGB V*).

Die Richter haben immer wieder festgestellt, daß die Entziehung der Zulassung keine Strafe ist, sondern nur dem Schutz der kassenärztlichen Versorgung dient. Ein Verschulden ist daher auch nicht Voraussetzung für eine Sanktion. Allerdings wird die Sanktion bei Verschulden (Fahrlässigkeit oder Vorsatz) noch verschärft.

Kein Verschulden

Der Entzug der Zulassung kann ohne vorherige Disziplinarmaßnahme erfolgen.

Beispiel: (*BSG vom 25.10.1989 - 6 R Ka 28/88*) abgedruckt in NJW 1990, Seite 15 56: Die Entziehung erfolgte durch KV-Disziplinarausschuß-Bescheid vom 05.06.1985. Der Arzt prozessierte zunächst vor dem Sozial- und Landessozialgericht erfolgreich. Erst vor dem BSG verlor er den Prozeß. Es handelte sich um einen Arzt für Neurologie und Psychiatrie. Die Zulassung wurde letztlich deshalb entzogen, weil er

- von Anfang an (1982) ständig gegen das Wirtschaftlichkeitsgebot verstoßen hatte;

- ohne Genehmigung Psychologen in seiner Praxis beschäftigt hatte;

- wiederholte Hinweise, daß er nur selbst erbrachte Leistungen abrechnen dürfe, nicht beachtet hatte.

3.3 Widerspruch

Über den Entzug der Zulassung entscheidet der Zulassungsausschuß, der aus drei Vertretern der Ärzteschaft und drei Vertretern der Kassen besteht.

Gegen dessen Bescheid ist Widerspruch möglich.

Widerspruch möglich

Dann entscheidet der Berufungsausschuß, der aus drei Ärztevertretern, drei Kassenvertretern und einem Juristen besteht.

Bei Entziehung hat eine mündliche Verhandlung zu erfolgen. Die Ladungsfrist beträgt 2 Wochen. Die Sitzung ist nicht öffentlich.

Der Beschluß darf nur von einem vollzähligen Ausschuß gefällt werden, muß mit Gründen und einer Rechtsbehelfsbelehrung versehen sein. Sowohl die KV als auch der Arzt bekommen eine Ausfertigung.

Punktsieg Ein Verstoß gegen diese Formalvorschriften kann für den Arzt schon einen ersten Punktsieg bedeuten, er sollte daher genau darauf achten, ob diese eingehalten werden. Der Widerspruch gegen den Bescheid hat innerhalb eines Monats zu erfolgen. Ebenso die Klage zum Sozialgericht gegen den Widerspruchsbescheid des Berufungsausschusses.

Aufschiebende Wirkung Auch im Falle der Entziehung sollte auf jeden Fall versucht werden, die aufschiebende Wirkung des Widerspruchs bzw. der Klage zunächst zu erreichen, da im Falle der Entziehung auf jeden Fall ein schwerwiegender Eingriff gegen die ärztliche Berufsfreiheit (Art. 12 Grundgesetz) vorliegt. Sollte das Sozialgericht nicht die aufschiebende Wirkung befürworten, so wäre eine einstweilige Anordnung zu erwägen.

Auch hier sind die Chancen positiv zu bewerten, es sei denn, daß die Verstöße offensichtlich sind und von so schwerwiegender Natur, daß eine Klage von Anfang an aussichtslos erscheint. Wie der zitierte Beispielsfall jedoch zeigt, pflegen Gerichte auch im Fall der Entziehung durchaus unterschiedlicher Auffassung zu sein.

4. Strafrecht für Ärzte

Im Konflikt mit dem Strafrecht droht dem Arzt im Laufe der staatsanwaltschaftlichen Ermittlungen nicht nur ein Prozeß mit entsprechender Öffentlichkeitswirkung. Möglich sind auch die Beschlagnahmung der Patientenkartei, das Verhör von Patienten und Angestellten, schließlich sogar Untersuchungshaft in besonders schweren Fällen, wenn die Gefahr der "Verdunklung" droht - wenn also der Staatsanwalt vermutet, daß der Arzt Beweismaterial beiseite schaffen will. Die Strafe - beim ersten Mal in der Regel eine Geldstrafe - wird dem Arzt von keiner Versicherung ersetzt. Die Kosten des Strafverteidigers übernimmt die Haftpflichtversicherung nur, wenn dies ausdrücklich vereinbart ist.

Beschlagnahmung der Patientenkartei

Auch die Gerichte pflegen angesichts der großen Verantwortung des Arztes die Maßstäbe eher strenger anzulegen.

Der Arzt, der eine strafbare Handlung begeht, ist nicht nur von Disziplinarmaßnahmen nach der Berufsordnung bedroht, sondern auch vom vertragsärztlichen Disziplinarrecht gemäß § 81, Abs. 5 SGB V. Hinzukommen dann noch die strafrechtlichen Sanktionen. Der grundrechtliche Schutz des "ne bis in idem" (Art 103 Abs.3 GG) schützt den Arzt keineswegs vor dreifachen Sanktionen, da sie alle eine jeweils unterschiedliche Zielrichtung haben. So wird durch die Berufsordnung gerade das Vertrauen der Bevölkerung in die künftige Behandlung durch einen Arzt geschützt. Das Strafrecht soll dagegen zumindest auch die begangene Straftat sühnen (*vgl. OVG Koblenz - 6A 124/88, abgedruckt in NJW 1990, 1553*).

Dreifache Sanktionen

Im folgenden werden nur diejenigen Strafrechtsnormen dargestellt, die den Arzt bei seiner Berufsausübung betreffen. Hinsichtlich der "Körperverletzung" (§ 223 StGB) verweisen wir auf das Kapitel I.3 "Arzt-Haftpflicht".

4.1 § 263 StGB - Betrug

In den 80er Jahren erregten einige staatsanwaltschaftlichen Ermittlungsverfahren gegen Ärzte großes öffentliches Aufsehen. Der Vorwurf lautete: "Abrechnungsbetrug". Es ging um einige wenige Ärzte, denen vorgeworfen wurde, sie hätten entweder in Zusammenarbeit mit Apotheken oder durch Falscheintragungen auf den Krankenscheinen ihr Honorar auf unzulässige Weise "aufgebessert". Der Nachweis des vorsätzlichen Handelns gelang der Justiz nur in wenigen Fällen - Betrug setzt Vorsatz voraus -. In diesen Fällen jedoch waren die Strafen empfindlich: So z.B. wurde ein Arzt aus dem Rheinland mit 3 Jahren Freiheitsstrafe, 4 Jahren Berufsverbot, dem Verlust der Kassenzulassung und der Approbation bestraft. Darüber hinaus mußte er selbstverständlich das zuviel Abgerechnete zurückzahlen. Das Gericht scheute keine Mühe: In mehr als 35 Verhandlungstagen wurden Patienten und Personal befragt, sowie die Karteien durchgeforstet. Der Arzt soll schließlich von 1981 bis 1983 DM 128.042,-- unberechtigt bezogen haben, in den Jahren 1984 und 1985 DM 100.469,54.

Vorsatz ist Voraussetzung

Er ging allerdings bis vor den Bundesgerichtshof und erzielte hier einen Teilerfolg. Der BGH erklärte es für nicht zulässig, daß das Landgericht aus der Befragung von 62 Patienten nach dem "Zufallsprinzip" eine Beanstandungsquote erstellte, aus der das Verhältnis der rechtmäßigen zu den unrechtmäßigen Abrechnungspositionen auf dem Krankenschein festgelegt wurde. Das Oberste Gericht akzeptierte noch, daß diese Wahrscheinlichkeitsmethode für die Jahre 1984 und 1985 angewandt wurde. Für 1981 bis 1983 jedoch wurde die Hochrechnung für unzulässig erklärt, weil in diesen Jahren keine Patienten befragt worden waren. Es war daher dem Arzt nicht mit Sicherheit nachzuweisen, daß er auch in diesen Jahren die Krankenscheine methodisch falsch ausgefüllt hatte.

Zufallsprinzip

Ohne daß die "schwarzen Schafe" der Ärzteschaft in Schutz genommen werden sollen, muß jedoch kritisch bemerkt werden, daß die Justiz mit Zahlen und Schadenssummen großzügig umgeht, sobald eine Täterschaft festgestellt worden ist.

Strategie im Verdachtsfall: Schwer zu empfehlen, da Einzelfallentscheidung. Der größte Schaden entsteht aber meist durch viel Justizwirbel, Patientenbefragung etc. Es ist daher wohl sinnvoll, nach anwaltlicher Konsultation die "Karten" auf den Tisch zu legen. Zum Nachlesen des Beispielfalls: *NJW 90, 1549 (BGH 4 StR 419/89)*.

4.2 § 323 c - Unterlassene Hilfeleistung

Der "Unglücksfall", den § 323 c StGB voraussetzt, wird definiert als ein "plötzlich eintretendes Ereignis, das erhebliche Gefahr für ein Individualrechtsgut mit sich bringt". Dabei spielt die Ursache des Unglücksfalls keine Rolle - es kann also auch sein, daß der Gefährdete selbst schuld ist!

Objektiv muß die Hilfe außerdem erforderlich sein, d.h. sie entfällt, wenn sichere Gewähr dafür besteht, daß anderweitige Hilfe schneller zur Stelle ist.

Hilfe erforderlich

An sich schafft diese Vorschrift keine Sonderpflichten für den Arzt, allerdings ist er in der Regel zur Erstversorgung bei Unglücksfällen am besten geeignet und auch deswegen dazu verpflichtet.

Schließlich muß die Hilfeleistung für den Täter zumutbar sein. Dabei kommt es sowohl auf seine körperlichen als auch seinen geistigen Kräfte im kritischen Moment an - jeder muß die für ihn bestmögliche Hilfe leisten. Daraus folgt, daß die Hilfeleistung ohne erhebliche eigene Gefahr möglich sein muß - Heldenmut wird nicht verlangt.

Kein Heldenmut

Beispiele: Ein Arzt, der sonntäglichen Bereitschaftsdienst für eine Gemeinde hatte, verweigerte den Hausbesuch bei einem Patienten, statt ihn zu besuchen. Er gab ihm nur telefonische Ratschläge gegen "Bauchschmerzen". Hier kommt § 323 c StGB in Betracht, der Arzt wurde allerdings nur zivilrechtlich zu einem Schmerzensgeld von DM 800,– verurteilt.

Keine Bestrafung für Bereitschaftsarzt, der wegen "Bauchschmerzen" zunächst um 05.00 Uhr früh nur telefonischen Ratschlag gab und dann um 11.00 Uhr vormittags den Hausbesuch machte, wobei er allerdings eine Fehldiagnose stellte. Statt der akuten Appendicitis diagnostizierte er eine akute Gastroenteritis. Begründung: Die Früherkennung der Appendicitis bereitet nach Aussagen des zuständigen Sachverständigen große Schwierigkeiten, weil diese häufig einen atypischen Verlauf hat (*vgl. OLG Köln, 2 Zs 126/89 in NJW 1991, 764*). Daher lag weder Körperverletzung vor noch § 323c.

Einweisung reicht nicht

Bei plötzlicher Verschlimmerung einer Krankheit, starkem Schmerz, kann ein Fall des § 323 c vorliegen. Der Arzt muß dann - soweit dies ihm möglich ist - wirksame therapeutische Maßnahmen ergreifen, zumindest dem Kranken die mögliche "Erleichterung" verschaffen, bevor er ihn in ein Krankenhaus einweist. Es kann unter Umständen nicht ausreichen, wenn er ihm nach Telefonanruf nur die Einweisung in ein Krankenhaus empfiehlt (*vgl. OLG Karlsruhe, NJW 79, 2360*)!

In Notfällen muß der Arzt, der in der Praxis angerufen wird, abwägen, ob der Anrufer seine Hilfe dringender braucht und durch eine Absage mehr gefährdet würde als die Patienten, die noch im Wartezimmer sitzen.

Selbstmordversuch

Ein Spezialfall des § 323 c ist der Selbstmordversuch als "Unglücksfall". Immerhin ist es rechtlich eindeutig, daß ein wirksamer Verzicht auf Hilfe die Rechtswidrigkeit des Unterlassens beseitigt. Wenn dies bei schwer Erkrankten gilt (vgl. Patiententestament), so muß dies auch beim versuchten Selbstmord gelten. Ein Eingreifen gegen den Willen des - noch bewußten - "Selbstmörders" ist daher nicht gefordert. Anders ist die Lage, wenn der Betreffende nach Einnahme von Tabletten oder Inhalieren von Gas oder Abgas bewußtlos ist: Hier muß der Arzt alles tun, um das Leben noch zu retten, selbst dann, wenn der Täter diese

Hilfe möglicherweise ablehnen würde (die Statistik zeigt, daß die "Geretteten" mit dieser Rettung meist einverstanden sind).

Nach denselben Grundsätzen wird auch bei der Zwangsernährung in Strafvollzugsanstalten verfahren: Die Behörde ist zur Zwangsernährung verpflichtet, wenn nicht mehr davon ausgegangen werden kann, daß der Häftling aus freiem Willen handelt. Hier kommt allerdings hinzu, daß die Vollzugsbehörde, anders als der Arzt, eine weitergehende Verantwortung für den Häftling hat.

4.3 § 203 StGB - Schweigepflicht

Die ärztliche Schweigepflicht ist in letzter Zeit, vor allem durch zwei Teilprobleme gerichtlich aktuell geworden: Einmal wegen der Honorarabrechnungen über Verrechnungsstellen, zum anderen wegen des Verkaufs von Patientenkarteien anläßlich des Praxisverkaufs.

Auf beide Beispiele wird noch einzugehen sein.

4.3.1 Tägliche Praxis

In der täglichen Praxis des Arztes ist folgendes zu beachten: Der Arzt hat über die Behandlung, selbst über die Tatsache der Behandlung eines Patienten gegenüber jedem Dritten außerhalb seiner Praxis Schweigen zu bewahren. Dies gilt auch gegenüber den engsten Verwandten eines Patienten, es sei denn, dieser hat den Arzt ausdrücklich oder stillschweigend von der Schweigepflicht entbunden.

Auch gegenüber Verwandten

Ein "Stillschweigen" kann allerdings dann nicht angenommen werden, wenn es möglich ist, den Patienten direkt zu befragen.

Innerhalb der ärztlichen Praxis muß der Patient damit rechnen, daß seine Unterlagen aus medizinischen Gründen dem Personal bekannt sind. Der Arzt hat deshalb sein Personal darauf zu verpflichten, daß es seinerseits das Stillschweigen nach außen wahrt (siehe Formular). Dasselbe gilt für einen ärztlichen Kollegen in der Gemeinschaftspraxis. Ebenso für einen in der Praxis angestellten

Assistenten. Streng zu beachten ist die Schweigepflicht auch gegenüber dem Arbeitgeber eines Patienten. Die herkömmlichen "AU-Formulare" (gelb) enthalten daher auch keine Diagnose, sondern lediglich den Zeitpunkt, für den der Patient krankgeschrieben wird. Sollte der Patient ausnahmsweise eine Mitteilung der Krankheit an den Arbeitgeber wünschen - aus welchen Gründen auch immer - so empfiehlt es sich für den Arzt dringend, sich schriftlich von der Schweigepflicht entbinden zu lassen (siehe Formular "Schweigepflicht-Entbindung").

Von Schweigepflicht entbinden

Auch das alltägliche Problem, daß Patienten wegen Verkehrs- oder Arbeitsunfällen um ärztliche Atteste ersuchen und diese an Versicherungen weitergegebenen werden sollen, ist über die "Schweigepflicht-Entbindung" zu klären. Die Auffassung vieler Ärzte, daß hier zunächst ein Rechtsanwalt einzuschalten wäre oder der Rechtsanwalt des Patienten allein für die Schweigepflicht-Entbindung zuständig wäre, ist falsch. Der Patient selbst ist allein dazu befugt, den Arzt von der Schweigepflicht zu entbinden. Der Arzt kann diese Entbindung daher auch direkt vom Patienten verlangen, wenn er ihm schon für die Versicherung ein Attest ausstellen soll.

Arztbrief Keine Verletzung der Schweigepflicht stellt der "Arztbrief" dar, der von einem Hausarzt an die Klinik oder umgekehrt von der Klinik an einen Hausarzt verfaßt wird, wenn ein Patient aufgrund einer Einweisung des Hausarztes in der Klinik behandelt wird. - Diese an sich selbstverständlich anmutende Feststellung bedurfte erst vor kurzem einer Durchsetzung vor dem OLG München, da das Landgericht München I tatsächlich einer Patientin Schmerzensgeld zugesprochen hatte, weil eine Klinikärztin dem einweisenden Hausarzt einen (sicherlich für die Patientin unangenehmen) Arztbrief geschickt hatte.

Feststellung des OLG (*1 U 6307/91, NJW 1993, 797*): Ein Patient, der weiß, daß er in ein Krankenhaus überwiesen wird, muß auch wissen, daß er von allen Abteilungen, die ihn dort untersuchen, mit Arztbriefen an seinen Hausarzt zu rechnen hat.

4.3.2 Kindesmißhandlung

Sehr heikel sind für einen Arzt die Fälle der Kindesmißhandlung, wenn zu befürchten ist, daß das Kind auch in Zukunft körperlichen Züchtigungen ausgesetzt sein wird. Dieses Kapitel wird juristisch unter der Überschrift "Rechtfertigender Notstand" geführt, was bedeutet, daß der Arzt nach sorgfältiger Güterabwägung zu dem Ergebnis kommen kann, daß das Recht seines Patienten auf Geheimhaltung zurücktreten muß hinter einem anderen, höheren Rechtsgut.

Für mißhandelte Kinder gilt hier ja die zusätzliche Besonderheit, daß der eigentliche Patient das Kind ist und nicht die Mutter oder der Vater, die mit ihm in die Praxis kommen. Hier wird folgendes Vorgehen zu empfehlen sein:

- Zunächst sollte versucht werden, mit beiden Eltern ein Gespräch zu führen und die Problematik abzuklären.

- Wenn keine Besserung eintritt, sollte zumindest innerhalb kürzester Zeit mit Hilfe eines der Erziehungsberechtigten (schriftliche Bestätigung!) das Jugendamt eingeschaltet werden. Der Arzt sollte wenigstens einen der Erziehungsberechtigten darauf hinweisen, daß die Jugendämter psychologische und pädagogische Hilfe in derartigen Fällen zu Verfügung stellen.

- Wenn dies alles nichts hilft, sollte sich der Arzt über eines im klaren sein: Körperliche Züchtigung von Kindern, die Spuren auf dem Körper des Kindes hinterläßt (blaue Flecken, Striemen, etc.) ist heute nicht mehr vom elterlichen Erziehungsrecht gedeckt. Es handelt sich daher in jedem Fall um Körperverletzung. Die Güterabwägung kann den Arzt daher dazu führen, seinerseits ein Gespräch mit dem Jugendamt zu suchen, bzw. wenn dies nicht hilft, sogar Strafanzeige erstatten.

Strafanzeige erstatten

Gesetzlich geregelte Durchbrechungen der Schweigepflicht sind im Bundesseuchengesetz enthalten (siehe Kap. "Meldepflicht") oder in § 138 StGB, wenn der Arzt Kenntnis von geplanten schweren Verbrechen hätte, wie etwa Mord, Raub oder Brandstiftung. In diesen Fällen ist er sogar verpflichtet, sein Schweigen zu brechen.

4.3.3 Post mortem

Schweigepflicht post mortem gilt grundsätzlich, weil das Persönlichkeitsrecht eines Patienten auch noch über seinen Tod hinaus andauert. Allerdings können die Erben eines Verstorbenen den Arzt von der Schweigepflicht entbinden, sofern es sich um Vermögensangelegenheiten handelt. Die Folge: In einem Prozeß (Zivil- oder Strafprozeß) muß der Arzt, der als Zeuge benannt wird, dann wahrheitsgemäß aussagen.

Testaments-abfassung
Konkret hat das Bayerische Oberste Landesgericht in einem Fall entschieden, daß der Arzt über die Frage der Geschäftsfähigkeit eines verstorbenen Patienten zur Zeit der Testamentsabfassung wahrheitsgemäß Auskunft erteilen muß (*Az.: 1 Z 34/86*). Über alle anderen gesundheitlichen Probleme des Patienten dürfte der Arzt allerdings nicht aussagen, darauf kam es allerdings den Erben auch nicht an.

Eine Ausnahme davon gilt nur, wenn der Verstorbene ausdrücklich seinen Willen geäußert hat, daß der Arzt nach seinem Tode nichts über ihn aussagen dürfe. Empfehlung: Unterschrift des Patienten!

Ebenfalls durchbrochen wird die Schweigepflicht bei der Behandlung minderjähriger Patienten. Hierbei hängt die Schweigepflicht grundsätzlich davon ab, ob der oder die Minderjährige bereits die Einsichtsfähigkeit bezüglich der Risiken und Folgen einer Therapie hat. Ist dies der Fall, dann braucht der Arzt auch nur ihn vorher aufzuklären und die Einwilligung des oder der Patienten/in ist wirksam.

Einwilligung der Eltern
Andernfalls muß der Arzt die Einwilligung der Eltern einholen, da sonst die Behandlung z.B. auch das Verordnen der Antibabypille mangels wirksamer Einwilligung eine rechtswidrige Körperverletzung darstellen kann! Dem Arzt droht dann auch noch die Strafanzeige von seiten der Eltern!

Der bessere Weg ist es daher, im vertraulichen Gespräch mit der jungen Patientin, sofern sie unter 16 Jahre alt ist, auf jeden Fall die Eltern vor Verschreiben der Pille mit einzubeziehen. Sollte die Patientin nicht einverstanden sein, ist es dem Arzt überlassen, eine Behandlung bzw. Verschreibung der Pille abzulehnen.

4.3.4 Sonderfall: Abrechnung über Verrechnungsstellen

Die Honorarabrechnung von Privatrechnungen über gewerbliche Verrechnungsstellen ist bis zum Bundesgerichtshof hinauf durchprozessiert worden. Dieser hat eindeutig entschieden: Die Übergabe von Abrechnungsunterlagen im Wege der Honorarabtretung an gewerbliche Verrechnungsstellen ist wegen Verletzung der ärztlichen Schweigepflicht strafbar (*BGH vom 10.07.1991, VIII ZR 296/90, NJW 1991, 2955*). Dies gilt auch dann, wenn der Arzt die Rechnung zunächst selbst ausstellt und den Patienten mahnt, und der Abrechnungsträger eine berufständische Stelle ist (*BGH NJW 93, 2371*).

In diesem Verfahren wurde nicht direkt über die Strafbarkeit, sondern nur darüber entschieden, daß der Abtretungsvertrag gegenüber der Verrechnungsstelle nichtig war. Inzidenter wurde jedoch damit auch gesagt, daß der abtretende Arzt strafbar handelte. Er bedarf der ausdrücklichen Zustimmung des Patienten. Der Patient, der bereits bei der Anmeldung schriftlich seine Zustimmung zur Abtretung und zur Abrechnung durch die Verrechnungsstelle erteilt, kann diese allerdings jederzeit widerrufen. Bei schriftlicher Zustimmung liegt dann auch kein Verstoß gegen § 3 Bundesdatenschutzgesetz vor. *Abtretungsvertrag nichtig*

Der zweite in der Öffentlichkeit mit Interesse verfolgte Verstoß gegen die Schweigepflicht kann vorliegen, wenn der Arzt seine Arztpraxis verkauft. Einzelheiten hierzu werden im Kapitel "Praxisverkauf" behandelt. Auch hier handelt es sich mehr um ein zivilrechtliches Problem - jedenfalls ist bisher soweit erkenntlich, noch kein Strafverfahren in diesem Zusammenhang eröffnet worden. Auch hier hat der BGH im Endergebnis entschieden, daß wegen Verstoß gegen die ärztliche Schweigepflicht und gegen das informationelle Selbstbestimmungsrecht des Patienten ein Verkauf der Patientenkartei nichtig ist (*BGH vom 11.12.1991, VIII ZR 4/1991 in NJW, 1992, 737*). *Verkauf der Patientenkartei*

Schließlich wird noch darauf hingewiesen, daß keine Verletzung der Schweigepflicht bei Honorarprozessen besteht. Der Privatpatient, der sein Honorar nicht bezahlt, muß damit rechnen, daß dieses vor Gericht auch in einem öffentlichen Verfahren eingeklagt wird.

4.4 § 218 StGB - Abbruch der Schwangerschaft

Im Juni 1995 hat der Deutsche Bundestag die Konsequenzen aus dem Karlsruher Urteil gezogen und das "Schwangeren - und Familienhilfeänderungsgesetz" verabschiedet.

Grundsätzlich bleibt der Schwangerschaftsabbruch nach § 218 StGB nach wie vor strafbar. Dem Täter werden 3 Jahre, der Schwangeren 1 Jahr Freiheitsstrafe angedroht.

Strafbarer Abbruch Von dieser grundsätzlichen Regelung gibt es jedoch zahlreiche Ausnahmen. Die wichtigste und umstrittenste ist der neugefaßte Paragraph 218a StGB. Danach liegt kein strafbarer Schwangerschaftsabbruch vor, wenn

- die Schwangere die Bescheinigung einer anerkannten Beratungsstelle vorlegt und damit nachweist, daß sie sich mindestens drei Tage vor dem Eingriff hat beraten lassen und sie vom Arzt den Eingriff verlangt;

Beratungsstellen - der Schwangerschaftsabbruch von einem Arzt vorgenommen wird, der nicht gleichzeitig Berater ist;

- seit der Empfängnis nicht mehr als 12 Wochen vergangen sind.

Das Kernstück des neuen Gesetzes ist die Schwangerschaftskonfliktberatung zum Schutz des ungeborenen Lebens. Nach § 5 Absatz 1 des Schwangerschaftkonfliktgesetzes muß die Beratung "ergebnisoffen" durchgeführt werden. Sie kann nur durch eine anerkannte Beratungsstelle erfolgen. Die Gesprächsbereitschaft der Frau

soll zwar nicht erzwungen werden, jedoch wird vom Gesetz erwartet, daß die Schwangere auch die Gründe, deretwegen sie einen Abbruch erwägt, mitteilt.

Weniger problematisch ist die medizinische Indikation nach § 218a Absatz 2 StGB. Danach ist ein Schwangerschaftsabbruch nicht rechtswidrig, wenn er unter Berücksichtigung der gegenwärtigen und zukünftigen Lebensverhältnisse der Schwangeren nach ärztlicher Erkenntnis angezeigt ist, um eine Gefahr für das Leben oder einer schwerwiegenden Beeinträchtigung des körperlichen oder seelischen Gesundheitszustandes der Schwangeren abzuwenden und diese Gefahr nicht auf andere zumutbare Weise abgewendet werden kann.

Nicht rechtswidrig

Die Folge: Ein derartiger Abbruch ist nicht rechtswidrig und wird deshalb von den gesetzlichen Krankenkassen finanziert.

Die kriminologische Indikation entspricht weitgehend der Gesetzesfassung aus dem Jahre 1992.

Die Voraussetzungen für eine Straflosigkeit nach dieser Indikation sind:
- Der Arzt muß mit Einwilligung der Schwangeren innerhalb von 12 Wochen den Schwangerschaftsabbruch durchführen;
- an einer Schwangeren muß eine rechtswidrige Tat nach §§ 176-179 StGB verübt worden sein;
- es müssen dringende Gründe für die Annahme sprechen, daß die Schwangerschaft auf dieser Tat beruht.

Besonderheiten für den Arzt

Neu geregelt sind in § 218 c Absatz 1 StGB die ärztlichen Pflichten im Zusammenhang mit dem Schwangerschaftsabbruch. Nach dieser Vorschrift ist ausschließlich der Arzt strafbar, nicht jedoch die Schwangere, an der der Eingriff vorgenommen wird.

Strafbar macht sich der Arzt in folgenden Fällen:
- Wenn er eine Schwangerschaft abbricht, ohne der Frau Gelegenheit gegeben zu haben, ihm die Gründe für ihr

Verlangen nach dem Abbruch darzulegen (Freiheitsstrafe bis zu 1 Jahr);.

- wenn er einen Abbruch vornimmt, ohne die Schwangere über die Bedeutung des Eingriffs, insbesondere über Ablauf, Folgen, Risiken, mögliche physische und psychische Auswirkungen ärztlich beraten zu haben;

- wenn der Arzt sich vor Abbruch der Schwangerschaft nicht aufgrund ärztlicher Untersuchung von der Dauer der Schwangerschaft überzeugt hat;

- wenn der Arzt einen Schwangerschaftsabbruch vornimmt, obwohl er vorher selbst die nach § 218 a Absatz 1 StGB notwendige Beratung nach § 219 StGB durchgeführt hat.

Versicherungsleistungen

In den Fällen der medizinischen und kriminologischen Indikation zahlt die gesetzliche Krankenversicherung gemäß § 24 b SGB V alle ärztlichen Leistungen. Dies gilt neuerdings nicht nur für stationäre, sondern auch für ambulante Einrichtungen.

Nicht bezahlen dürfen die Krankenkassen den Schwangerschaftsabbruch nach der Beratungslösung und die Nachbehandlung bei komplikationslosem Verlauf. Damit ist klargestellt, daß ein Schwangerschaftsabbruch, der zwar rechtswidrig, aber dennoch nicht strafbar ist, nicht von den gesetzlichen Krankenkassen finanziert werden darf.

III. ALLGEMEINE RECHTSFRAGEN IN DER PRAXIS

1. Praxiskauf- und Verkauf

1.1 Grundlage

Es handelt sich um einen Kaufvertrag, der sowohl materielle als auch immaterielle Werte betrifft. Dieser Vertrag ist entgegen einer früheren Rechtsprechung des BGH inzwischen nicht mehr "sittenwidrig", und er muß weder notariell noch schriftlich abgeschlossen werden. Allerdings empfiehlt es sich aus Gründen der Rechtssicherheit auf jeden Fall, einen schriftlichen Kaufvertrag über die Praxis abzuschließen.

1.2 Bewertung

Die Bewertung der Praxis richtet sich in erster Linie nach dem Umsatz, sie kann aber auch zahlreiche andere Faktoren beinhalten. So schlagen sich positiv nieder:

Bewertung nach Umsatz

- steigende Umsatztendenz in den letzten 3 Jahren;
- hoher Anteil von Privatpatienten;
- hervorragende Lage für "Laufkundschaft";
- gute Verkehrsanbindung sowie Parkplätze;
- freundliches äußeres Umfeld, wie z.B. Neubau, Grünanlagen etc.

Für die Bewertung hat es sich grundsätzlich bewährt, den Umsatz der letzten 3 Jahre zusammenzustellen, diesen durch 3 zu dividieren und davon 25 % zu errechnen. Liegt der sich daraus ergebende "Quartalsumsatz" abzüglich der Praxiskosten noch unter dem tariflichen Einkommen eines Oberarztes für 3 Monate, so müssen selbstverständlich Abstriche gemacht werden.

Noch völlig offen ist die Frage, wie weit sich in der Verkaufspraxis die Tatsache niederschlägt, daß nach der neueren Rechtsprechung des BGH Patientenkartei bzw. -datei nicht mehr ohne Zustimmung der Patienten an den Nachfolger vergeben werden darf.

"Goodwill" Fest steht jedenfalls, daß sich jeder Käufer oder Kaufinteressent bevor er den Kaufvertrag unterschreibt, anhand der nachgewiesenen Umsatzzahlen und der Praxisstruktur (insbesondere der laufenden Kosten) informieren muß, ob der Kaufpreis korrekt berechnet ist. Damit ist vor allem der "Goodwill" gemeint, der auf der Annahme beruht, daß die bisherigen Patienten auch künftig die Praxis aufsuchen werden. Für die Beurteilung des realen Praxisumsatzes genügen jedoch die anonymen Abrechnungsdaten der KVen bzw. (hinsichtlich der privaten Patienten) eine vom Steuerberater des verkaufenden Arztes unterschriebene Bescheinigung über den Privatpatientenumsatz.

Übergangs-gemeinschaft Im übrigen ist natürlich seit der Schweigepflichtrechtsprechung des BGH die Strukturüberprüfung der Praxis hinsichtlich der Patientenstrukturen (Alter, Ausländeranteil, Fluktuation) nicht mehr möglich, so daß in der Tat die Übernahme einer bis dahin unbekannten Arztpraxis mit Vorsicht zu empfehlen ist. Mögliche Variante: der verkaufende Arzt nimmt den Kaufinteressenten für einige Monate als "Sozius" auf und gründet mit ihm für diese Zeit eine Gemeinschaftspraxis. In diesem Fall kann intern geregelt werden, wie hoch der Arbeitsanteil des verkaufenden Arztes noch sein soll und welcher Teil der Einnahmen schon dem künftigen Käufer zustehen soll.

Probleme werden allerdings auch hier entstehen, wenn der Kaufinteressent nach einigen Monaten doch lieber vom Kauf Abstand nehmen möchte.

1.3 Verkauf der Patientenkartei

Ein Kieferorthopäde verkaufte für DM 383.617,25 seine Praxis samt Einrichtung, Patientenkartei und "Goodwill".

Nachdem der Käufer 3 Raten zu jeweils DM 20.000,-- bezahlt hat, verweigert er die weitere Zahlung, weil der Verkäufer ihm die "Patienten- und Beratungskartei" nicht vollständig übergeben habe und daher der Kaufpreis nicht korrekt berechnet worden sei. Entscheidung des BGH (*NJW 1992, 737*): Ein Anspruch auf Übernahme der Patientenkartei besteht nicht, weil die diesbezügliche Vereinbarung im Vertrag zwischen den Parteien nichtig ist. Sie verstößt gegen die ärztliche Schweigepflicht (§ 203 StGB) und das informationelle Selbstbestimmungsrecht des Patienten (Art. 2 Abs. 1 Grundgesetz). Der BGH gab damit seine Rechtsprechung aus dem Jahre 1974 auf, in der er betont hatte, daß die Patienten stillschweigend mit der Übergabe ihrer Daten an einen Nachfolger einverstanden seien. Nach Ansicht des BGH ist es dem Praxisverkäufer durchaus zumutbar vor dem Verkauf seine sämtlichen Patienten um schriftliche Zustimmung zur Übergabe der Krankenunterlagen zu ersuchen. Doch haben Berechnungen von Praktikern ergeben, daß dies in einer durchschnittlichen Arztpraxis Kosten bis zu 30.000,-- DM hervorrufen würde, weil Briefe mit Rückantworten an sämtliche Altpatienten verschickt werden müßten und eine persönliche Befragung im Grunde nur für die Patienten des letzten Quartals in Betracht käme (*vgl. Kamps in NJW 1992, 1545*).

Kein stillschweigendes Einverständnis

Seither herrscht in der Praxis Ratlosigkeit, was am besten mit den Karteikarten bzw. mit der Datei und den Krankenunterlagen zu geschehen hat.

Zunächst die positiven und unstreitigen Punkte des gesamten Problembereichs.

a. Ausdrücklich betonte der BGH, daß die nichtärztlichen Mitarbeiter in der Praxis von der Schweigepflicht ihres Chefs mit abgedeckt sind. Sie unterliegen seinen Weisungen und seiner Aufsicht, und der Patient muß daher davon ausgehen, daß diese Personen praxisintern auch von seinen Unterlagen Kenntnis erlangen.

b. Der ärztliche Assistent, der in der Praxis eingestellt wird, unterliegt ebenfalls den Weisungen des Arztes, so daß auch für ihn dasselbe gilt, wie für nichtärztliches Personal.

Der Praxisvertreter problemlos

c. Der Praxisvertreter in Fällen von Urlaub, Krankheit oder sonstiger Abwesenheit des Arztes ist in der Regel durch einen Dienstvertrag mit dem Praxisinhaber hinsichtlich seiner Verfügungsgewalt über die Patientendaten ebenfalls eingeschränkt, auch wenn er, was den medizinischen Teil betrifft, hinsichtlich der Behandlung der Patienten freie Hand hat. Auch für diesen Praxisvertreter dürfte es hinsichtlich der Kenntnisnahme der Karteikarten keine Schwierigkeiten geben - wenngleich der BGH insoweit noch keine ausdrückliche Entscheidung gefällt hat.

Gemeinschaftspraxis

d. Ungeklärt ist die Frage, ob der Arzt vor Gründung einer Gemeinschaftspraxis ebenfalls sämtliche Patienten befragen muß. Die Situation ist nicht vergleichbar mit der gegenüber nichtärztlichen Angestellten, weil der neue ärztliche Kompagnon dieselbe Verfügungsgewalt über sämtliche Daten und Karteien hat wie der bisherige Alleinarzt. In der Praxis dürfte es bei der Erweiterung von der Einzel- zur Gemeinschaftspraxis - anders als beim Praxiskauf - keine Schwierigkeiten mit der Schweigepflicht geben, weil der hinzukommende Kollege ohnehin Zugriff auf sämtliche Daten hat. Die "Sicherheitslösung" besteht darin, daß jeder "alte" Patient sich mit der Behandlung durch den neuen Kollegen ausdrücklich einverstanden erklärt. Die Ärzte klären vertraglich, daß der neue Kollege vorher keinen Zugriff auf die "Altdaten" hat (vgl. Kap. "Gemeinschaftspraxis").

1.4 Lösungsmöglichkeiten

Einverständnis schriftlich

a. Der BGH selbst hat in seinem Urteil die Lösung darin gesehen, daß sämtliche Patienten gefragt werden und schriftlich ihr Einverständnis oder eben kein Einverständnis mit der Weitergabe der Daten erteilen. Das Einverständnis muß übrigens sogar schriftlich erteilt werden, da sonst ein Verstoß gegen das Datenschutzgesetz vorliegt. Aus diesem Grunde reicht es auch nicht aus, im Wartezimmer einen Aushang anzubringen, wonach etwa sämtliche Patienten stillschweigend mit der Übergabe der Daten im Falle einer möglichen Praxiserweiterung oder eines Praxisverkaufs einverstanden sind. Mit den Kosten einer schriftlichen Befragung hat sich freilich der BGH nicht auseinandergesetzt.

b. "Zwei-Schrank-Modell": Nach diesem Modell, das von Kamps vorgeschlagen wurde (*NJW 1992, 1545*), müßte der verkaufende Arzt zunächst einmal im letzten Quartal seiner Praxis sämtliche Patienten schriftlich um Einverständnis mit der Karteiübergabe bitten. Für die Patienten, die dieses Einverständnis nicht erklären, soll ein Schrank in der Praxis aufgestellt werden, in dem sich die Kartei der "Nichterklärer" befindet. Zu diesem Schrank hätte nur eine bisherige Mitarbeiterin Zugang, die möglicherweise, - auch dies ist rechtlich ungeklärt - noch durch den "Segen" des Praxisverkäufers in dessen Datenwissen eingebunden wäre. Sie dürfte dann dem neuen Arzt die entsprechenden Unterlagen aushändigen, wann immer dies erforderlich wäre.

"Zwei-Schrank-Modell"

Es muß nicht betont werden, daß auch diese Lösung nur wenig praktikabel ist. Sie hängt von einer nichtärztlichen Mitarbeiterin und deren Weiterbeschäftigung in der Praxis ab. Es kann aber zu Auseinandersetzungen, Krankheitszeiten und Kündigung kommen. Was dann?

c. Andere Lösungsmöglichkeit: Zunächst einmal sollte der Arzt, der sich in näherer oder fernerer Zukunft mit Verkaufsabsichten trägt, seine Patienten ein Formular unterschreiben lassen, wonach sie ihn von der Schweigepflicht hinsichtlich möglicher künftiger ärztlicher Mitarbeiter und hinsichtlich eines möglichen künftigen ärztlichen Käufers der Praxis entbinden (vgl. Formular im Anhang).

Sobald ein Kollege feststeht, der konkrete Kaufinteressen hat, können per Briefumfrage mit Rückkarte die noch fehlenden Patienten der letzten 2 oder 3 Quartale um Zustimmung zur Karteiübergabe im Hinblick auf den konkreten Kollegen gebeten werden.

Für den Restposten an Patienten gilt folgendes: Nach Auffassung des BGH ist derjenige Patient ohnehin stillschweigend mit der Karteiübernahme einverstanden, der sich freiwillig zum Nachfolger eines Arztes in dessen frühere Praxis begibt. Wenn man also schon ein "Zwei-

Schrank-Modell" für möglich hält, sollte es wie folgt vereinfacht werden: Der verkaufende Arzt trennt die Karteien derjenigen Patienten, die bis zum Verkaufsstichtag zugestimmt haben von der Kartei derjenigen Patienten, die nicht zugestimmt haben.

Der kaufende Arzt unterschreibt im Kaufvertrag, daß er die Kartei der "Nichtzustimmer" nur dann benützen wird, wenn der jeweilige Patient in seiner Praxis erscheint und eine Behandlung wünscht. Es ist davon auszugehen, daß dem Arzt, der dies vertraglich zusichert, zumindest ebenso viel Vertrauen zu schenken ist, wie einem nichtärztlichen Mitarbeiter, der ja auch entgegen der Weisung des Arztes Zugriff zu den Daten nehmen könnte. Es liegt auf der Hand, daß diese Lösung gerichtlich bisher noch nicht abgesichert ist. Die einzige sichere Lösung wäre es daher, sämtliche Karteien derjenigen Patienten, die nicht ausdrücklich schriftlich zugestimmt haben im Alleinbesitz des bisherigen Praxisinhabers zu belassen. Auf Anforderung des Neuinhabers könnte er die Daten dann übersenden. Dies wäre ein "Service", der gleichzeitig den Praxiswert steigern würde.

Einzige sichere Lösung

1.5 Mietvertragsprobleme

Der Verkauf einer Arztpraxis besagt noch nichts darüber, ob der neue Praxisinhaber auch die Räume des "alten" gemietet hat oder mieten darf.

a. Handelt es sich um eine Eigentumswohnung, deren Eigentümer der Praxiseigentümer ebenfalls ist, so kann entweder die gesamte Wohnung mitverkauft werden, dann ist ein notarieller Vertrag erforderlich, oder aber es wird ein getrennter Mietvertrag über die Wohnung abgeschlossen. Für diesen Mietvertrag gelten dann dieselben Kriterien wie für den Mietvertrag von einem praxisexternen Eigentümer.

b. Ist der Vermieter eine arztfremde Person, dann ist vor Praxiskauf unbedingt vom Käufer zu klären, ob und für wie lange der Mietvertrag mit dem neuen Inhaber abgeschlossen wird. Es sind insbesondere folgende Punkte zu klären:

- Dauer des Mietvertrags und Höhe der neuen Miete;
- Gleitklausel oder Festmiete?
- Erlaubnis, eine Gemeinschaftspraxis zu gründen oder aber auch eine Praxisgemeinschaft mit anderen Kollegen in denselben Räumen;
- Renovierungspflichten und Kautionsübergabe durch den Altinhaber klären!

Gerade beim letzten Punkt ist ausdrücklich darauf hinzuweisen, daß die Vereinbarungen zwischen dem neuen und dem alten Praxisinhaber keine verbindliche Wirkung für den Vermieter haben. Dies gilt auch für die Ablöse von festen Einbauten! Es sollte daher diesen Vereinbarungen immer auch der Vermieter ausdrücklich und schriftlich zustimmen. *Vermieter muß zustimmen*

1.6 Zulassungsbeschränkungen

Schon seit 01. Januar 1993 sind die Landesausschüsse der Ärzte und Krankenkassen verpflichtet, Gebiete mit Überversorgung festzulegen. Für diese Gebiete müssen Zulassungsbeschränkungen angeordnet werden (§ 103 Abs. 1 SGB V).

Diese Zulassungsbeschränkungen sind nicht nur für die Zulassung eines Arztes wichtig, sondern auch für den Verkauf einer Arztpraxis. Dieser wird ab sofort in Gebieten mit Zulassungsbeschränkungen staatlich reglementiert.

Soll eine Arztpraxis aus welchen Gründen auch immer (Altersgrenze, Berufsaufgabe, Tod, Entziehung) an einen Nachfolger verkauft werden, so muß der verkaufende Arzt oder seine Erben diesen "Vertragsarztsitz" über die KV ausschreiben lassen.

Die eingehenden Bewerbungen müssen dem Zulassungsausschuß und dem Vertragsarzt oder seinen Erben vorgelegt werden. Der Zulassungsausschuß (nicht etwa der Verkäufer) hat dann den Nachfolger auszuwählen! Dabei ist allerdings neben der beruflichen Eignung und der Dauer der ärztlichen Tätigkeit auch zu berücksichtigen, ob der Bewerber mit dem ursprünglichen Vertragsarzt verwandt ist (Kind, Ehegatte) oder bei diesem als angestellter Arzt gearbeitet hat.

Der Zulassungsausschuß hat hierbei ein "Ermessen". Dies bedeutet: Der ursprüngliche Vertragsarzt bzw. seine Erben haben keinen Anspruch auf einen bestimmten Nachfolger. Sie haben allerdings einen Anspruch darauf, daß der Zulassungsausschuß die Auswahl nach sachlichen Kriterien trifft. Sollte z.B. der Ehegatte oder ein Kind des ursprünglichen Vertragsarztes dabei übergangen werden, so ist eine gerichtliche Anfechtung dieser Entscheidung möglich.

Kaufpreis Auch der Kaufpreis kann vom Verkäufer nicht mehr frei bestimmt werden. Der Verkäufer hat allenfalls noch Anspruch darauf, einen Kaufpreis in Höhe des "Verkehrswertes" zu erhalten. Noch völlig offen ist, wie dieser Verkehrswert ermittelt wird. Voraussichtlich wird ein Gutachter beauftragt oder aber der Zulassungsausschuß selbst gibt einen fiktiven Verkehrswert anhand der Praxisumsätze vor. Favorit für diese Wert-Schätzung dürfte die Methode nach den Empfehlungen der Bundesärztekammer sein: Man bildet den Durchschnitt eines Jahresumsatzes (Kassen- und Privatpatienten) aus den letzten 5 Jahren. Davon wird das Jahresgehalt eines Oberarztes abgezogen (ca. DM 100.000,--), von dem Rest nimmt man ein Drittel. Dadurch würde dann der "Goodwill" feststehen. Der Wert für die Praxiseinrichtung müßte dazu noch gesondert addiert werden.

Warteliste Die kassenärztlichen Vereinigungen werden in Zukunft eine Warteliste führen, auf der die Ärzte stehen, die sich um einen Vertragsarztsitz bewerben.

Tröstlich an diesem reglementierten Nachfolgeverfahren ist lediglich, daß der Verkauf der Arztpraxis auch in einem überversorgten Gebiet in Zukunft zulässig bleibt. Ein einmal begründeter Vertragsarztsitz kann also nicht bei Rückgabe der Zulassung oder im Todesfalle einfach gestrichen werden.

Allerdings wird der Verzicht auf einen Vertragsarztsitz auch nicht untersagt. Die ärztlichen Kollegen einer Gemeinschaftspraxis können daher in ihrem Vertrag vereinbaren, daß bei Ausscheiden oder Tod eines Partners dessen Anteil an den verbleibenden Kollegen veräußert bzw. übergeben werden muß.

2. Kauf der Praxiseinrichtung

2.1 Pauschalangebote

Bei pauschalen Einrichtungsangeboten ist in der Regel Vorsicht geboten. Hier werden oft überteuerte Angebote gemacht und Konzeptionen angeboten, die letztlich unwirtschaftlich sind und angesichts der schwieriger werdenden wirtschaftlichen Situation kaum noch finanzierbar sind.

2.2 Kredite

Hier sind zwei Varianten zu unterscheiden:

a. Für Existenzgründungsdarlehen gelten grundsätzlich die Vorschriften des Verbraucherkreditgesetzes. Diese sehen vor, daß bei Sachlieferungen, die auf Kredit gewährt werden, bestimmte Formvorschriften eingehalten werden müssen und der Kunde ein Widerrufsrecht von einer Woche hat.

Widerrufsrecht

Ausnahme: Für Existenzgründungsdarlehen über 100.000,- DM ist dieses Gesetz nicht mehr anwendbar!

Sofern es anwendbar ist, sind die wichtigsten Formvorschriften:

- Schriftform des Vertrages;
- Zeitpunkt der Rückzahlung;
- effektiver Jahreszins;
- Hinweis auf das Widerrufsrecht des Kunden innerhalb von einer Woche.

Prinzipiell ist in diesen Fällen das Verbraucherkreditgesetz auch für Leasingverträge anwendbar!

b. Wenn Ihre Praxis bereits besteht und betrieben wird und Sie nur einen zusätzlichen Kredit aufnehmen, gelten gemäß § 1 Verbraucherkreditgesetz diese Vorschriften nicht.

Ehefrau ### 2.3 Einschaltung der Ehefrau

In der Regel gewähren die Banken den Kredit nur dann, wenn auch die Ehefrau mitunterschreibt. Dies wird damit begründet, daß der Kreditnehmer bei finanziellen Schwierigkeiten sein gesamtes Vermögen auf die Ehefrau übertragen könnte und daher auf jeden Fall die Bank auch auf das Vermögen der Ehefrau "Zugriff" haben muß. Daher verlangen die Banken entweder die Unterschrift der Ehefrau direkt unter den Kreditvertrag oder sie verlangen eine selbstschuldnerische Bürgschaft der Ehefrau. "Selbstschuldnerisch" bedeutet hier, daß die Bank direkt gegen die Ehefrau vorgehen kann ohne erst den eigentlichen Kreditnehmer gerichtlich verklagen zu müssen.

Unterschrift der Ehefrau

Die Rechtsprechung des BGH zur Zulässigkeit eines derartigen Vorgehens der Banken schwankt. Nach einem Urteil aus dem Jahr 1990 (*Az: XI ZR 111/90*) ist der Vertrag mit der Ehefrau sittenwidrig, wenn

- der Kredit ausschließlich für Gewerbe oder Beruf des Ehemanns bestimmt ist, und

- die Ehefrau weder ein eigenes hohes Einkommen noch Vermögen hat, so daß eine Rückzahlung von ihr unter normalen Umständen nicht zu erwarten ist.

Für diese Auffassung des BGH spricht auch die Überlegung, daß durch dieses Vorgehen der Banken unsinnigerweise ein verheirateter Arzt mehr "Sicherheiten" bieten muß, als ein Arzt, der erst nach Abschluß des Kredits heiratet. Der BGH hat außerdem darauf hingewiesen, daß bei einer sittenwidrigen Vermögensverschiebung des Arztes auf die Ehefrau im Falle eines "Bankrotts" andere rechtliche Möglichkeiten (§ 826 BGB) für die Banken bestehen.

"Sicherheiten"

Der Arzt sollte jedenfalls mit Hinweis auf diese BGH-Rechtsprechung die Unterschrift seiner Ehefrau verhindern, bzw. wenn sie bereits geleistet worden ist, unverzüglich von der Bank verlangen, daß sie schriftlich und ausdrücklich die Ehefrau aus der Bürgschaft bzw. aus dem Kreditvertrag entläßt.

Hinweis: Bei einer wirksamen Unterschrift der Ehefrau unter den Kreditvertrag oder die Bürgschaft bedeutet dies, daß die Ehefrau über den Tod des Mannes hinaus und auch nach einer evtl. Scheidung noch bis an ihr Lebensende haften muß.

2.4. Kauf oder Leasing

Beim Kauf von Praxis-Einrichtungsgegenständen hat der Arzt in vielen Fällen die Wahl zwischen einem sofortigen Kauf und einem Leasingvertrag. Die Entscheidung sollte von folgenden Kriterien abhängen:

Welcher Vertrag beinhaltet die besseren steuerlichen Abschreibungsmöglichkeiten?
- Ist die Eigenkapitalausstattung für einen Kauf ausreichend?
- Ist der Leasing- bzw. Kaufvertrag günstig ausgestaltet?

Ein Leasingvertrag liegt vor, wenn eine Sache vom Leasinggeber dem Leasingnehmer gegen Entgelt zeitweilig überlassen wird, wobei der Leasinggeber von der Gefahr und Haftung für Untergang, Beschädigung und Instandhaltung der Sache freigestellt ist. In den meisten Fällen kann der Leasingnehmer nach Ablauf des Leasingvertrags den jeweiligen Gegenstand (Beispiel: Kopiergerät, medizinisches Gerät, Computer) mit einem relativ geringen Aufschlag kaufen, kann sich aber auch entscheiden, ein neueres Modell desselben Geräts anzuschaffen oder wiederum zu leasen.

Steuerliche Möglichkeiten Die steuerlichen Möglichkeiten des Leasingverfahrens sind dadurch begründet, daß es sich hier um eine Variante der Miete handelt und daher der volle Betrag jeweils sofort steuerlich absetzbar ist. Der Kaufpreis hingegen ist immer nur verteilt über die Dauer der Jahre, die das Gerät zu halten verspricht, steuerlich abschreibbar.

Nachteil des Leasinggeschäfts: Es ist im Endeffekt immer 10 bis 20 % teurer als ein Kauf und daher nur dann lohnend, wenn der Arzt mit relativ wenig Eigenkapital starten will.

Weiterer Nachteil des Leasinggeschäfts: Die Geräte gehören dem Arzt nicht, er kann sie daher nicht weiter veräußern und er trägt das Risiko hoher Restschulden, wenn er die Praxis aus irgendwelchen Gründen schließen muß.

Größte Vorsicht ist geboten, wenn Leasinggeräte in einer bereits bestehenden Praxis mit übernommen werden sollen. Hier muß ein Vertrag zwischen dem Praxiskäufer, -verkäufer und dem Leasinggeber die Übernahme sichern. Der übernehmende Arzt muß natürlich darauf achten, daß die Geräte mangelfrei funktionieren und sollte sich dies vom ausscheidenden Arzt ausdrücklich bestätigen lassen. Andernfalls kann der "Einstieg" in einen laufenden Leasingvertrag sehr teuer werden.

2.5 Mängelhaftung

Wer eine neue Praxis einrichtet, wird sich mit neuen Büro- und Medizingeräten ausstatten und hat daher auf jeden Fall ein 6monatiges Gewährleistungsrecht nach dem Gesetz. D.h., daß er - ohne vertragliche Sonderabsprachen - 6 Monate ab Übergabe der Sache Mängel rügen kann. Nach dem Gesetz hat er dann die Wahl, entweder vom Kaufvertrag zurückzutreten oder den Kaufbetrag zu mindern.

Diese "Gewährleistung" bedeutet, daß der Kaufgegenstand bei der Übergabe keinen Mangel hatte. Zeigt sich also ein Mangel im Laufe der ersten 6 Monate, dann wird bei neuen Gegenständen in der Regel feststehen, daß dieser Mangel auch schon bei Übergabe vorhanden war.

"Gewährleistung"

In vielen Fällen bietet der Verkäufer eine Garantie an. Dies bedeutet, daß er für eine bestimmte Zeit das ordnungsgemäße Funktionieren der verkauften Sache "garantiert" - unabhängig davon, ob zum Zeitpunkt der Übergabe ein Mangel vorhanden war.

Beispiel: Der Arzt kauft am 01. Januar 1994 ein medizinisches Gerät mit einem Jahr Garantie. Am 20. November 1994 zeigt sich an dem Gerät ein Defekt. Hier hat der Arzt noch 6 Monate Zeit, um den Mangel geltend zu machen, bevor die Gewährleistung verjährt.

Stichwort Verjährung: Um sich die Mängeleinrede zu erhalten, muß der Käufer innerhalb von 6 Monaten nach Übergabe nicht nur den Mangel rügen, sondern gerichtliche Schritte einleiten. Zeigt sich ein Mangel, so sollte also keine Zeit verloren werden.

Verjährung

Nachbesserung — In der Regel fordern die Verkäufer allerdings in ihren Allgemeinen Geschäftsbedingungen, daß zunächst eine Nachbesserung durchgeführt werden kann, sobald ein Mangel auftritt. Dieses Nachbesserungsrecht ist zulässig. Es darf allerdings nicht den Rücktritt vom Kaufvertrag in dem Fall ausschließen, in dem eine Nachbesserung erfolglos bleibt.

Schadensersatz — Schadensersatz: Dieser ist grundsätzlich nur dann möglich, wenn der Verkäufer eine bestimmte Eigenschaft der Kaufsache ausdrücklich zugesichert hat, für deren Vorhandensein er einstehen will. Fehlt diese zugesicherte Eigenschaft, dann kann der Käufer Schadensersatz verlangen. Er muß allerdings beweisen, daß der Verkäufer die Eigenschaft zugesichert hat. Wenn es also um besondere Zusicherungen geht, dann sollte der Arzt sich diese immer schriftlich vor dem Kauf geben lassen.

3. EDV-Einsatz in der Arztpraxis

Ein großer Teil der niedergelassenen Ärzte arbeitet mit Computer, nachdem die KVen deren Einsatz mit kräftigen finanziellen Unterstützungen gefördert haben. Vor allem der Einsatz der Krankenversichertenkarte ab 1994 hat den Einstieg in die Computer-Abrechnung beschleunigt, auch wenn dadurch zunächst kein Personal eingespart werden konnte.

3.1 Computer-Mängel

Sobald Sie einen Computer angeschafft haben, werden Sie feststellen, daß ein völlig fehlerfreier Ablauf der Anlage nicht möglich ist und daß der reibungslose Ablauf Ihrer Arztpraxis vom reibungslosen Funktionieren des Computers und der Software abhängt. Dafür ist ein <u>Wartungsvertrag</u> mit der Softwarefirma erforderlich, der in dringenden Fällen auch den Soforteinsatz eines Spezialisten garantiert. Bei mangelhaftem Computerablauf ist zunächst folgendes zu prüfen:

Reibungsloses Funktionieren

- Liegt der Fehler an den Geräten oder an der Software?

- Wenn er an den Geräten liegt, haben Sie die üblichen kaufvertraglichen Gewährleistungsansprüche. Diese sind vertraglich in der Regel insofern abgeändert, als zunächst ein Nachbesserungsanspruch geltend gemacht werden muß. Sie haben danach also das Recht, vom Verkäufer innerhalb der Gewährleistungsfrist (Gesetz: 6 Monate ab Übergabe) die Behebung des Mangels zu verlangen.

Nachbesserungsanspruch

Wenn die Nachbesserung scheitert, dürfen die gesetzlichen Ansprüche nicht ausgeschlossen werden. Sie haben dann also unabhängig vom Verschulden des Verkäufers entweder

- Ein Recht auf Rücktritt vom gesamten Kaufvertrag (wobei umstritten ist, ob und wann hierzu auch die Software gehört);

- oder aber ein Recht auf Minderung des Kaufpreises entsprechend dem Minderwert der Ware, die Sie erhalten haben.

Empfehlung: Dokumentieren Sie die Mängel des Computers bzw. der Software vom ersten Moment an genau und notieren Sie, welche Zeugen aus der Praxis (Angestellte, Ehefrau) dafür in Frage kommen. Notieren Sie hierfür Art des Mangels, Zeitpunkt und Dauer des Mangels, Art und Weise der Behebung des Mangels und die Zeugen.

Im Falle eines späteren Schadensersatzanspruchs müssen Sie belegen können, für welche Zeit der Computerdefekt Ihre Praxis außer Betrieb gesetzt hat und welche Schäden Ihnen dadurch entstanden sind.

Schadensersatzanspruch Ein Schadensersatzanspruch nach Kaufvertragsrecht kommt allerdings nur in Frage, wenn eine vom Verkäufer ausdrücklich zugesicherte Eigenschaft des Computers oder der Software nicht vorhanden ist. Die Zusicherung müssen Sie beweisen! Es empfiehlt sich daher, derartige Zusicherungen schriftlich zu fixieren.

Einheitssoftware Bei Mängeln der Software gilt folgendes:

- Haben Sie eine fertige Einheitssoftware gekauft, die nicht speziell auf Ihre Praxis zugeschnitten ist (typischerweise die Finanzbuchhaltung), so liegt nach der Rechtsprechung ein Kaufvertrag vor und es gelten dieselben Grundsätze wie oben beim Gerätekauf.

Individualsoftware - Haben Sie eine Individualsoftware gekauft, die die Besonderheiten Ihrer Praxis berücksichtigt und vom Hersteller speziell für Sie angefertigt worden ist, dann nimmt die Rechtsprechung Werkvertrag an. Der Unterschied liegt darin, daß hier der Verkäufer von Anfang an Herstellung und Lieferung eines mangelfreien Werkes schuldet und ansonsten nicht ordnungsgemäß den Vertrag erfüllt hat.

Keine absolut mangelfreie Software Da es nach Einschätzung von Softwareherstellern keine absolut mangelfreie Software gibt, müssen Sie hier besonders aufpassen. Sollte die Software von Anfang an nicht problemlos funktionieren, verweigern Sie die Abnahme. Hüten Sie sich davor, eine mangelhafte Software in Betrieb zu nehmen. Schon in dem Betrieb könnte eine stillschweigende Abnahme liegen! Halten Sie unbedingt schriftlich sämtliche Mängel fest und dokumentieren Sie diese wie oben geschildert.

Vor allem ist darauf zu achten, daß die Gewährleistungsansprüche nicht verjähren. - Gesetzliche Frist: Sechs Monate ab Abnahme. Die Verjährung wird nicht durch Mängelrüge unterbrochen. Sie müssen rechtzeitig für eine gerichtliche Beweissicherung sorgen!

4. Mietvertrag für Praxisräume

4.1 Kosten

Für die Miethöhe sollte im Mietvertrag die Anzahl der qm festgelegt werden, die Ihre Praxisräume umfassen. Eine Falschangabe, die sich später herausstellt, kann den Arzt zur Anfechtung des Mietvertrags berechtigen.

Um die Miethöhe zu vergleichen, müssen Sie von der "Netto-Kaltmiete" ausgehen, d.h. von der Miete, die Sie ohne Heizkosten und sonstigen Nebenkosten zu bezahlen haben. Üblich für die Nebenkosten ist heute eine Voraus-Pauschale, die jährlich bis Ende Juni des Folgejahres abgerechnet wird. Dabei läßt die Rechtsprechung es genügen, wenn hinsichtlich der Nebenkosten auf die "zweite Berechnungsverordnung" verwiesen wird. Darin enthalten sind allerdings nicht die Kosten für einen Verwalter und für die Instandhaltungsrücklage sowie für Reparaturen am Haus und beispielsweise auch am Aufzug oder an der Heizungsanlage.

Nebenkosten kontrollieren

Durch ausdrückliche Vereinbarung kann allerdings der Vermieter gewerblicher Räume auch diese Nebenkosten auf den Mieter "umlegen". Generell hat der Vermieter von Praxisräumen wesentlich mehr Freiheiten als der Vermieter von Wohnraum - es gibt keinen Mieterschutz! Es kommt daher allein entscheidend auf den Vertrag an.

Als Mieter müssen Sie selbstverständlich die Lage Ihrer Praxis prüfen und zwar sowohl hinsichtlich möglicher Konkurrenzpraxen als auch hinsichtlich möglicher Laufkundschaft und z.B. möglichen Verkehrslärms. Sie können offensichtliche Lärmstörungen, wie z.B. durch Straßenverkehr, die bereits bei der Besichtigung erkennbar sind, nicht nachträglich als Minderungsgrund für die Miete geltend machen.

Minderung

Anders liegt dies bei überraschenden Störungsquellen, z.B. wenn ein Berufsgeiger 6 Stunden täglich neben oder über Ihrer Praxis probt. - Hier ist Minderung möglich.

Auch die Erreichbarkeit für Patienten, so z.B. Parkplätze, sollten Sie vor der Anmietung ausloten.

4.2 Laufzeit

Zunächst ist wichtig, daß Sie einen konkreten <u>Bezugstermin</u> vereinbaren. Lassen Sie sich diesen ausdrücklich vom Vermieter zusichern und akzeptieren Sie es nicht, wenn im Mietvertrag die Schadensersatzhaftung ausgeschlossen wird. Wenn die Praxisräume nicht rechtzeitig vom Vorgänger geräumt werden oder nicht rechtzeitig fertiggestellt werden, so hat sich nach dem Gesetz der Vermieter diesen "Mangel" zurechnen zu lassen. Er kann den Schadensersatz nur vertraglich ausschließen, wenn der Mieter "mitspielt". In diesem Fall können Ihnen wertvolle Einnahmen aus Praxisgewinn verlorengehen und daher erheblicher Schaden entstehen!

Für die Laufzeit des Vertrags müssen Sie wissen, daß es bei gewerblichen Mieträumen - und hierzu zählen auch die Praxisräume, obwohl der Arzt kein Gewerbe betreibt - keinen Mieterschutz gibt. Es sind daher grundsätzlich zwei Alternativen geboten.

Kein Mieterschutz

Erste Alternative: Sie schließen einen möglichst langen Mietvertrag mit fester Miete und einer längeren Kündigungsfrist zum Ende der Laufzeit ab (mindestens 10 Jahre).

Vorteil: Der Vermieter kann Ihnen nicht überraschend kündigen, weil er mehr Miete will oder Eigenbedarf geltend macht oder weil er aus anderen Gründen einen anderen Mieter wünscht. Hierzu gibt es auch noch die Variante, daß für die Miethöhe eine Gleitklausel vereinbart wird, wonach sich die Miete in regelmäßigen Abständen an den Lebenshaltungskostenindex anpaßt. Dies ist seit 01.09.1993 sogar für Wohnungsmieträume möglich, allerdings nur dann, wenn der Vertrag 10 Jahre lang unkündbar ist. "Gleitklauseln" für gewerbliche Räume müssen von der zuständigen Landeszentralbank genehmigt werden. Diese genehmigt in der Regel, wenn eine Anpassung auch "nach unten" möglich ist und der Vertrag mehr als 10 Jahre gelten soll.

Gleitklausel?

Eine andere Variante bestünde darin, daß der Vermieter mit Ihnen einen regelmäßigen festen Betrag der Mieterhöhung innerhalb der Vertragslaufzeit vereinbart, also etwa DM 50,-- mehr alle 2 Jahre usw.

Drei Monate Frist
Zweite Alternative: Der Mietvertrag wird unbefristet vereinbart. In diesem Fall gibt es allerdings keinen Kündigungsschutz, d.h. der Vermieter kann Ihnen ohne Angabe von Gründen mit gesetzlicher Frist kündigen. Diese Frist beträgt nach dem Gesetz (§565 BGB) drei Monate zum Quartalsende. Vertraglich sollten Sie unbedingt 6-12 Monate vereinbaren. Der Vermieter kann Ihnen sogar dann kündigen, wenn er einfach mehr Miete von Ihnen verlangen will.

4.3 Schönheitsreparaturen

Diese werden in nahezu allen Formularverträgen auf den Mieter "abgewälzt". Dies ist nach der Rechtsprechung zulässig. Nicht zulässig ist eine "Endrenovierungsklausel", die besagt, daß Sie unabhängig von der Dauer der Mietzeit beim Auszug die Räume renovieren müssen.

"Schönheitsreparaturen" bedeutet, daß Sie die Wände streichen, die Innenseite von Fenstern und Haustür lackieren - und sämtliche Praxistüren ebenfalls, sowie die Heizkörper lackieren müssen. Diese Verpflichtung soll nach der geltenden Rechtsprechung bei Wohnraum alle 3 bis 7 Jahre fällig sein. Für Praxisräume gibt es hierfür keine feststehende Rechtsprechung. Die Frist dürfte erfahrungsgemäß zwischen 3 und 5 Jahren liegen.

Die Vereinbarung von Schönheitsreparaturen bedeutet an sich, daß auch während der Mietzeit der Vermieter auf Durchführung derselben bestehen kann. Praktisch ist dies jedoch so gut wie nie der Fall, sondern immer erst beim Auszug.

Die Erneuerung des Teppichbodens bzw. des Parkettbodens gehört nicht zu den Schönheitsreparaturen. Teppichboden bzw. Parkett müssen daher beim Auszug nur dann vom Mieter repariert bzw. erneuert werden, wenn sie beschädigt sind. Eine normale Gebrauchsabnutzung hat der Mieter nicht zu vertreten. Sie kann durch einen Formularmietvertrag auch nicht auf den Mieter "abgewälzt" werden.

4.4 Konkurrenz

Den Vermieter trifft eine vertragliche Nebenpflicht, nicht im selben Hause Praxisräume an einen Arzt der gleichen Fachrichtung zu vermieten. Er kann dies allerdings vertraglich ausschließen. Noch sicherer ist es für den Mieter, wenn im Vertrag ausdrücklich festgehalten wird, daß der Vermieter sich verpflichtet, während der Mietdauer weitere Gewerberäume nicht an einen Arzt zu vermieten. *Schutz vor Kollegen*

4.5 Praxiszweck

Meist wird in Mietverträgen festgehalten, für welchen Zweck die Räume verwendet werden. Wenn dies der Fall ist, darf der Arzt als Mieter den Zweck grundsätzlich nicht ändern. Anders ist dies, wenn er lediglich einen weiteren Kollegen in Form der Praxisgemeinschaft oder Gemeinschaftspraxis hinzunehmen möchte. Dies ist zulässig, sofern eine Erweiterung der Praxis nicht ausdrücklich ausgeschlossen wird.

Nachfolgeregelung: Dies kann dann von Bedeutung sein, wenn ein langfristiger Mietvertrag abgeschlossen ist, sollte der Arzt aus beruflichen oder privaten Gründen vorzeitig aus dem Vertrag "aussteigen" wollen, dann kann er dies grundsätzlich nur mit Zustimmung des Vermieters tun. Läuft der Mietvertrag allerdings noch länger als 1 Jahr und stellte der Mieter dem Vermieter 3 Nachfolger zur Auswahl, die in seinen Vertrag "einsteigen" würden, so ist der Vermieter nach Treu und Glauben verpflichtet, den Arzt aus seinem Vertrag zu entlassen - Voraussetzung ist natürlich, die potentiellen Nachfolger sind fachlich und finanziell vertrauenswürdig und für den Vermieter zumutbar. *Nachfolgeregelung*

Kaution: Anders als bei Wohnraum (§ 550 b BGB) kann die Höhe der Kaution bei gewerblichen Räumen frei vereinbart werden. Dasselbe gilt für die Verzinsung. *Kaution*

Problem: Der Vermieter verkauft das Haus bzw. die Praxisräume an einen anderen. Hier geht der Anspruch auf Kautionsrückzahlung, den Sie als Mieter grundsätzlich haben, nicht automatisch auf den neuen Eigentümer über. Dies ist nur dann der Fall, wenn der neue Eigentümer vom

Alteigentümer die zurückgelegte Kaution erhalten hat. Sie sollten daher im Mietvertrag vertraglich absichern, daß im Falle eines Verkaufs der Vermieter verpflichtet ist, die Kaution an den Nachfolger zu übergeben. Geschieht dies nicht, so hat sich der Vermieter zu verpflichten, bei Verkauf die Kaution an den Mieter zurückzuzahlen.

Minderung **Mängel:** Hier ist immer eine Minderung schuldunabhängig möglich nach Prozentanteilen der Miete. Die Höhe ist vom Einzelfall abhängig. Dieser Anspruch kann vertraglich nicht ausgeschlossen werden.

Beispiel: Abweichen der Ist- von der Sollgröße der Praxisräume;

Baulärm entweder von außen oder aus dem Haus;

Feuchtigkeit - auch bei Neubau;

ungenügende Beheizbarkeit.

Unabhängig vom Verschulden Die Minderung ist unabhängig vom Verschulden des Vermieters möglich! Sie gilt daher z.B. auch dann, wenn ohne Zutun des Vermieters aus der ruhigen Nebenstraße vor dem Haus eine vierspurige Durchgangsstraße wird.

Achtung: Bei Kenntnis des Mieters vom Mangel zur Zeit des Vertragsabschlusses ist weder Minderung noch Schadensersatz möglich!

Außerordentliches Kündigungsrecht Im übrigen hat der Mieter anstelle der Minderung auch ein außerordentliches Kündigungsrecht.

4.6 Einbauten

Sie müssen als Mieter vorher kontrollieren, ob in den Räumen ausreichend Wasser- und Stromanschlüsse für Ihre Geräte vorhanden sind. Der neue Einbau derartiger Anschlüsse wäre nur mit ausdrücklicher Erlaubnis des Vermieters möglich.

Ablöse? Beim Auszug gilt der Grundsatz: Der Vermieter bezahlt Ihnen für ihre Investitionen keinen Pfennig! Nach dem Gesetz haben Sie lediglich ein "Wegnahmerecht", d.h. Sie müssen die Räume genauso zurücklassen, wie Sie sie vorgefunden haben.

Eine Ablöse muß daher ausdrücklich vereinbart werden. Sie haben als Mieter sonst keine Chance.

Sofern Sie einen Nachfolger präsentieren, der Ihnen eine Ablöse für Ihre Investitionen bezahlt, sind Sie darauf angewiesen, daß der Vermieter diesen Nachfolger auch akzeptiert.

Ablösevereinbarung

Besonderer Hinweis: Sie können im Mietvertrag vereinbaren, daß der Vermieter sich verpflichtet, unter mehreren gleichsolventen und zumutbaren Nachfolgern denjenigen zu akzeptieren, der Ihnen eine Ablöse zugesichert hat.

Halten Sie übrigens schriftlich diese Ablösevereinbarung mit dem Nachfolger fest, sobald dieser die Räume besichtigt hat und noch bevor er sich an den Vermieter wendet!

4.7 Todesfall

Auch für den Todesfall sollten die Vertragspartner Vorsorge treffen. Stirbt der Vermieter während der Vertragsdauer, so geht der Vertrag Kraft gesetzlicher Regelung auf den oder die Erben über. Anders wenn der Mieter stirbt: Hier ist für das Wohnraummietrecht geregelt, daß mit dem Tode des Mieters der Ehegatte in den Mietvertrag eintritt, § 569a BGB.

Für die Arztpraxis gilt: Beim Tode des Mieters treten gemäß erbrechtlicher Regelung (§ 1922 BGB) sämtliche Erben des Arztes auf der Mieterseite "automatisch" in den Vertrag ein. Diese Erben können das Mietverhältnis zum erstmöglichen Termin mit der gesetzlichen Frist von 3 Monaten zum Quartalsende kündigen. Das gleiche Recht hat der Vermieter. Es liegt auf der Hand, daß insbesondere das Kündigungsrecht des Vermieters gegen die Interessen der Arztfamilie verstoßen kann. So etwa, wenn die Arztwitwe die Praxis gerne an einen Nachfolger verkaufen würde.

Lösungsvorschlag: Der Mietvertrag enthält eine Klausel, nach der der Vermieter sich sowohl bei Tod als auch sonstigem Rückzug des Mieters aus der beruflichen Praxis bereit erklärt, den Mietvertrag mit einem Nachfolger für eine bestimmte Zeit fortzusetzen.

5. Der Arzt als Arbeitgeber

Jeder Arzt mit eigener Praxis muß sich während seines ganzen Berufslebens mit einem Problem auseinandersetzen, für das er eigentlich nie ausgebildet wurde: Das Rechtsverhältnis zu Angestellten und Mitarbeitern in seiner Arztpraxis. Es sollen daher hier in aller Kürze die Grundlagen des Arbeitsrechts anhand von Beispielen dargestellt werden.

Basis des Rechtsverhältnis zwischen dem Arzt und seinen Angestellten ist ein Arbeitsvertrag.

Arbeitsvertrag Nach zwingendem EU-Recht muß der Arbeitgeber spätestens einen Monat nach Arbeitsbeginn mit dem Arbeitnehmer einen schriftlichen Arbeitsvertrag abschließen.

Mindestinhalt:

- Name und Anschrift beider Parteien
- Beginn des Arbeitsverhältnisses
- Arbeitsort-, Tätigkeit, Arbeitszeit (Beginn und Ende)
- Gehalt, inkl. etwaiger Zuschläge
- Urlaubs-, Kündigungsfrist (vgl. Mustervertrag im Anhang).

Dies gilt nicht für vorübergehende Aushilfen.

Der Vertrag sollte zusätzlich ggf. Vereinbarungen enthalten über

- Probezeit;
- Pausenregelung;
- Gehaltfortzahlung im Krankheitsfall, sofern von der gesetzlichen Regelung (80%) abgewichen werden soll.

5.1 Arbeitsvertrag

Die Folge des Arbeitsvertrags ist, daß beide Vertragspartner in die arbeitsrechtlichen Regelungen eingebunden werden incl. der Rechtsprechung der Arbeitsgerichte, die weit über das kodifizierte Arbeitsrecht hinausgeht. Es empfiehlt sich dringend, daß der Arbeitgeber sich zumindest eines der gängigen Taschenbücher mit den wichtigsten

Arbeitsgesetzen zulegt. Dabei kommen vor allem folgende Gesetze zur Anwendung:
- das Bürgerliche Gesetzbuch (BGB);
- das Bundesurlaubsgesetz (BUrlG);
- das Kündigungsschutzgesetz (KSchG);
- das Mutterschutzgesetz (MuSchG);
- das Schwerbehindertengesetz (SchwbG);
- das Berufsbildungsgesetz (BBiG);
- evtl. auch das Betriebsverfassungsgesetz (BetrVG).

5.2 Sozial- und Steuerrecht

Auch die Einbindung in das Sozial- und Steuerrecht ist hinsichtlich der Mitarbeiter für den Arzt kaum vermeidbar. So ist etwa die Beschäftigung von Mitarbeitern als "freie Mitarbeiter" sozialrechtlich nur dann wirksam und zulässig, wenn es sich tatsächlich um eine unabhängige, weisungsungebundene Tätigkeit handelt und das Berufsbild eines Selbständigen vorhanden ist. Dies wird bei Arzthelferinnen nicht anerkannt. Sie sind außerdem in den Betriebsablauf der Arbeitspraxis fest eingegliedert, so daß sie immer als Angestellte gewertet werden. Anders kann dies z.B. sein bei "Putzfrauen" - hier gibt es Reinigungsunternehmen, die diese Arbeit in "selbständiger" Form erledigen. Dies gilt übrigens auch für Schreibkräfte, allerdings nur dann, wenn sie in der Organisationsform des "Schreibbüros" die Arbeiten außerhalb der Arztpraxis selbständig erledigen. Es ist sehr fraglich, ob dies für den Arzt tatsächlich praktisch machbar ist, abgesehen davon, daß auch die im medizinischen Bereich äußerst sensible Frage der Schweigepflicht geklärt sein muß.

Freie Mitarbeiter

Schweigepflicht

Im übrigen läßt sich die Einbindung in die Sozialabgabenpflicht nur für "geringfügig Beschäftigte" vermeiden, die bis zu DM 620,– im Monat verdienen.

Auch die Anzahl der Mitarbeiter spielt eine Rolle für die Gesetzesanwendung. So ist etwa ab 5 Arbeitnehmern die Bildung eines Betriebsrates möglich mit der Folge, daß das Betriebsverfassungsgesetz (BetrVG) anwendbar ist.

Ab 11 Arbeitnehmern ist das Kündigungsschutzgesetz (KSchG) für Kündigungen anwendbar, wobei nur Arbeitnehmer mit mehr als 10 Stunden pro Woche oder 45 Stunden pro Monat mitrechnen und Auszubildende gar nicht mitgezählt werden.

Das Angestelltenverhältnis umfaßt die Arzthelferinnen und alle anderen nichtärztlichen Mitarbeiter und Mitarbeiterinnen der Praxis. In der Regel ist auch das Verhältnis zu einem ärztlichen Mitarbeiter, sei er nun Weiterbildungsassistent oder Ausbildungsassistent rechtlich ein Arbeitsverhältnis. Dies zeigt sich vor allem darin, daß der Praxisinhaber weisungsbefugt ist und der Mitarbeiter in den gesamten Praxisablauf und die Organisation eingebunden ist. Etwas anderes gilt nur für den Urlaubsvertreter. Mit diesem wird für eine befristete Zeit ein Dienstvertrag abgeschlossen. Während dieses Zeitraums wird das Weisungsrecht auf den Urlaubsvertreter im begrenzten Rahmen übertragen.

Urlaubs-vertreter

5.3 Die Arzthelferin

Der Beruf der Arzthelferin ist ein Ausbildungsberuf im Sinne des Berufsbildungsgesetzes. Für ihren Arbeitsvertrag besteht eine tarifvertragliche Vereinbarung zwischen der "Arbeitsgemeinschaft zur Regelung der Arbeitsbedingungen der Arzthelferin" auf der einen Seite und den gewerkschaftlichen Gruppierungen der Arzthelferin auf der anderen. Es gibt sowohl einen Gehaltstarif- als auch einen Manteltarifvertrag. Während der Gehaltstarifvertrag lediglich die Gehälter regelt, sind im Manteltarifvertrag die meisten übrigen Arbeitsbedingungen, wie etwa Urlaubsdauer, Kündigungsfrist etc. geregelt. In der allgemeinen Darstellung wird allerdings von der gesetzlichen Regelung ausgegangen, da an den Tarifvertrag zwingend nur diejenigen Ärzte gebunden sind, die Mitglieder in der Arbeitsgemeinschaft zur Regelung der Arbeitsbedingungen der Arzthelferinnen sind. Durchaus möglich und üblich ist allerdings im Einzelarbeitsvertrag die Geltung des Manteltarifvertrags zu vereinbaren. Dies hat allerdings einen Haken: Die Mantelverträge ändern sich von Zeit zu Zeit, so daß sich

Manteltarif-vertrag

dann auch die Bedingungen im Einzelarbeitsvertrag mit ändern, sofern dies nicht ausdrücklich ausgeschlossen wird. Der Arzt muß sich in diesem Fall also immer über die jeweiligen Vorschriften des jeweils geltenden Mantelvertrags auf dem laufenden halten. Der jeweils aktuelle Tarifvertrag ist über die Ärztekammern erhältlich.

Die Mitgliedschaft in der Arbeitsgemeinschaft ist für den einzelnen Arzt nur dann zu empfehlen, wenn er tatsächlich vor hat, seine Möglichkeiten zur Einflußnahme auf die Bedingungen im Manteltarifvertrag auch zu nützen.

Derzeit gelten zwei Tarifverträge. Die Tarifvertragsparteien sind auf Arbeitgeberseite: Die Arbeitsgemeinschaft zur Regelung der Arbeitsbedingungen der Arzthelferinnen, Herbert-Lewin-Str. 1, Köln. Auf der Arbeitnehmerseite: der Berufsverband Arzt-, Zahnarzt- und Tierarzthelferin e.V., die Deutsche Angestellten-Gewerkschaft und der Verband der weiblichen Arbeitnehmer e.V. sowie die Gewerkschaft öffentliche Dienste, Transport und Verkehr.

Nach dem Tarifvertragsgesetz (TVG, § 4) gelten die vereinbarten Rechtsnormen zwingend nur zwischen den jeweils tarifgebundenen Verbandsmitgliedern.

Der Gehaltstarifvertrag regelt sowohl den Tarif für voll ausgebildete Arzthelferinnen als auch für die Auszubildenden. Die Auszubildenden erhalten danach folgende Vergütung: *Gehaltstarifvertrag*

Im ersten Jahr DM 880,– pro Monat;
im zweiten Jahr DM 960,– pro Monat;
im dritten Jahr DM 1.040,– pro Monat.

In den neuen Bundesländern ("Beitrittsgebiet") gilt eine Ausbildungsvergütung von

im ersten Jahr DM 650,-- pro Monat;
im zweiten Jahr DM 840,-- pro Monat;
im dritten Jahr DM 920,-- pro Monat.

Für alle Tarifverträge gilt:
Eine freiwillige Mehrleistung des Arbeitgebers ist jederzeit möglich und kann einzelvertraglich vereinbart werden.

Allgemeinverbindlichkeit

Tarifverträge gelten allgemein für sämtliche Arbeitnehmer und Arbeitgeber nur dann, wenn der Bundesarbeitsminister einen Tarifvertrag im Einvernehmen mit Arbeitnehmer- und Arbeitnehmerverbänden für allgemeinverbindlich erklärt hat. Dies ist nur dann möglich (§ 5 TVG), wenn die tarifgebundenen Arbeitgeber mindestens 50 % der in den Tarifvertrag fallenden Arbeitnehmer beschäftigen, und die Allgemeinverbindlichkeit im öffentlichen Interesse geboten ist.

Für Arztpraxen sind diese Voraussetzungen nicht gegeben.
Seit 1.1.1996 gelten folgende Tarife für Arzthelferinnen (brutto):

Berufsjahr	Tätigkeit I	Tätigkeit II	Tätigkeit III	Tätigkeit IV
1.- 3.	DM 2.336.-	-	-	-
4.- 6.	DM 2.551.-	DM 2.679.-	-	-
7.-10.	DM 2.766.-	DM 2.905.-	DM 3.043.-	DM 3.320.-
11.-16.	DM 2.927.-	DM 3.074.-	DM 3.220.-	DM 3.512.-
17.-22.	DM 3.116.-	DM 3.273.-	DM 3.428.-	DM 3.740.-
ab 23.	DM 3.304.-	DM 3.469.-	DM 3.634.-	DM 3.964.-

Arzthelferinnen in den neuen Bundesländern erhalten ab Oktober 1995 80% dieser Gehälter. Über die einzelnen Tätigkeitsgruppen und über die Zuschläge für Überstunden bzw. Nachtarbeit kann man sich direkt im Tarifvertrag informieren, den die Ärztekammer bereithält.

5.4 Die Einstellung

Fragebogen

Jedes Arbeitsverhältnis beginnt mit dem Einstellungsgespräch. Hier hat der Arzt die Möglichkeit, sowohl durch einen schriftlichen Fragebogen als auch durch den persönlichen Kontakt zu klären, ob eine künftige Zusammenarbeit sinnvoll ist. In der Regel muß der Bewerber die vom Arzt gestellten Fragen wahrheitsgemäß beantworten, jedenfalls dann, wenn sie die künftige Anstellung direkt betreffen. D.h. unsachliche, private Fragen darf die "Kandidatin" auch mit der Unwahrheit beantworten, ohne spätere Folgen (Kündigung, Anfechtung) befürchten zu müssen.

Beispiel: Unzulässig sind Fragen nach den privaten Hobbys, der religiösen oder politischen Überzeugung oder nach dem gewerkschaftlichen Engagement. Neuerdings auch nach der Schwangerschaft (*BAG in NJW 93, 1154*).

Zulässig sind dagegen Fragen nach dem Ausbildungsgang, derzeitigen Krankheiten, sowie evtl. Vorstrafen. Zulässig ist auch die Frage nach dem Grund für die Beendigung der letzten beruflichen Tätigkeit.

Beispiel: Ein 31 Jahre alter Arbeiter (Maschinenformer) war beim Einstellungsgespräch bereits zu 60 Prozent anerkannter Schwerbehinderter. Die Frage des Arbeitgebers, ob er Schwerbehinderter sei, hatte er mit "nein" angekreuzt. Seine Arbeit bestand in schwerer körperlicher Arbeit. Drei Jahre lang konnte er ohne größere Krankheitszeiten die Arbeit verrichten. Danach jedoch mußte er sich wegen der Nieren- und Wirbelsäulenschäden, auf denen die Schwerbehinderung beruhte, mehrfach für längere Zeit krankschreiben lassen. Als der Arbeitgeber viereinhalb Jahre nach der Einstellung erfuhr, daß der Arbeiter ihn bei der Einstellung belogen hatte, focht er den Arbeitsvertrag wegen "arglistiger Täuschung" an. Entscheidung des Bundesarbeitsgerichts vom 11.11.1993 *(NJW, 1994, 1363)*: Der Arbeitnehmer muß die Frage nach der Schwerbehinderteneigenschaft wahrheitsgemäß beantworten, wenn seine Schwerbehinderung für die auszuübende Tätigkeit von Bedeutung ist.

<u>Folge:</u> Der Arbeitgeber brauchte den Angestellten ab sofort nicht mehr zu beschäftigen und nicht mehr zu bezahlen. Er kann allerdings die bereits bezahlten Gehälter nicht nachträglich zurückverlangen.

5.5 Die Probezeit

Üblich sind hier 3 Monate, nach deren Abschluß in der Regel eine kleine Gehaltserhöhung gewährt wird. In der Regel läuft das Arbeitsverhältnis danach ohne ausdrückliche Vereinbarung unbefristet weiter. Damit hat die Probezeit lediglich die Bedeutung, daß in diesen ersten 3 Mona-

Gehaltserhöhung

ten die kürzestmögliche ordentliche Kündigung möglich ist. D.h. sofern nach dem Tarifvertrag nichts anderes gilt, kann der Arzt innerhalb der Probezeit mit der Frist von zwei Wochen (§ 622 III BGB) kündigen. Gründe müssen hierfür nicht angegeben werden.

Probezeit

Beispiel: Die Arzthelferin Z. wird zum 01.01.1994 eingestellt, Probezeit 3 Monate. Am 21. März will der Arzt kündigen. Er kann dies zum 5.04. tun. Die Kündigung muß also innerhalb der Probezeit ausgesprochen werden. Es kommt nicht darauf an, ob das Arbeitsverhältnis dann auch zum Ende der Probezeit beendet sein wird.

Möglich ist es allerdings auch, eine Probezeit in der Weise zu vereinbaren, daß das Arbeitsverhältnis automatisch nach 3 Monaten enden soll und im Falle der Bewährung dann erst ein unbefristeter Vertrag abgeschlossen wird. Dies ist allerdings die Ausnahme, sie muß sich daher eindeutig aus dem Arbeitsvertrag ergeben.

Gemäß § 613a BGB besteht beim Verkauf eines Betriebs die Besonderheit, daß sämtliche Arbeitnehmer vom neuen Arbeitgeber "automatisch" übernommen werden. Hier ist also keine gesonderte "Einstellung" möglich oder nötig. Im einzelnen siehe hierzu das Kapitel "Praxiskauf".

5.6 Krankheit des Arbeitnehmers

Arbeitsunfähigkeit unverzüglich anzeigen

Für Angestellte und Arbeiter gilt seit dem 1. Juni 1994 einheitlich das neue Entgeltfortzahlungsgesetz. Darin ist geregelt, daß Arbeitnehmer unabhängig von der wöchentlichen Zahl der Arbeitsstunden ihr Gehalt fortgezahlt bekommen, wenn sie wegen Krankheit, Kur oder eines erlaubten Schwangerschaftsabbruchs nicht arbeiten können. Es besteht ein Anspruch bis zu sechs Wochen. Der Arbeitnehmer muß seine Arbeitsunfähigkeit "unverzüglich anzeigen". Dies heißt, daß in den Morgenstunden des ersten Fehltages bereits - in der Regel per Telefon - die Fehlzeit vom Arbeitnehmer angemeldet werden muß. Der Nachweis durch ein ärztliches Attest allerdings ist zwingend erst vorgeschrieben, wenn die Erkrankung länger als drei Tage dauert. Allerdings kann der Arbeitgeber das Attest auch bereits vom ersten Tag an verlangen. Letzteres dürfte allerdings selten praktiziert werden, da Ärzte in der Regel für eine ganze Woche krankschreiben und der Arbeitnehmer dadurch veranlaßt werden könnte, in jedem Fall mindestens eine Woche krank zu bleiben.

Seit 01.10.1996 gilt: Die Lohnfortzahlung im Krankheitsfall beträgt nur noch 80% des Bruttogehalts. Einzelvertraglich oder in Tarifverträgen kann zugunsten des Arbeitnehmers etwas anderes vereinbart werden. Aber: nicht weniger als 80%!

Bei Arbeitsunfällen oder Berufskrankheit bleibt es bei den bisherigen 100%.

- Altverträge:

  Enthalten diese nur einen Hinweis auf die gesetzliche Regelung, dann ändert sich der Vertrag automatisch mit dem neuen Gesetz. Regelt der Altvertrag jedoch ausdrücklich die hundertprozentige Gehaltsfortzahlung, dann bleibt es bei dieser Fortzahlung trotz gesetzlicher Änderung.

- Ausnahmen:

  Arbeitnehmer, die ihren Lohn zu 100% weiter bekommen wollen, können dies beantragen. Sie müssen aber je 5 Tage Arbeitsunfähigkeit auf einen Tag Urlaub pro Jahr verzichten.

  Sie müssen diese Entscheidung dem Arbeitgeber spätestens drei Tage nach Ende der Arbeitsunfähigkeit mitteilen.

- Neue Mitarbeiter:

  Arbeitnehmer, die innerhalb der ersten vier Wochen eines Arbeitsverhältnisses krank werden, erhalten keine Lohnfortzahlung durch den Arbeitgeber mehr. Sie müssen bei der Krankenkasse Krankengeld beantragen. Erst danach steht Ihnen die Gehaltsfortzahlung (80%) durch den Arbeitgeber für sechs Wochen zu.

Der Anspruch auf Gehaltsfortzahlung besteht zunächst bis zu sechs Wochen. Bei wiederholter Erkrankung wegen derselben Krankheit über sechs Wochen hinaus besteht ein Anspruch auf Gehaltsfortzahlung, wenn

- vor der erneuten Erkrankung mindestens sechs Monate lang keine Arbeitsunfähigkeit wegen des selben Leidens auftrat, oder
- wenn seit Beginn der ersten Arbeitsunfähigkeit wegen der selben Krankheit 12 Monate vergangen sind.

Ein Anspruch auf Weiterzahlung des Gehalts während der Kur besteht nur dann, wenn diese Maßnahme von einem Sozialleistungsträger bewilligt wurde und stationär durchgeführt wird.

Kuren sollen seit 01.01.1997 nicht länger als drei Wochen dauern.

- Es gibt maximal alle vier Jahre eine Kur;
- Pro Kurwoche werden zwei Urlaubstage im Jahr angerechnet.

Ohne Verschulden

Das Gesetz betont, daß es darauf ankommt, ob der Arbeitnehmer durch einen "in seiner Person liegenden Grund ohne sein Verschulden an der Dienstleistung verhindert wird". Ein Verschulden kann z.B. vorliegen, wenn die Arzthelferin einen Verkehrsunfall grob fahrlässig verursacht hat; auch dann, wenn sie einen Gurt nicht angelegt hat oder wenn sie aufgrund von Alkohol-, Rauschgift- oder Drogenmißbrauch verunglückt ist. Gefährliche Sportarten werden heute in der Praxis jedoch kaum noch als "Selbstverschulden" angesehen. Auch ein mißlungener Selbstmordversuch wurde vom BAG als unverschuldet angesehen (*in NJW 1979, 2326*).

Eine weitere Variante besteht darin, daß der Arbeitgeber von einem Dritten die Lohnfortzahlung ersetzt verlangen kann - so z.B. wenn die Arzthelferin in einen Verkehrsunfall verstrickt war, bei dem der Gegner alleiniges oder überwiegendes Verschulden trug. In diesem Fall kann der Arbeitgeber die gegnerische Haftpflichtversicherung in Anspruch nehmen.

Feiertage

Im übrigen regelt das neue Gesetz auch die Entgeltfortzahlung an gesetzlichen Feiertagen. Egal, ob es sich um Vollzeit- oder Teilzeitbeschäftigte handelt, die Arbeitnehmer haben Anspruch darauf, daß für die Arbeitszeit, die wegen eines Feiertags ausfällt, das Arbeitsentgelt voll gezahlt wird. Für Teilzeitarbeitnehmer wird dies auch heute noch gelegentlich übersehen.

Beispiel: Die Arbeitnehmerin Y arbeitet 4 Stunden pro Woche auf "620,- DM-Basis", und zwar regelmäßig an einem Donnerstag. Als der zweite Weihnachtsfeiertag auf einen Donnerstag fällt, möchte der Arbeitgeber sie bitten, statt dessen freitags zu arbeiten und ihr nur diesen Freitag bezahlen. Tatsächlich könnte die Arbeitnehmerin darauf verweisen, daß sie regelmäßig donnerstags gearbeitet habe und daher die Entgeltfortzahlung für Donnerstag verlange, ohne zu arbeiten. Sie kann sich allerdings bereit erklären, gegen zusätzliches Entgelt freitags zu arbeiten.

5.7 Die Schadenshaftung

5.7.1. Haftung des Arbeitnehmers

Die Mitarbeiter der Arztpraxis haben die vertragliche "Nebenpflicht", Eigentum und Betriebsvermögen des Arbeitgebers schonend zu behandeln. Dies gilt sowohl für die Beschädigung von Geräten der Arztpraxis als auch für Fehler, zum Beispiel bei der Abrechnung. Eine Haftung des Arbeitnehmers für schuldhafte Pflichtverletzung erfolgt aus "positiver Vertragsverletzung" bzw. §823 BGB. Allerdings hat das Bundesarbeitsgericht angesichts der großen Schadensbeträge, die durch das Verhalten des Arbeitnehmers entstehen können, eine "Haftungstrias" entworfen, die trotz zahlreicher Kritik nach wie vor in groben Zügen gilt.

"Positive Vertragsverletzung"

Nach der Entscheidung kommt es allerdings nicht mehr darauf an, ob eine Arbeit „gefahrgeneigt" ist oder nicht.

Die Arbeitnehmer-Haftung wird in drei Stufen geteilt:
- <u>Vorsatz oder grobe Fahrlässigkeit</u> des Arbeitnehmers hinsichtlich des Schadens: dann grundsätzlich volle Haftung;
- <u>Mittlere Fahrlässigkeit</u> des Arbeitnehmers: Schadensteilung unter Abwägung des Verschuldens des Arbeitnehmers und des Betriebsrisikos des Arbeitgebers;

Unentschuldbare Fehlleistung

Fahrlässigkeit - Leichteste Fahrlässigkeit des Arbeitnehmers: keine Haftung.
Dabei werden an die grobe Fahrlässigkeit hohe Anforderungen gestellt. Es muß sich um eine auch subjektiv unentschuldbare Fehlleistung handeln, für die im übrigen der Arbeitgeber die Beweislast trägt.

Beispiel: Wenn die Arzthelferin mit dem Wagen des „Chefs" Einkäufe für die Praxis tätigt und dabei schuldhaft der PKW des Chefs beschädigt wird, sind die oben genannten Grundsätze anwendbar. Allerdings hat das BAG entschieden, daß der Arbeitnehmer darauf vertrauen darf, daß der PKW vollkaskoversichert ist. Er haftet dann auch bei grobem Verschulden nur bis zur fiktiven Selbstbeteiligung.

Mankohaftung „Manko" ist ein Schaden, den der Arbeitgeber an Waren oder Geld erleidet. Der Arbeitnehmer haftet prinzipiell nach den oben genannten Regeln. Der Arbeitgeber kann aber individuelle „Mankoabreden" mit seinem Angestellten treffen, die Haftung des Arbeitnehmers in diesen Fällen festlegen. Bei Abweichung von den allgemeinen Regeln und erweiterter Mankohaftung („Mankoabrede"), z.B. für Quartalabrechnungen, muß der Arbeitgeber ein besonderes „Mankogeld" zahlen, da sonst die Sondervereinbarung unwirksam wäre.

Schädigung Dritter

Arbeitnehmer und Arbeitgeber haften bei der Schädigung Dritter als „Gesamtschuldner".
- Der Geschädigte kann vollen Ersatz von beiden verlangen.
- Vom Arbeitnehmer, wenn dieser nach § 823 BGB (z.B. Körperverletzung) haftet.
- Vom Arbeitgeber, weil dieser für Verrichtungsgehilfen gem. § 831 BGB bzw. Erfüllungsgehilfen (vertraglich) haftet.

Im Innenverhältnis zum Arzt als Arbeitgeber hat der Arbeitnehmer allerdings einen Freistellungsanspruch: Der Arzt als Arbeitgeber muß ihn gegenüber den Ansprüchen des Dritten in dem Umfang freistellen, in dem der Arzt nach den arbeitsrechtlichen Grundsätzen über die Haftung des Arbeitnehmers mithaftet.

Beispiel: Die Arzthelferin verletzt einen Patienten bei einer intramuskulären Injektion leicht fahrlässig. Hier muß der Arzt für seine Helferin voll haften und auch im Innenverhältnis den Schaden allein zahlen.

5.7.2 Arbeitsunfall

Für den Arbeitsunfall, der immer im Zusammenhang mit beruflicher Tätigkeit vorliegt, ist prinzipiell die Unfallversicherung *(§539ff RVO)* zuständig. Sollte allerdings der Unternehmer den Arbeitsunfall vorsätzlich herbeigeführt haben, so haftet er seinen Arbeitnehmern, deren Angehörigen und Hinterbliebenen für den Ersatz des Personenschadens - also für die Kosten der medizinischen Behandlung, Rehabilitation etc. *(§636 RVO).*

Sachschäden muß der Arbeitgeber nur bezahlen, wenn er den Schaden vorsätzlich oder grob fahrlässig herbeigeführt hat *(§640 RVO).*

Sachschäden

Entsprechendes gilt für Angestellte untereinander. Auch sie haften einander nur für Vorsatz. Schmerzensgeld ist ausgeschlossen.

5.8 Das Direktionsrecht

Der Arzt als Arbeitgeber hat gegenüber seinen Angestellten ein Weisungsrecht. Dieses Recht gehört begrifflich zum Inhalt eines Arbeitsverhältnisses. Das Direktionsrecht besteht allerdings nur in den Grenzen des Arbeitsvertrages, im Rahmen der Gesetze sowie des allgemeinen Grundsatzes der "Fürsorgepflicht". Sinnvoll ist es, die Aufgaben der Angestellten im Arbeitsvertrag so weit wie möglich festzulegen. Darin kann auch die Versetzungsmöglichkeit in räumlicher oder sachlicher Hinsicht verabredet werden. Das Weisungsrecht des Arbeitgebers hat zur Folge, daß seine Angestellten mit der außerordentlichen Kündigung rechnen müssen, sofern sie den dienstlichen Weisungen nicht Folge leisten.

Versetzungsmöglichkeit

Beispiel: Der Arzt gibt der ausgebildeten Arzthelferin die Anweisung, sämtliche Räume zu putzen. Die Arzthelferin weigert sich mit Hinweis auf ihren Vertrag, in dem dies nicht ausdrücklich geregelt ist.

161

In diesem Fall hat die Arzthelferin recht. Wenn im Arbeitsvertrag mit der Arzthelferin nichts besonderes geregelt ist, muß man davon ausgehen, daß sie ausschließlich in ihrem erlernten Beruf tätig werden muß - also als Arzthelferin. Eine Ausnahme kann allerdings dann gelten, wenn die Putzfrau überraschend ausfällt und nicht rechtzeitig Ersatz beschafft werden kann, so daß die Hygiene in der Arztpraxis gefährdet ist.

5.9 Urlaub

Ausdrückliche Vorbehalte

Der Urlaub nach dem Bundesurlaubsgesetz dauert höchstens 24 Werktage. In den meisten Einzel- und Tarifverträgen ist inzwischen eine längere Urlaubszeit geregelt. Der Tarifvertrag für Arzthelferinnen sieht z.B. 26 Arbeitstage bis zum 30. Lebensjahr vor. Ab dem 30. Lebensjahr 28 und ab dem 40. sogar 30 Arbeitstage. Während dieser Urlaubszeit muß der Arzt das normale Gehalt weiterbezahlen. Wenn er zusätzliche Leistungen ohne ausdrückliche Vorbehalte 3 Jahre hintereinander bezahlt, erwirbt seine Angestellte auch für die Zukunft einen Anspruch auf die Zusatzleistung. Es empfiehlt sich daher der Vorbehalt: "das Urlaubsgeld in Höhe von DM 400,-- wird ausdrücklich nur für dieses Jahr bezahlt, dem Arbeitnehmer erwächst daraus keinerlei Anspruch für kommende Jahre". Im Tarifvertrag ist ein zusätzliches Urlaubsgeld zwischen DM 200,-- und DM 450,-- je nach Dauer der Praxiszugehörigkeit vereinbart.

Erstmalig wird ein Urlaubsanspruch nach sechsmonatiger Anstellungszeit erworben. Scheidet ein Arbeitnehmer vorher aus, dann besteht die Möglichkeit der Urlaubsabgeltung nach anteiliger Berechnung. Ebenfalls eine anteilige Berechnung und möglicherweise Abgeltung muß stattfinden, wenn die Arzthelferin bis zum 30.06. eines Jahres ausscheidet und noch keinen Urlaub genommen hat.

Beispiel: Eine Arzthelferin kündigt ihren Arbeitsvertrag fristgerecht zum 30.06.1994. Sie hat ein Bruttogehalt von DM 4.000,-- und Anspruch auf 30 Urlaubstage pro Jahr.

Da sie noch innerhalb des ersten Halbjahres ausscheidet, berechnet sich ihr Urlaub lediglich anteilig. Sie hat also nur Anspruch auf 1/2 des Jahresurlaubs. Diesen muß sie entweder noch vor Beendigung des Arbeitsverhältnisses nehmen oder, wenn Arzt und Arzthelferin sich einig sind, kann sie auch eine Urlaubsabgeltung beanspruchen. Bei dieser wird zunächst der arbeitstägliche Arbeitslohn berechnet und so dann mit den Urlaubstagen multipliziert. Im vorliegenden Fall: 4.000 : 26 = DM 153,84. Ihr Urlaubsanspruch ist 15 Tage (30 : 2). Ihr Abgeltungsanspruch daher DM 2.307,69 (153,84 x 15). Der Urlaubsabgeltungsanspruch wird wie normales Bruttogehalt behandelt. Es müssen also die Sozialabgaben und die Lohnsteuer abgeführt und dann das Nettogehalt auf das Konto der Angestellten überwiesen werden. Wenn das Arbeitsverhältnis <u>nach</u> dem 30.6. eines Jahres endet, besteht nach dem Gesetz Anspruch auf den <u>vollen</u> Jahresurlaub (häufiger Streitpunkt!).

Urlaub

Urlaubs-abgeltung

Der Zeitpunkt des Urlaubs richtet sich nach dem Betriebsablauf in der Arztpraxis. Der Arzt muß zwar auch die Bedürfnisse seines Personals berücksichtigen. Er kann aber z.B. häufige Kurzurlaubswünsche ablehnen, wenn dies für den Arbeitsablauf störend wäre. Die Angestellten dürfen den Urlaub nicht ohne Abstimmung mit dem Arbeitgeber nehmen. Ein ungenehmigter Urlaub kann zur außerordentlichen fristlosen Kündigung führen!

Zeitpunkt des Urlaubs

Betriebsurlaub ist dann möglich und sinnvoll, wenn der Arzt für eine bestimmte Zeit die Praxis ganz schließen will. In diesem Fall empfiehlt es sich allerdings, den Betriebsurlaub bereits im Arbeitsvertrag festzulegen, damit hinterher kein Streit entsteht. Der Arbeitnehmer, der während der Urlaubszeit erkrankt, braucht sich diese Urlaubstage nicht auf den Jahresurlaub anrechnen lassen. Er muß die Erkrankung allerdings durch ärztliches Zeugnis nachweisen (§ 9 BUrlG).

Betriebsurlaub

Auch nur kurzfristig tätige Aushilfskräfte können einen Urlaubsanspruch haben. So etwa nach zweimonatiger Tätigkeit. Da hier in der Regel aber nicht der Tarifvertrag gilt, sind lediglich 24 Werktage pro Jahr bzw. der entsprechende Anteil davon zu gewähren.

Aushilfskräfte

Urlaubs-abgeltung   **Beispiel:** Monatsgehalt DM 4.000,– Urlaubsanspruch: 24 : 12 x 2 = 4 Tage. Für die Urlaubsabgeltung müssen diese 4 Tage dann mit dem Tagesgehalt multipliziert werden.

Teilzeitkräfte erhalten übrigens ebenfalls den vollen Urlaub. Dieser wird allerdings so umgerechnet, wie der Anteil der tatsächlichen Arbeitstage zu den im Betrieb üblichen Arbeitstagen ist.

Beispiel: Die Arzthelferin Z. kommt montags und dienstags in die Arztpraxis. Sie verdient DM 2.000,– im Monat. Bei voller Berufstätigkeit hätte sie nach dem Arbeitsvertrag einen Anspruch auf 30 Arbeitstage. Dies bei einer 5-Tage-Woche. Sie hat daher nur einen Anspruch auf 3/5 von 30 Tagen, also 12 Arbeitstage. Hierbei werden allerdings nur die Tage gerechnet, an denen sie tatsächlich arbeitet, also Montag und Dienstag. Daraus folgt: Sie hat im Endeffekt auch 6 Wochen Urlaub.

Jugendliche   Besondere Urlaubsregelungen gelten für Jugendliche. Hier ist nach § 19 Jugendarbeitsschutzgesetz jährlich folgender Urlaub zu geben:
30 Werktage für Jugendliche unter 16 Jahren;
27 Werktage für Jugendliche über 16, aber unter 17 Jahren;
25 Werktage für Jugendliche über 17, aber unter 18 Jahren.

Berufsschülern soll dieser Urlaub in der Zeit der Berufsschulferien gegeben werden. Ist dies nicht der Fall, so muß der Arzt für jeden Berufsschultag, den der Jugendliche während seines Urlaub besuchen muß, einen weiteren Urlaubstag gewähren (§ 19 Abs. JArbSchG).

Zusatzurlaub   Für <u>Schwerbehinderte</u> mit mindestens 50 % Schwerbehinderung sieht § 47 Schwerbehindertengesetz einen Zusatzurlaub von 5 Arbeitstagen pro Urlaubsjahr vor.

5.10 Besondere Arbeitnehmer

5.10.1 Auszubildende

Mit dem Auszubildenden (Azubi) ist ein schriftlicher Berufsausbildungsvertrag abzuschließen. Dieser Vertrag muß bei Azubis unter 18 Jahren auch vom gesetzlichen Vertreter unterschrieben sein. Unzulässig ist es, den Azubi von vornherein dazu zu verpflichten, nach Ende der Ausbildung als volle Arbeitskraft weiter in der Praxis zu verbleiben. Die Ärztekammern stellen Vertragsformulare zur Verfügung.

Ansonsten hat der Arzt als Ausbilder vor allem folgende Gesetze zu beachten: *Arzt als Ausbilder*

- Das Berufsbildungsgesetz;
- das Jugendarbeitsschutzgesetz.

Im einzelnen ergeben sich dadurch folgende Abweichungen vom normalen Arbeitsverhältnis:

- Der Arzt als Auszubildender darf den Azubi nicht nur beschäftigen, sondern er ist verpflichtet, diesen auszubilden. Im einzelnen ergeben sich diese Verpflichtungen aus § 6 Berufsbildungsgesetz. Dazu gehört auch, daß er ihn für die Berufsschule freistellt, wobei das Gehalt weiter zu bezahlen ist.

- Bei unverschuldeter Krankheit, Sterilisation oder bei einem nicht rechtswidrigen Schwangerschaftsabbruch ist die Vergütung 6 Wochen lang weiter zu bezahlen.

- Die Probezeit muß mindestens 1 Monat und darf höchstens 3 Monate betragen. Nur während dieser Probezeit ist der Arzt berechtigt, dem Azubi ordentlich zu kündigen. Hierbei ist keine Kündigungsfrist erforderlich (§ 15 BBiG). Nach der Probezeit kann das Ausbildungsverhältnis nur noch aus wichtigem Grund ohne Einhaltung einer Kündigungsfrist gekündigt werden oder aber vom Auszubildenden selbst mit einer Frist von 4 Wochen. Dabei muß der Kündigungsgrund angegeben werden. *Kündigungsfrist*

Bei einer Kündigung aus wichtigem Grund muß der Arzt innerhalb von 2 Wochen kündigen, nachdem ihm die Tatsachen bekannt geworden sind, die der Kündigung zugrunde liegen.

- Die Arztpraxis muß sowohl räumlich als auch personell für die Berufsausbildung geeignet sein. Fachlich geeignet ist (§ 92 BBiG), wer als Arzt approbiert ist. Außerdem muß die Zahl der Auszubildenden in einem angemessenen Verhältnis zur Zahl der Ausbildungsplätze oder zur Zahl der beschäftigten Fachkräfte stehen. Dies wird angenommen, wenn bei einem Azubi eine zusätzliche Fachkraft vorhanden ist. Bei zwei Azubis sollten mindestens 3 weitere Fachkräfte voll beschäftigt werden.

Bezahlung Hinsichtlich der Urlaubszeit und der Bezahlung gilt entweder die Anlehnung an den Tarifvertrag oder eine beliebige einzelvertragliche Vereinbarung. Dabei sind allerdings bei Ju-
Jugend- gendlichen (bis zu 18 Jahren) die Grenzen des Jugendar-
arbeitsschutz- beitsschutzgesetzes einzuhalten. Diese sind gemäß § 19
gesetz – 30 Werktage Urlaub, wenn der Jugendliche zu Beginn des Kalenderjahres noch nicht 16 Jahre alt ist;

– mindestens 27 Werktage Urlaub, wenn der Jugendliche zu Beginn des Kalenderjahres noch nicht 17 Jahre alt ist;

– mindestens 25 Werktage, wenn der Jugendliche zu Beginn des Kalenderjahres noch nicht 18 Jahre alt ist.

<u>Folgende Tips sind für Einstellung von Arzthelfer-Auszubildenden zu beachten:</u>

- Günstigster Einstellungstermin ist der 01. September des jeweiligen Jahres. Eine Ausbildung, die nach dem 01. Oktober beginnt hat einen späteren Prüfungstermin zur Folge.

- Die Jugendarbeitsschutz-Untersuchung muß innerhalb der letzten 14 Monate vor Beginn der Ausbildung durchgeführt worden sein. Sie ist ein Jahr nach Aufnahme der Ausbildung zu wiederholen. Eine Kopie der Untersuchung soll bei der Ärztekammer zusammen mit den Ausbildungsverträgen eingereicht werden.

- Bei der Anmeldung zur jeweiligen Berufsschule ist darauf zu achten, daß der Schultag auch mit den Praxisbedürfnissen übereinstimmt. Der Arzt als Arbeitgeber hat allerdings keinen Anspruch auf einen bestimmten Schultag.

Ausbildungs- - Ein Ausbildungsplan muß für jede neue Auszubildende
plan erstellt werden. Darin wird der Ablauf der Ausbildung durch den Arbeitgeber festgehalten.

- Der Ausbildungsvertrag muß von der jeweiligen Landesärztekammer genehmigt werden. Nach Genehmigung ist er der Auszubildenden zu überreichen. Das gleiche gilt für die Führung des Ausbildungsnachweises. Dieser ist zu erläutern und regelmäßig zu kontrollieren.

- Rentenversicherungsnachweis, Krankenversicherung, Lohnsteuerkarte sind zu beantragen bzw. zu besorgen.

- Es empfiehlt sich, bestimmte Ausbildungszeiten zu vereinbaren.

- Die Auszubildende muß ausdrücklich über ihre Schweigepflicht informiert werden und ein entsprechendes Formular unterzeichnen.

Im übrigen bieten die Landesärztekammern Seminare zur Klärung der zahlreichen Rechts- und Verfahrensfragen bei der Ausbildung an. Bei der bayerischen Landesärztekammer umfassen diese 40 Stunden für eine Gesamtgebühr von DM 50,--.

5.10.2 Werdende Mütter

Für werdende Mütter als Arbeitnehmerinnen gelten die Vorschriften des Mutterschutzgesetzes (MuSchG), in denen Beschäftigungsverbote, Arbeitszeitbegrenzungen und ein bestimmter Kündigungsschutz enthalten sind. Hier sollen nur die wichtigsten Vorschriften dargestellt werden: *Kündigungsschutz*

Die werdende Mutter soll zwar dem Arbeitgeber ihre Schwangerschaft und den mutmaßlichen Tag der Entbindung mitteilen, sie ist jedoch nicht zwingend dazu verpflichtet. Nur auf Verlangen des Arbeitgebers soll sie auch das Zeugnis eines Arztes vorlegen.

Beschäftigungsverbote: Innerhalb von 6 Wochen vor der Entbindung dürfen werdende Mütter nur beschäftigt werden, wenn sie sich ausdrücklich zur Arbeitsleistung bereit erklären, wobei diese Erklärung jederzeit widerrufen werden kann (§ 3 Abs. 2 MuschG). Nach der Entbindung gilt ein absolutes Beschäftigungsverbot von 8 Wochen.

Während dieser Beschäftigungsverbote erhalten die Frauen, da sie in der Regel gesetzlich krankenversichert sind, von der Krankenkasse ein Mutterschaftsgeld. Vom Arbeitgeber erhalten sie einen Zuschuß. Dieser beträgt pro *Absolutes Beschäftigungsverbot*

Kalendertag das durchschnittliche Nettogehalt abzüglich DM 25,--. Werdende Mütter dürfen außerdem nach §4 Mutterschutzgesetz mit bestimmten Tätigkeiten nicht beschäftigt werden.

So zum **Beispiel**

- nicht mit Arbeiten, bei denen sie in Berührung kommen mit gesundheitsgefährdenden Stoffen oder Strahlen, insbesondere Röntgenstrahlen!

- nach Ablauf des fünften Schwangerschaftsmonats auch nicht mehr mit Arbeiten, bei denen sie ständig stehen müssen, soweit diese Beschäftigung täglich vier Stunden überschreitet.

- nicht mehr mit Arbeiten, bei denen sie sich häufig erheblich strecken oder beugen oder bei denen sie dauernd hokken oder sich gebückt halten müssen.

Kündigungsschutz

Hier greift das Gesetz am deutlichsten in das Arbeitsverhältnis ein. Es besteht ein absolutes Kündigungsverbot vom Beginn der Schwangerschaft bis zum Ablauf von 4 Monaten nach der Entbindung und, falls die Mutter Erziehungsurlaub verlangt hat, bis zu dessen Ablauf.

Beispiel: Die Arzthelferin S. wird vom Arbeitgeber am 15.09.1994 zum 31.12.1994 gekündigt. Am 20.09. teilt sie ihm mit, daß sie schwanger ist.

Die Folge: Die Kündigung ist unwirksam. Sie wirkt etwa auch nicht automatisch zum Ablauf des 4. Monats nach der Entbindung. Die Kündigung kann auch erst frühestens nach dem Ablauf von 4 Monaten nach der Entbindung ausgesprochen werden. Dabei müssen dann die gesetzlichen bzw. vertraglichen ordentlichen Kündigungsfristen eingehalten werden.

Probezeit

Unkündbar Auch innerhalb der Probezeit ist eine Angestellte nach Eintritt des Mutterschutzes unkündbar, wenn es sich um eine dem Arbeitsverhältnis vorgeschaltete Probezeit handelt, die ohne ausdrückliche Kündigung in das normale Arbeitsverhältnis übergehen sollte. Etwas anderes gilt nur, wenn vereinbart wird, daß die Probezeit z.B. auf 3 Monate begrenzt wird und automatisch endet, und daß ein Arbeitsvertrag nur dann gilt, wenn er nach der Probezeit ausdrücklich abgeschlossen wird. In diesem Falle ist das Arbeitsverhältnis auf die Probezeit befristet und endet trotz des Mutterschutzes mit dieser.

Ausbildung:
Auch die Ausbildungszeit ist ein befristetes Arbeitsverhältnis und endet daher wie vereinbart, trotz Mutterschutz. Eine Ausnahme gilt nur dann, wenn der Arzt seiner Azubi bereits die Übernahme in ein festes Arbeitsverhältnis zugesichert hat oder doch fest damit gerechnet werden konnte und lediglich die Schwangerschaft als Grund für die Nichtübernahme gilt.

Außerordentliche Kündigung:
Auch diese ist während des Mutterschutzes ausgeschlossen. Es genügt auch hier, wie bei der ordentlichen Kündigung, daß die Angestellte innerhalb von 2 Wochen nach Erhalt der Kündigung dem Arbeitgeber ihre Schwangerschaft mitteilt. Die Kündigung ist dann unwirksam. Das Gehalt muß fortgezahlt werden.

Ausgeschlossen

Erziehungsurlaub:
Nach dem Bundeserziehungsgeldgesetz kann die Arzthelferin, die ein Kind zur Welt gebracht hat, "Erziehungsurlaub" nehmen. Dabei kommt es nicht darauf an, ob sie Vollzeit- oder Teilzeitarbeitnehmerin ist. Auch eine Auszubildende hat Anspruch auf "Erziehungsurlaub". Voraussetzung ist weiter, daß das Kind mit ihr im selben Haushalt lebt und sie es überwiegend selbst betreut.

Anders als der Arbeitgeber kann die Arbeitnehmerin durchaus während des Erziehungsurlaubs unter Einhaltung der Kündigungsfristen kündigen. Wenn sie zum Ende des Erziehungsurlaubs kündigen will, muß sie eine Kündigungsfrist von drei Monaten einhalten.

Der Erziehungsurlaub kann bis zum vollendeten 3. Lebensjahr der Kinder genommen werden. Er steht auch Teilzeitarbeitnehmern zu. Der Erziehungsurlaub muß vom Ar-

3 Jahre

beitnehmer spätestens 4 Wochen vor dem Zeitpunkt, ab dem er ihn in Anspruch nehmen will, vom Arbeitgeber verlangt werden. Gleichzeitig muß er erklären, für welchen Zeitraum er ihn in Anspruch nehmen will.

Beispiel: Eine Arzthelferin hat am 01. Januar 1994 ihr Kind geboren. Am 25. Januar erklärt sie telefonisch, daß sie Erziehungsurlaub bis zum 30.06.1995 nehmen wolle.

Erziehungsurlaub

Folge: Der Arzt kann ihr bis zum 30.06.1995 nicht kündigen. Er ist aber berechtigt, für diese Zeit einen befristeten Arbeitsvertrag mit einer Aushilfskraft abzuschließen. Die Arzthelferin hat die Erklärung rechtzeitig abgegeben, da die 8 Wochen nach der Geburt noch nicht als Erziehungsurlaub, sondern als "Beschäftigungsverbot" gelten. Erst ab Beginn der 9. Woche nach der Geburt kommt daher Erziehungsurlaub in Betracht.

Zulässig wäre es, die Arzthelferin als Teilzeitkraft mit bis zu wöchentlich 19 Arbeitsstunden zu beschäftigen. Auf das Einkommen kommt es hierbei nicht an.

Es kommt auch nicht darauf an, ob der Arbeitgeber dem Verlangen nach Erziehungsurlaub zugestimmt hat. Es genügt, eine formlose, mündliche oder schriftliche Mitteilung der Angestellten. Eine Gehaltsfortzahlung während des Erziehungsurlaubs ist nicht vorgesehen. Es handelt sich um unbezahlten Sonderurlaub (vgl. Schaub, Arbeitsrechts-Handbuch, 7. Auflage, Seite 796).

Für Kinder, die nach dem 31.12.1992 geboren sind, besteht ein Anspruch auf staatliches Erziehungsgeld von DM 600,-- bis zur Vollendung des 24. Lebensmonats. Einige Bundesländer zahlen Erziehungsgeld bis zum vollendeten 3. Lebensjahr des Kindes.

5.10.3 Schwerbehinderte

Für Schwerbehinderte gilt ein besonderes Kündigungsverfahren, sofern sie länger als 6 Monate beschäftigt sind.

Zustimmung einholen

Vor einer ordentlichen Kündigung muß der Arbeitgeber gemäß § 15 SchwbG die Zustimmung der Hauptfürsorgestelle einholen. Hauptfürsorgestelle ist in der Regel das Verwaltungsorgan, das zwischen Landesministerium und örtlicher Kreisverwaltungsstelle angesiedelt ist, in Bayern etwa die "Regierung", in Hessen der "Landeswohlfahrtsverband". Der Antrag auf Zustimmung muß vom Arbeitgeber schriftlich in doppelter Ausfertigung gestellt werden. Die Hauptfürsorgestelle soll ihre Entscheidung innerhalb eines Monats treffen. Wenn die Entscheidung positiv aus fällt, kann der Arbeitgeber kündigen. Fällt sie negativ aus, dann kann er dagegen Widerspruch einlegen und gegebenenfalls vor dem zuständigen Verwaltungsgericht klagen. Eine aufschiebende Wirkung entsteht dadurch nicht.

Die Hauptfürsorgestelle stimmt in der Regel dann zu, wenn die Kündigung in keinerlei Zusammenhang steht mit der Schwerbehinderteneigenschaft des Arbeitnehmers.

Beispiel: Der Arzt will einer schwerbehinderten Angestellten kündigen, die regelmäßig zu spät kommt und auch sonst unzuverlässig arbeitet. Um die Risiken einer außerordentlichen Kündigung zu vermeiden, beschließt er, ordentlich zu kündigen und stellt den entsprechenden Antrag in der Hauptfürsorgestelle.

Hier wird die Hauptfürsorgestelle in der Regel zustimmen, da ein Zusammenhang mit der Schwerbehinderung nicht ersichtlich ist.

Zusammenhang mit der Schwerbehinderung

Die außerordentliche Kündigung von Schwerbehinderten ist zwar ebenfalls möglich, jedoch muß hier ebenfalls die Zustimmung der Hauptfürsorgestelle gemäß § 21 SchwbG eingeholt werden. Hierfür gilt folgende Besonderheit:

- Der Antrag auf Zustimmung muß innerhalb von 2 Wochen nach Kenntnis der maßgebenden Kündigungstatsachen bei der Hauptfürsorgestelle eingehen.

- Die Hauptfürsorgestelle muß ihre Entscheidung innerhalb von 2 Wochen ab Eingang des Antrages treffen. Trifft sie diese Entscheidung nicht, so gilt die Zustimmung automatisch als erteilt!

Entscheidung innerhalb von 2 Wochen

- Auch hier soll die Hauptfürsorgestelle ihre Zustimmung erteilen, wenn die Kündigung aus einem Grunde erfolgt, der nicht im Zusammenhang mit der Behinderung steht.

- Die Kündigung selbst muß dann in der Regel unverzüglich nach Erteilung der Zustimmung erklärt werden. Unverzüglich heißt hier "ohne schuldhaftes Zögern" - dem Arzt als Arbeitgeber wird hier also keine Überlegungszeit mehr zugebilligt. Er muß am selben Tag, an dem er die Zustimmung erhält, die Kündigung aussprechen und er muß dies auch nachweisen können.

Definition

Problem: Der Kündigungsschutz für Schwerbehinderte besteht auch dann, wenn der Arbeitgeber keine Ahnung davon hat, daß seine Angestellte schwerbehindert im Sinne des Schwerbehindertengesetzes ist. Dabei ist nach § 1 SchwbG derjenige schwerbehindert, der mindestens 50 % Behinderung hat. Die Behinderung ist in § 3 SchwbG definiert als "die Auswirkung einer nicht nur vorübergehenden Funktionsbeeinträchtigung, die auf einem regelwidrigen körperlichen, geistigen oder seelischen Zustand beruht, regelwidrig ist der Zustand, der von dem für das Lebensalter typischen abweicht. Als nicht nur vorübergehend gilt ein Zeitraum von mehr als 6 Monaten".

Gleichstellungsantrag

Beispiel: Die Arzthelferin S. ist zu 40 % schwerbehindert, wovon der Arbeitgeber aber nichts weiß. Sie hat beim Versorgungsamt bereits den "Gleichstellungsantrag" gestellt. Jetzt will der Arzt ihr kündigen.

Auch in diesem Fall ist eine Kündigung ohne Zustimmung der Hauptfürsorgestelle nicht möglich. § 2 SchwbG stellt fest, daß "Gleichgestellte" (ab 30 % Behinderung) ab dem Antragseingang beim Versorgungsamt als Schwerbehinderte gelten, wenn sie infolge ihrer Behinderung ohne diese Gleichstellung einen geeigneten Arbeitsplatz nicht erlangen oder nicht behalten können.

Der Arzt als Arbeitgeber kann dieses Dilemma nur vermeiden, wenn er bereits bei der Einstellung nach der Schwerbehinderung fragt. Da dies für den Arbeitsplatz relevant sein kann, ist die Frage berechtigt. Sie muß daher wahrheitsgemäß beantwortet werden. Wird sie das nicht, so kann der Arzt den Arbeitsvertrag ohne Zustimmung der Hauptfürsorgestelle wegen arglistiger Täuschung anfechten.

In der Regel bleibt jedoch die Schwerbehinderteneigenschaft für den Arbeitnehmer nicht lange verborgen, da gemäß § 47 SchwbG ein zusätzlicher Urlaubsanspruch von

5 Arbeitstagen pro Urlaubsjahr besteht. Dieser verfällt in der Regel ebenso wie der reguläre Urlaub am 31.12. des jeweiligen Kalenderjahres. Eine Übertragung in das nächste Jahr ist bis spätestens 31.3. nur dann möglich, wenn "dringende Gründe" dies rechtfertigen.

Zusätzlicher Urlaubsanspruch

5.11 Die Kündigung

5.11.1 Ordentliche Kündigung

Für Arztpraxen bis einschließlich 10 Arbeitnehmern ist für die ordentliche Kündigung lediglich die vereinbarte oder gesetzliche Kündigungsfrist einzuhalten. Einen Kündigungsschutz gibt es in diesen Kleinbetrieben nicht. Allerdings gilt die Neuregelung nur für Mitarbeiter, die nach dem 30.09.1996 eingestellt wurden. Für alle anderen gilt ein dreijähriger Bestandsschutz bis 30.09.1999. Sollen diese „Altmitarbeiter" gekündigt werden, wird also das Kündigungsschutzgesetz angewendet.

Kündigungsfrist

Für die Berechnung der Zahl von zehn Arbeitnehmern werden die Teilzeitkräfte anteilig mitgezählt. Seit 15.10.1993 sind Arbeiter und Angestellte mit 4 Wochen zum 15. oder Ende eines Monats kündbar, sofern im Arbeitsvertrag keine längere Frist vereinbart ist.

Wenn das Arbeitsverhältnis zwei Jahre bestanden hat, beträgt die Kündigungsfrist einen Monat zum Ende eines Kalendermonats,

nach fünf Jahren zwei Monate zum Ende eines Kalendermonats,

nach acht Jahren drei Monate zum Ende eines Kalendermonats,

nach zehn Jahren vier Monate zum Ende eines Kalendermonats,

nach zwölf Jahren fünf Monate zum Ende eines Kalendermonats,

nach 15 Jahren 6 Monate und

nach 20 Jahren 7 Monate zum Ende eines Kalendermonats.

Dabei werden allerdings Zeiten, die vor Vollendung des 25. Lebensjahres lagen, nicht berücksichtigt.

Kürzere Fristen können nur vereinbart werden für Aushilfsarbeitnehmer, die nicht länger als drei Monate engagiert werden; oder in Betrieben mit bis zu 20 Arbeitnehmern. Bei letzteren muß die Kündigungsfrist mindestens vier Wochen betragen.

Die Vertragsparteien dürfen allerdings ohne weiteres längere Fristen vereinbaren, als das Gesetz hier in §622 BGB nennt.

Auch die Ehefrau des Arztes, die mitarbeitet, zählt daher zu den Arbeitnehmern, sofern sie 10 oder mehr Stunden pro Woche arbeitet.

Ohne jede Begründung Folge: In diesen "kleinen" Arztpraxen kann ohne jede Begründung und ohne jede soziale Auswahl etwa nach Familienstand, Alter oder Gesundheit vom Arzt jede Arbeitnehmerin bei Einhaltung der Frist gekündigt werden.

Eine Ausnahme hiervon bilden lediglich, wie bereits erwähnt, besondere Arbeitnehmergruppen, wie z.B. Schwangere, Schwerbehinderte oder Auszubildende.

Großpraxen In einer Arztpraxis mit 11 oder mehr Angestellten gilt der Kündigungsschutz im Sinne des Kündigungsschutzgesetztes (KSchG). Es gilt als Schutz für alle Arbeitnehmer, die mindestens 6 Monate angestellt sind. Das Probearbeitsverhältnis zählt hier mit.

Kündigungsschutz nach dem KSchG bedeutet, daß die Kündigung unwirksam ist, wenn sie nicht "sozial gerechtfertigt" ist, und der Arbeitnehmer dies innerhalb von 3 Wochen nach Zugang der Kündigung vor dem Arbeitsgericht durch eine Kündigungsschutzklage auch geltend macht.

In ihren Voraussetzungen zu unterscheiden ist die betriebsbedingte, die personenbedingte und die verhaltensbedingte Kündigung.

Die betriebsbedingte Kündigung setzt voraus, daß der Arbeitgeber aus betrieblichen Gründen gezwungen ist, zu kündigen. Dies kann in der Arztpraxis etwa der Patientenrückgang sein, so daß nicht mehr ausreichend Arbeit vorhanden ist. Es kann aber auch sein, daß der Arzt sich entschließt, z.B. mangels Nachfrage, keine Krankengymnastin mehr zu beschäftigen. In diesen Fällen ist eine betriebliche Entscheidung vom Arbeitsgericht nur sehr begrenzt nachprüfbar. Er muß allerdings nachweisen, daß die gekündigte Person nicht auf einer anderen Stelle hätte beschäftigt werden können. Wäre dies der Fall, so müßte er diese Stelle vorher anbieten. Ebenso kann der Arzt sich frei entscheiden, z.B. das Praxislabor aufzulösen und das betroffene Personal deshalb zu entlassen. Diese Entscheidung ist gerichtlich nicht überprüfbar.

Betriebliche Entscheidung

Bei der personenbedingten Kündigung geht es meist um die Leistungsfähigkeit oder häufige Krankheit eines Arbeitnehmers. Das Kündigungsschutzgesetz erlaubt die Kündigung aus persönlichen Gründen, wenn ein Arbeitnehmer den Anforderungen seines Arbeitsplatzes nicht mehr gewachsen ist und auch auf einem anderen Arbeitsplatz keine angemessene Verwendung für ihn besteht. Bei Leistungsmängeln sollte der Kündigung eine Abmahnung vorausgehen.

Auch nach langer, häufiger Krankheit ist eine ordentliche, personenbedingte Kündigung möglich, wenn Häufigkeit und Dauer der Krankheit unabsehbar sind und der Arzt als Arbeitgeber die Stelle auf Dauer besetzen muß.

Verhaltensbedingte Kündigungen kommen in Betracht im Falle von Pflichtverstößen, die der Arzt als Arbeitgeber nicht mehr hinnehmen möchte. Dabei kann es um ständige Unpünktlichkeit gehen, um Nicht-Ausführen von dienstlichen Weisungen, aber auch um Beleidigungen, herabsetzende Äußerungen von Kollegen oder Vorgesetzten. In der Regel ist Voraussetzung für eine verhaltensbedingte Kündigung, daß zunächst eine Abmahnung erfolgt. Diese Abmahnung muß für den Wiederholungsfall die Kündigung androhen.

Ständige Unpünktlichkeit

Abmahnung

5.11.2 Die außerordentliche fristlose Kündigung

Nach § 626 BGB ist sie zulässig und wirksam, wenn die Fortsetzung des Arbeitsverhältnisses bis zum Ende der Kündigungsfrist für den Arbeitgeber unzumutbar wäre.

Erklärung Die Erklärung der fristlosen Kündigung kann auch mündlich erfolgen. Sie sollte sofort begründet werden. Der Arbeitgeber muß sowohl den Grund als auch den Zugang beweisen! Sie muß innerhalb von 2 Wochen ab Kenntnis von den Kündigungstatsachen erfolgen.

Wichtiger Grund Als wichtiger Grund gelten erhebliche Pflichtverstöße, so etwa eine vorsätzliche beharrliche Arbeitsverweigerung, ein eigenmächtiges Fernbleiben von der Arbeit sowie eigenmächtiger Urlaub oder eigenmächtige Urlaubsüberschreitung ebenso wie die Androhung von "Krankfeiern" oder das vorzeitige unbefugte Verlassen des Arbeitsplatzes. Auch die Verletzung der Schweigepflicht in der Arztpraxis oder sonstige Straftaten können zur fristlosen Kündigung führen.

Es wurde bereits darauf hingewiesen, daß einige besondere Arbeitnehmergruppen entweder gar nicht oder nur nach Zustimmung weiterer Institutionen gekündigt werden können. Dies gilt z.B. für schwangere Arbeitnehmerinnen, Auszubildende, Schwerbehinderte oder aber Betriebsratsmitglieder. Die Rechtsprechung zur fristlosen Kündigung läßt dem Arbeitgeber eine Chance, wenn der wichtige Grund nicht anerkannt wird: Dann gilt die Kündigung als ordentliche Kündigung zum nächstmöglichen Kündigungszeitpunkt.

Abschied erleichtern Häufig empfiehlt es sich, vor einem monate- oder jahrelangen Rechtsstreit unter Zuhilfenahme eines Rechtsanwalts mit dem Arbeitnehmer einen <u>Aufhebungsvertrag</u> abzuschließen. Dabei kann auch eine Abfindung in Höhe von einigen Monatsgehältern den gegenseitigen Abschied erleichtern. Im Falle eines Scheiterns der Kündigung und eines Kündigungsschutzprozesses riskiert der Arzt als Arbeitgeber nämlich, etliche Monate Gehalt nachzahlen zu müssen und zusätzlich noch Anwalts- und Gerichtskosten sowie eine Abfindung bezahlen zu müssen. Es sollte daher vor jeder Kündigung zumindest der Versuch einer gütlichen Einigung gemacht werden (vgl. Mustervertrag im Anhang). Abfindungen bis zu 24.000,-- DM sind steuer- und sozialabgabenfrei.

5.12 Zeugnisse

Die Arbeitnehmer haben hinsichtlich des Zeugnisses folgende Ansprüche:

- Anspruch auf ein einfaches Zeugnis mit Datum, Ortsangabe, Namen und Adresse sowie Alter des Arbeitnehmers, Beginn und Ende des Vertragsverhältnisses sowie einer generellen Leistungsbewertung.

Zeitraum: In angemessener Frist nach Beendigung des Arbeitsverhältnisses, ca. innerhalb von 8 Tagen also.

- Anspruch auf ein "Zwischenzeugnis" hat der Arbeitnehmer immer dann, wenn eine besondere Veranlassung besteht. In der Regel ist dies der Fall, wenn er sich beruflich verändern will, oder seine Kündigung mit Sicherheit bevorsteht, etwa wegen Umzugs. Für das Zwischenzeugnis wird in Regel eine "einfache Zeugniserteilung" ausreichen. *Zwischenzeugnis*

- Anspruch auf das "qualifizierte" Zeugnis hat der Arbeitnehmer ebenfalls nach Beendigung des Arbeitsverhältnisses gemäß § 630 BGB: "Das Zeugnis ist auf Verlangen auf die Leistungen und die Führung im Dienste zu erstrecken".

Die hier folgenden Ausführungen beziehen sich alle auf die Angaben in diesem qualifizierten Zeugnis.

<u>Grundsatz:</u> Das Zeugnis muß zwar wohlwollend abgefaßt sein, aber der Wahrheit entsprechen. Arbeitgeber, die die Unwahrheit zum Nachteil des Arbeitnehmers bescheinigen, riskieren einen Arbeitsgerichtsprozeß mit dem Arbeitnehmer. *Wahrheit*

Der Arzt, der, um seiner Angestellten "keine Steine in den Weg" zu legen, zu ihren Gunsten von der Wahrheit abweicht, riskiert einen Schadensersatzprozeß von dem künftigen Arbeitgeber, wenn dieser auf die Angaben im Zeugnis vertraut hat, und sich herausstellt, daß Leistung oder Führung in keiner Weise dem Zeugnis entsprechen. Die Angaben über die Leistungen des Arbeitnehmers sollen enthalten:

Die beruflichen Kenntnisse, ggf. auch Fremdsprachen oder sonstige Zusatzausbildungen;

Führung
Fertigkeiten und Fähigkeiten;
Sorgfalt, Genauigkeit;
Einsatzfreude, Leistungsbereitschaft;
die im Gesetz verlangten Angaben über die Führung des Arbeitnehmers betreffend
Pünktlichkeit und Ordentlichkeit;
das Verhalten gegenüber den anderen Mitarbeitern und dem Arzt selbst;
das Einfügen in den Organisationsablauf der Praxis;
der Umgang mit den Patienten.

Gesamtes Verhalten
Grundsätzlich sollte nicht auf einzelne Vorfälle - seien sie positiver oder negativer Natur - Bezug genommen werden, sondern das gesamte Verhalten während der Beschäftigungszeit berücksichtigt werden. So sind etwa Krankheiten nur dann anzugeben, wenn sie dauerhaft und erheblich das Arbeitsverhältnis beeinflußt haben.

Die Art und die Gründe für das Ausscheiden des Arbeitnehmers sind im Zeugnis in der Regel nicht anzugeben. Bei einer fristlosen Entlassung wird der Arbeitnehmer meist ohnehin kein Zeugnis verlangen oder sich mit einem einfachen Zeugnis begnügen. Nach Ansicht der meisten Arbeitsgerichte ist es sogar untersagt, im Falle einer fristlosen Kündigung dies im Zeugnis zu vermerken, wenn die Kündigung aufgrund eines einmaligen Vorfalls erfolgte, der das gesamte Arbeitsverhältnis nicht entscheidend geprägt hat. Insofern ist es zulässig, negative Einzelheiten aus dem Arbeitsverhältnis zu verschweigen. Andererseits ist aber der Arbeitgeber verpflichtet, falls der Arbeitnehmer seinerseits kündigt, zu vermerken, daß der Arbeitnehmer auf eigenen Wunsch aus der Praxis ausscheidet. Dies kann auch in einem gegenseitigen Auflösungsvertrag geschehen.

Elegante Lösung: Der Arzt ist mit einer Arzthelferin unzufrieden, könnte und möchte ihr auch kündigen, ohne ihr jedoch Schwierigkeiten bei der Arbeitssuche bereiten zu wollen. Er legt ihr die Situation dar und empfiehlt ihr, ihrerseits den Vertrag zu kündigen oder das Arbeitsverhältnis einvernehmlich aufzulösen. Auch in diesem Falle scheidet sie letztlich "auf eigenen Wunsch" aus der Praxis aus.

Für Auszubildende ist zusätzlich zu den normalen Angaben im Zeugnis das Ziel der Berufsausbildung sowie die erworbenen Fertigkeiten und Kenntnisse des Auszubildenden anzugeben. Dem Auszubildenden ist nach § 18 Berufsbildungsgesetz selbst dann ein Zeugnis auszustellen, wenn er freiwillig darauf verzichtet.

Auszubildende

Die "Geheimsprache" in Zeugnissen hat sich deshalb entwickelt, weil Zeugnisse einerseits wohlwollend sein sollen, andererseits aber doch die Wahrheit nicht verschweigen dürfen. Diese Geheimsprache ist allerdings keine Verpflichtung. Die offene und übliche Notenskala für Zeugnisse ist sehr einfach:

Geheimsprache

Note 1: Sie arbeitete stets zu unserer vollsten Zufriedenheit;
Note 2: Sie arbeitete stets zu unserer vollen Zufriedenheit;
Note 3: Sie arbeitete zu unserer vollen Zufriedenheit
Note 4: Sie arbeitete zu unserer Zufriedenheit;
Note 5: Sie arbeitete im großen und ganzen zu unserer Zufriedenheit.

Hier noch einigen Beispiele aus der "Geheimsprache", die naturgemäß vor allem bei weniger zufriedenstellenden Arbeitnehmern eine Rolle spielen - die gute und sehr gute Leistung kann man schließlich offen hineinschreiben.

Schlechte und nicht zufriedenstellende Leistungen: "Sie war stets bemüht, die Arbeiten zu unserer Zufriedenheit zu erledigen".

"Sie hat den Erwartungen entsprochen".

"Sie hat sich im Rahmen ihrer Fähigkeiten bemüht".

Auf ausreichende, aber keinesweg gute Leistungen lassen folgende Bemerkungen schließen:

"Sie hat ihre Arbeiten zufriedenstellend erledigt".

"Sie hat die ihr übertragenen Arbeiten mit großem Eifer erledigt".

Besonders tückisch sind jene Hinweise im Zeugnis, die die Überbetonung auf Nebensächlichkeiten legen - gemeint ist immer, daß die Mitarbeiterin in den wesentlichen Dingen nicht zufriedenstellend gearbeitet hat.

Beispiel: "Der Kontakt zu den Kolleginnen war hervorragend" - dies soll heißen, daß sie viel Kaffee trank, aber nicht so besonders gern arbeitete.

"Sie arbeitete den Anweisungen gemäß sauber und ordentlich" - soll heißen, daß sie keine eigene Initiative entwickelte, aber wenigstens nicht schlampig und schmutzig arbeitet.

In dieser Richtung sind dem Arzt als Arbeitgeber und seiner Phantasie kaum Grenzen gesetzt.

Ausgleichsquittung
Bei Beendigung eines Arbeitsverhältnisses hat der Arbeitgeber nicht nur das Zeugnis, sondern auch die Lohnsteuerkarte und das Versicherungsnachweisheft an die Arbeitnehmerin auszuhändigen. Es empfiehlt sich sehr, dies gleichzeitig zu tun und Streit über diese Nebensächlichkeiten zu vermeiden. Sehr zu empfehlen ist auch eine "Ausgleichsquittung", um ein für alle mal künftige Ansprüche des Arbeitnehmers auszuschließen. Diese wird allerdings freiwillig unterzeichnet. Sie kann etwa lauten:

> "Frau/Herr .... bestätigt hiermit, daß er/sie keinerlei weitere Forderungen mehr an Herrn/Frau Dr. .... hat und daß auch keine Tatsachen vorliegen, aus denen ich (Arbeitnehmer) im Hinblick auf das Arbeitsverhältnis und seine Beendigung irgendwelche Ansprüche herleiten kann."

5.13 Aushilfen und Teilzeitpersonal

5.13.1 Aushilfen

Befristete Zeit
Grundsätzlich ist der Arzt als Arbeitgeber nicht berechtigt, Personal nur für eine befristete Zeit einzustellen. Der Grund hierfür liegt darin, daß die gesetzlichen Kündigungsschutzvorschriften nicht umgangen werden sollen. Eine Ausnahme hierfür galt jedoch schon immer in den Fällen, in denen ausnahmsweise ein berechtigter Grund vorlag, ein Arbeitsverhältnis zeitlich zu befristen. So etwa, wenn der Arbeitgeber eine Aushilfe als Schwangerschaftsvertretung engagieren wollte. Aber auch dann, wenn eine Mitarbeiterin wegen Krankheit oder Urlaub zeitlich befristet ausfiel.

Aushilfsarbeitsverhältnisse können grundsätzlich in 2 verschiedenen Varianten abgeschlossen werden:
- zeitlich eindeutig befristet, also z.B. 3 Monate;
- vom Zweck her eindeutig befristet, also z.B. "bis die Mitarbeiterin Z. wieder arbeitsfähig ist".

Der Vertrag soll eindeutig bestimmen, ob die bezeichnete Frist als Höchstdauer zu verstehen ist, oder als absolute Dauer. Im Falle der Höchstdauer können beide Seiten auch schon vorher ordentlich kündigen. Im Falle der absoluten Festlegung ist eine ordentliche Kündigung bis zum genannten Zeitpunkt nicht möglich. Der Arbeitgeber kann dann also auch nicht wegen einer Krankheit der Aushilfskraft kündigen.

Beispiel: Die Arbeitnehmerin Z. wurde als Aushilfe für die schwangere Arbeitnehmerin A. für 14 Wochen eingestellt. Eine vorherige Kündigungsmöglichkeit wurde ausgeschlossen. Als sie nach 2 Wochen krank wird, will der Arzt kündigen. Dies ist nach der hier genannten Vertragsvariante dann nicht möglich.

Ein Vertragsmuster findet sich im Anhang. Nach dem "Gesetz über arbeitsrechtliche Vorschriften zur Beschäftigungsförderung" (BeschFG) ist es zulässig, ein Arbeitsverhältnis einmalig bis zu 24 Monaten zu befristen, wenn
- der Arbeitnehmer neu eingestellt wird oder
- der Arbeitnehmer im unmittelbaren Anschluß an die Berufsausbildung nur vorübergehend weiterbeschäftigt werden kann, weil kein Arbeitsplatz für einen unbefristet einzustellenden Arbeitnehmer zu Verfügung steht.

Seit 01.10.1996 gilt: Befristete Arbeitsverhältnisse dürfen innerhalb von 24 Monaten bis zu dreimal verlängert werden. Arbeitnehmer ab 60 Jahren dürfen auch länger als zwei Jahre befristet arbeiten. Ein sachlicher Grund muß für die Befristung nicht nachgewiesen werden. Auch Auszubildende können nach ihrer Abschlußprüfung noch bis zu zwei Jahre befristet angestellt werden.

Im übrigen ist zwischen Aushilfspersonal und Teilzeitpersonal scharf zu unterscheiden. Das Aushilfspersonal ist

Arbeitsvertrag schriftlich

zeitlich befristet tätig, kann aber auf einem Voll- oder Teilzeitarbeitsplatz aushilfsweise tätig sein. Es empfiehlt sich, auch für die Aushilfskraft einen kurzen Arbeitsvertrag schriftlich abzuschließen. Allerdings kann nach § 622 BGB eine Aushilfskraft, wenn dies ausdrücklich vereinbart wird, mit beliebig kurzer Frist ordentlich gekündigt werden. Dies gilt allerdings nur, wenn die Aushilfskraft über die Zeit von 3 Monaten hinaus nicht weiter arbeitet.

Urlaubsanspruch

Die Vorschriften über die fristlose Kündigung bleiben darüber hinaus ohnehin anwendbar. Auch für die Aushilfskraft entsteht ein Urlaubsanspruch, sofern sie länger als einen Monat durchgehend arbeitet. Wenn nichts besonderes vereinbart ist, wird sich dieser allerdings lediglich nach dem Bundesurlaubsgesetz richten, und dieses sieht lediglich 18 Werktage pro Jahr vor. Für ein dreimonatiges Aushilfsverhältnis entsteht daher auch nur anteiliger Urlaubsanspruch, da die "Wartezeit" ebenfalls noch nicht erfüllt ist.

Urlaubsabgeltung

Die Aushilfskraft hat daher lediglich einen Anspruch auf Urlaubsabgeltung. In gegenseitigem Einvernehmen kann allerdings der Urlaub auch "in Natur" genommen werden - ebenfalls anteilig selbstverständlich.

Beispiel: Die Aushilfe ist für 3 Monate eingestellt, sie verdient monatlich DM 4.000,-- brutto. Ihre Urlaubsabgeltung, sofern sie 5 Tage pro Woche gearbeitet hat, berechnet sich wie folgt:

Anteiliger Urlaubsanspruch: 24 : 12 x 3 = 6.

Halbe Tage werden zu ganzen aufgerundet.

Einkommen pro Arbeitstag: 4.000,-- : 26 = 153,84 DM.

6 x 153,84 = 923,04 DM

Dies ist der Urlaubsabgeltungsanspruch - wie man sieht, ein auch in der Höhe nicht völlig zu vernachlässigender Betrag!

Gehaltsfortzahlung

Im Krankheitsfall hat auch die Aushilfskraft Anspruch auf Gehaltsfortzahlung. Allerdings kann der Arbeitgeber - vertragliche Vereinbarung vorausgesetzt - ihr innerhalb kurzer Frist kündigen. Die Krankheit hindert nach § 616, Abs. 2 BGB nicht an der Kündigung. Wird die vereinbarte Kündigungsfrist eingehalten, so bestehen hiergegen keine rechtliche Bedenken. Bedenklich wäre nur, wenn der Arbeitgeber der Aushilfskraft anbieten würde, sie könne nach Beendigung ihrer Krankheit wieder weiter bei ihm arbeiten - in diesem Falle würde die Rechtsprechung ein durchgehendes Arbeitsverhältnis annehmen.

Als Kündigungsfrist für Aushilfskräfte, die nur bis zu drei Monaten engagiert werden, kann eine beliebig kurze ordentliche Kündigungsfrist arbeitsvertraglich vereinbart werden. Üblich ist hier eine oder zwei Wochen. Für Arbeitsverhältnisse, die über die Zeit von drei Monaten hinaus fortgesetzt werden, gilt dann allerdings wieder die Kündigungsfrist von vier Wochen zum 15. oder zum Ende eines Kalendermonats *(§622, Abs.V,2 BGB)*.

Allerdings ist es auch möglich, im Arbeitsvertrag ausdrücklich festzuhalten, daß bei befristeten Arbeitsverhältnissen von kurzer Dauer gar keine ordentliche Kündigung möglich sein soll. Dies hat für den Arzt als Arbeitgeber den Vorteil, daß die Aushilfe ihn nicht vorzeitig "verlassen" kann. Allerdings kann auch er dann etwa bei Leistungsmängeln oder im Fall der Erkrankung nicht ordentlich kündigen.

<u>Empfehlung daher:</u> Eine Kündigungsfrist von zwei Wochen für die ordentliche Kündigung vereinbaren, damit auch für den Arbeitgeber genügend Zeit bleibt, um eine neue Aushilfe zu suchen.

5.13.2 Teilzeitpersonal

Teilzeitarbeit liegt vor, wenn die vertraglich vereinbarte Wochenarbeitszeit kürzer ist als die betriebliche (vgl. Hannau/Adoneit, Arbeitsrecht, S. 180 ff). Gemäß § 2 BeschFG dürfen Teilzeitarbeitnehmer nicht anders behandelt werden als vollzeitbeschäftigte Arbeitnehmer. Allerdings regelt das Beschäftigungsförderungsgesetz nicht alle Konditionen der Teilzeitarbeit.

Ein Anspruch des Arbeitnehmers auf Teilzeitarbeit kann in 2 Fällen bestehen: *Anspruch auf Teilzeitarbeit*

- Der bisher vollbeschäftigte Arbeitnehmer ist (ärztlich bescheinigt) nur noch begrenzt arbeitsfähig und die reduzierte Arbeitszeit ist dem Arbeitnehmer zumutbar.

- Der Arbeitgeber will betriebsbedingt kündigen, der bisher voll beschäftigte Arbeitnehmer könnte jedoch noch teilzeitbeschäftigt werden. (Beide Versionen gelten nur, falls das Kündigungsschutzgesetz anwendbar ist - also ab 11 Arbeitnehmern im Betrieb.)

Wenn der/die Teilzeitbeschäftigte nur an bestimmten Wochentagen arbeiten muß und einer dieser Wochentage mit einem gesetzlichen Feiertag zusammenfällt, hat er/sie Anspruch auf Feiertagslohn, ohne einen anderen Tag nacharbeiten zu müssen. Im Krankheitsfall muß die Teilzeitbeschäftigte ein ärztliches Attest beibringen, ebenso wie Vollzeitbeschäftigte. Er/Sie hat ebenfalls Anspruch auf Gehaltsfortzahlung für 6 Wochen.

Urlaub bei Teilzeit

Unberührt von der Teilzeitarbeit bleibt ebenfalls der Urlaubsanspruch. Der Arbeitgeber muß das Entgelt bezahlen, das sonst während der Urlaubszeit zu bezahlen wäre. Nach dem Bundesurlaubsgesetz beträgt der Mindesturlaub 24 Werktage, dabei sind die Samstage mitzuzählen. Es besteht daher ein Mindesturlaub von 4 Wochen auch für das Teilzeitpersonal.

Beispiel: Die Arzthelferin X. ist Montag, Dienstag, Mittwoch zu jeweils 8 Stunden beschäftigt, Donnerstag, Freitag, Samstag arbeitet sie nicht. Nimmt sie etwa vom 01. bis 21. August Urlaub, so ist ihr das normale Gehalt für diese 3 Wochen weiter zu bezahlen. In den katholischen Bundesländern kommt hier das "Feiertags-Syndrom" hinzu: da der 15. August (Mariä Himmelfahrt) Feiertag ist, bräuchte die X. ohnehin nicht zu arbeiten, wenn der 15. auf einen Montag, Dienstag oder Mittwoch fiele. In diesem Fall hätte sie also noch einen zusätzlichen, bezahlten Urlaubstag gut. Ebenso übrigens, wenn sie nachweislich während des Urlaubs, montags, dienstags oder mittwochs

Krank im Urlaub

krank wäre. Bei Nachweis durch ärztliches Attest könnte sie diese Urlaubstage dann nach Vereinbarung mit dem Arzt als Arbeitgeber noch im Laufe des Jahres nachholen.

Entsprechend sieht die Lösung aus bei tarifvertraglichem Urlaub bzw. bei arbeitsvertraglichem Bezug auf einen Tarifvertrag. Sieht der Tarifvertag für Vollzeitpersonal einen Urlaub von 30 Arbeitstagen vor, so bedeutet dies bei der

5 Tage-Woche 6 Wochen Urlaub. Auch das Teilzeitpersonal kann dann entsprechend 6 Wochen Urlaub nehmen. Übrigens: Zwischen Teil- und Vollzeitpersonal gilt das Gleichbehandlungsprinzip: Wenn die Vollzeit-Arbeitnehmer nach Tarif Urlaub bekommen, muß dies für Teilzeitpersonal ebenso gelten!

Gleichbehandlungsprinzip

Achtung: Wenn der Arzt es vorzieht, "Betriebsurlaub" zu machen, d.h. die Arztpraxis für 2, 3 oder 4 Wochen im Jahr zu schließen, dann sollte er dies bereits bei der Einstellung im Arbeitsvertrag vereinbaren.

Betriebsurlaub

5.13.3 Flexible Arbeitszeit

Das Gesetz hat in § 4 Beschäftigungsförderungsgesetz auch bestimmte Bedingungen für die flexible Arbeitszeit festgesetzt. Dabei ist daran gedacht, daß Arbeitgeber und Arbeitnehmer vereinbaren, daß die Arbeitsleistung entsprechend dem Arbeitsanfall zu erbringen ist. In diesen Fällen sollte auch eine bestimmte Dauer der Arbeitszeit pro Woche vereinbart werden, die in jedem Fall einzuhalten ist. Wird hier nichts vereinbart, so gilt laut Gesetz eine wöchentliche Mindestarbeitszeit von 10 Stunden. Auch hier gibt es mehrere Varianten. Wenn die Vertragsparteien keine festen Wochentage für die Arbeitszeit festlegen, dann ist der Arbeitnehmer nur zur Arbeitsleistung verpflichtet, wenn der "Chef" ihm dies mindestens 4 Tage vorher mitteilt; für die Dauer der täglichen Arbeitszeit gilt: Ohne Festlegung hat der Arbeitnehmer einen Mindestanspruch von 3 Stunden Arbeitszeit hintereinander pro Arbeitstag.

Mindestarbeitszeit

Hinsichtlich der Versicherungs- und Lohnsteuerabführungspflicht bestehen bei Teilzeitpersonal ebenfalls Besonderheiten. Diese gelten z.T. auch für Aushilfskräfte. Die Versicherungsgrenzen sind flexibel. Sie steigen entsprechend der Entwicklung der Pflichtversicherungsgrenzen. Derzeit gilt, daß Personal mit einem Arbeitslohn bis zu DM 620,– pro Monat ohne gesetzliche Renten- und Krankenversicherungsbeiträge beschäftigt werden darf. Weitere Voraussetzung: Der Arbeitnehmer darf höchstens 14 Stunden pro Woche arbeiten. Für Aushilfskräfte, die nur 50 Arbeitstage im Jahr beschäftigt werden, gilt keine Stundenlohnbegrenzung. Allerdings: Der Job bei mehre-

Versicherungspflicht

ren Arbeitgebern zur gleichen Zeit wird addiert, so daß bei Überschreitung in mehreren Arbeitsverhältnissen dann doch Versicherung bezahlt werden muß. Übrigens: Seit 1991 besteht eine Anmeldepflicht zur AOK. Diese stellt sowohl eine Versicherungsnummer als auch das entsprechende Formular nach Anforderung zur Verfügung.

Lohnsteuerpauschale Ähnlich attraktiv - allerdings nur für das Personal sind die Konditionen des Finanzamts: Wer bis zu DM 620,– im Monat verdient, muß keine Lohnsteuer abführen, wenn der Arbeitgeber für ihn eine Lohnsteuerpauschale an das Finanzamt abführt. Diese Pauschale beträgt bei Dauerbeschäftigten 20 % des Gehalts. Sie gilt dann, wenn das Personal nicht mehr als 20 Stunden pro Woche arbeitet, monatlich nicht mehr als DM 620,– verdient und pro Stunde nicht mehr als DM 20,69. Auch hier ist ein Formular auszufüllen, das im Zeitschriftenhandel erhältlich ist. Es muß genau darüber Buch geführt werden, wann und wieviel Stunden das Personal beschäftigt war.

Ehefrau als Arbeitnehmer Die Ehefrau als Arbeitnehmer kann ebenfalls zu den gleichen Konditionen beschäftigt werden wie andere Arbeitnehmer. Das Finanzamt achtet sehr darauf, daß die Ehefrau nicht nur fiktiv, sondern auch tatsächlich in der Praxis arbeitet. Voraussetzung ist daher

- ein schriftlicher Arbeitsvertrag;
- ein eigenes Gehaltskonto der Ehefrau;
- marktübliche Konditionen für Arbeitszeit, Gehalt und Urlaub der Ehefrau;
- tatsächliche Gehaltsüberweisungen auf das eigene Konto der Ehefrau.

Lohnsteuerpauschale Der Vorteil bei der Lohnsteuerpauschale: Das auf diese Weise versteuerte Gehalt fällt aus der übrigen Einkommensteuererklärung des betreffenden Arbeitnehmers völlig hinaus und wird in keiner Weise mehr berücksichtigt. Die Versteuerung ist also mit der Pauschalsteuer endgültig erledigt.

Übrigens: Im Innenverhältnis zum Arbeitnehmer kann der Arzt durchaus vereinbaren, daß die Lohnsteuerpauschale 50:50 von Arbeitgeber und Arbeitnehmer, oder aber ganz vom Arbeitnehmer getragen wird. Die Regel ist allerdings, daß ein "Nettogehalt" vereinbart wird und das bedeutet: Der Arbeitgeber zahlt auch die Lohnsteuerpauschale.

5.14 Assistenten

Während es bisher nur den "Vorbereitungs"- oder "Entlastungsassistenten" gem. § 32 der Zulassungsverordnung gab, ist nunmehr die Einstellung eines "Dauerassistenten" gem. § 32 b ZV möglich. Allerdings muß der Zulassungsausschuß zustimmen. Er hat diese Zustimmung zu versagen, wenn für den Planungsbereich bereits vor der Antragsstellung eine Überversorgung festgestellt war. Daraus kann gefolgert werden, daß der Zulassungsausschuß die Genehmigung in der Regel zu erteilen hat, wenn bei Antragsstellung noch keine Überversorgung vorlag. Es steht damit dem Arzt grundsätzlich frei, ob er sich durch einen Kollegen entlasten will, oder ob er eine Praxisausweitung plant.

Arbeitsrechtlich ist der Dauerassistent Arbeitnehmer. Es gelten daher die gleichen Grundsätze wie für die anderen Praxisangestellten. Im Arbeitsvertrag kann der Praxisinhaber individuell Gehalt, Urlaubsanspruch, Kündigungsfristen etc. vereinbaren. Er kann damit für den Fall von Urlaub oder Krankheit seine Situation erheblich entspannen. Vorteilhaft ist aber die Einstellung eines Assistenten auch dann, wenn der Praxisinhaber die Aufgabe seiner Praxis plant. Problemlos kann er "Schritt für Schritt aussteigen" und dem Assistenten die Praxis übergeben. Die Finanzierung kann über einen Kredit oder eine Lebensversicherung "gestreckt" werden. Die Patientenkartei kann problemlos auf den Assistenten übergehen, da er sie vorher als Angestellter ohnehin schon kannte. Probleme gibt es nur in den Gebieten, in denen Zulassungsbeschränkungen angeordnet sind: Hier ist nicht garantiert, daß der Assistent auch tatsächlich Nachfolger des Vertragsarztes werden kann, bei dem er angestellt ist. Der Zulassungsausschuß muß hier den Nachfolger nach der Warteliste bzw. der Liste der eingehenden Bewerbungen auswählen. Bei dieser Auswahl ist allerdings ein bisheriger Assistent (ebenso wie Familienmitglieder) bevorzugt zu berücksichtigen.

Zulassungsbeschränkungen

6. GEMEINSCHAFTSPRAXIS UND PRAXISGEMEINSCHAFT

6.1 Gemeinschaftspraxis

Diese Form der ärztlichen Kooperation bedarf der doppelten Genehmigung durch den Zulassungsausschuß bei der KV. Einmal müssen beide Ärzte als solche in dem jeweiligen Zulassungsbezirk zugelassen werden, dann aber muß auch noch die gemeinsame Berufsausübung innerhalb von einer Praxis geh. § 33 der Zulassungsverordnung für Vertragsärzte (Ärzte-ZV) genehmigt werden. Diese Genehmigung darf allerdings nur versagt werden, wenn die Versorgung der Versicherten beeinträchtigt wird oder landesrechtliche Vorschriften über die ärztliche Berufsausübung entgegenstehen. Keineswegs darf - so hat das Bundessozialgericht entschieden (*6 RKa 7/81*) - die Genehmigung pauschal deshalb untersagt werden, weil die Ärzte für unterschiedliche Fachgebiete zugelassen sind. Eine Gemeinschaftspraxis ist nach wie vor nur unter Ärzten des gleichen oder eines nah verwandten Fachgebiets möglich. Die Fachgebiete, die als miteinander verwandt gelten, sind in der Weiterbildungsordnung aufgezählt - letztlich aber wird am sichersten eine Anfrage beim zuständigen Zulassungsausschuß ergeben, ob die Kollegen "kompatibel" sind.

Das Bundessozialgericht hat einige Grundsätze darüber aufgestellt, unter welchen Voraussetzungen fachverbindende Gemeinschaftspraxen zulässig sind:

Fachverbindende Gemeinschaftspraxen

- Die Fachgebietsbeschränkung muß eingehalten werden.

Ein niedergelassener Arzt mit Fachgebietsbezeichnung darf nach den Kammergesetzen der Länder in der Regel nur auf seinem Fachgebiet tätig werden. Dies muß insbesondere bei Überweisungen an die fachübergreifende Gemeinschaftspraxis beachtet werden. Es darf hier nur die Überweisung an einen konkreten Facharzt erfolgen.

- Der Zulassungsausschuß muß bereits bei der Genehmigung darauf achten, daß die Ärzte vertraglich die jeweiligen Facharztgrenzen einhalten. So muß z.B. eine getrennte Abrechnung vereinbart werden, soweit ein Arzt bestimmte Leistungen nicht erbringen darf. *Facharztgrenzen*

- Die Patienten müssen durch Hinweise darüber unterrichtet werden, daß sie in der Arztwahl frei sind. Die Zuziehung eines Partners aus dem anderen Fachgebiet darf daher nur mit Zustimmung des Patienten erfolgen.

- Der Vertrag zwischen den ärztlichen Partnern muß auch die unzulässige Betätigung außerhalb des Fachgebietes ausschließen.

Aber auch bei gleichartigen Gemeinschaftspraxen muß der Partnervertrag dem Zulassungsausschuß vor der Genehmigung vorgelegt werden.

Die Vorteile der Gemeinschaftspraxis sind so überzeugend, daß bei Umfragen unter fortgeschrittenen Medizinstudenten die Mehrheit nach Abschluß des Studiums in einer Gemeinschaftspraxis arbeiten möchte. Die Pluspunkte sind offensichtlich: Gegenseitige Vertretung im Urlaub und im Krankheitsfall, Teamwork, Erfahrungsaustausch, rationeller Geräteeinsatz und Kostensenkung durch gemeinsames Mieten von Praxisräumen und Geräten. Diese Vorteile sollten nicht darüber hinwegtäuschen, daß eine Gemeinschaftspraxis größtes gegenseitiges Vertrauen braucht und nur gelingen kann, wenn jeder Partner auch genügend Toleranz für die Schwächen des anderen mitbringt. Der Arzt, der schon in eigener Praxis arbeitet und überlegt, ob er einen "Junior-Partner" mit hineinnehmen soll, könnte diesen zunächst einige Zeit als freien Mitarbeiter testen oder aber als Assistenten, sofern die KV dies nach § 32 der Zulassungsverordnung genehmigt. *Freie Mitarbeiter*

Über-versorgung

Gemäß § 32 b der Ärzte-ZV kann der Vertragsarzt auch einen ganztags- oder zwei halbtagsbeschäftigte Ärzte fest anstellen. Auch dieser Arbeitsvertrag bedarf allerdings der Genehmigung des Zulassungsausschusses, der immer dann ablehnen muß, wenn für den Planungsbereich bereits vor der Antragstellung eine Überversorgung festgestellt wurde. Im übrigen ist der Arzt, wie jeder andere, auch nach § 4 der ZV-Ärzte in das jeweilige Arztregister einzutragen.

BGB-Gesellschaft

Arbeiten die Ärzte schließlich in der Gemeinschaftspraxis zusammen, dann bilden sie, ob sie wollen oder nicht, eine BGB-Gesellschaft gem. § 705 ff BGB. Die Folge: Anders als im Handelsverkehr und unter Kaufleuten stellt diese Gesellschaft keine eigene Rechtspersönlichkeit dar. Die Gemeinschaftspraxis kann also nicht als solche Rechte erwerben oder verletzen oder abtreten. Das BGB hat vielmehr diese Form der Zusammenarbeit so geregelt, daß alle Gesellschafter zusammen das jeweilige Recht erwerben, Vertragspartner sind und auch persönlich und in unbegrenzter Höhe haften - sofern dies nicht nach außen abbedungen wird. Sämtliche Partner werden also z.B. Eigentümer "zur gesamten Hand" an den Gerätschaften in der Praxis. Es ist also nicht jeder zu 50 % Eigentümer, sondern beide sind Volleigentümer zusammen miteinander. Konsequenterweise kann daher auch keiner seinen Anteil veräußern. Für Rechtsgeschäfte ist daher auch die Zustimmung aller Gesellschafter erforderlich - es gibt also keine Alleingänge, es sei denn, der Gesellschaftsvertrag sieht etwas anderes vor.

Gesellschafts-vertrag

Die folgenden Punkte müssen unbedingt im Gesellschaftsvertrag geregelt sein:

- die Höhe der Einlage, die der neu hinzukommenden Kollege leisten muß;

- die Vertretung der Gesellschaft nach außen, die in der Regel gemeinschaftlich erfolgen soll, jedoch für einzelne kleinere Geschäfte, z.B. bis zu DM 2.000,--, auch durch einen alleine vereinbart werden kann;

- die Zuteilung des Honorars zum Gesellschaftsvermögen und die Aufteilung der "Entnahme";- der beiderseitige Urlaubsanspruch und die gegenseitige Urlaubsvertretung;

- die Sprechstundenzeiten und die Vertretung im Krankheitsfall; insbesondere muß auch geregelt sein, was bei längeren Krankheitszeiten geschehen soll.

- die ordentliche Kündigung innerhalb bestimmter Fristen. Da nach dem BGB eine jederzeitige ordentliche Kündigung vorgesehen ist, sollte der Vertrag die Kündigungsfrist unbedingt so lange bemessen, daß für beide Teile ausreichend Zeit zur Orientierung bleibt. Bewährt hat sich hier eine Kündigungsfrist von 6 oder 12 Monaten.

Jederzeitige Kündigung

- Möglich sollte es auch sein, daß einer dem anderen Partner aus wichtigem Grunde kündigen kann, wie z.B. Vertragsverstoß, standeswidriges Verhalten oder Verlust der Approbation. Hier wird in der Regel eine kürzere Frist vereinbart werden, etwa 1 bis 3 Monate.

- Auch das Ausscheiden eines Gesellschafters wegen dauernder Krankheit, Berufsunfähigkeit, Alter oder Tod muß geregelt werden;

- eine Konkurrenzklausel im Falle des Ausscheidens ist empfehlenswert. Anders als im Verhältnis zum festangestellten Arzt ist unter Praxispartnern eine Konkurrenzklausel für zwei Jahre nach Beendigung der Gemeinschaftspraxis im Einzugskreis der Praxis ohne jeden finanziellen Ausgleich möglich.

Konkurrenzklausel

- Die Abfindung, die der ausscheidende Gesellschafter bekommen soll - auch eine Klausel, daß der Ausscheidende keine Abfindung erhält ist wirksam *(BGH, NJW 94, 796)*.

- eine gesondert dem Vertrag beigefügte Schiedsvereinbarung ist sinnvoll, wenn jahrelange Streitigkeiten vor den ordentlichen Gerichten vermieden werden sollen.

In jedem Fall sollte vor Abschluß des Vertrags eine ausführliche Beratung stattfinden. Die in vielen Büchern an-

Vertrags- gebotenen Vertragsmuster sind mit Vorsicht zu genießen, *muster* da sie selbstverständlich nicht auf die Bedürfnisse des konkreten Einzelfalls Rücksicht nehmen können. Auch das im Anhang abgedruckte Vertragsmuster kann nur als Anregung für den abzuschließenden Vertrag verstanden werden. In jedem Fall ist die Erstellung und Vorlage des Gemeinschaftspraxisvertrages Voraussetzung dafür, daß die KV überhaupt die Genehmigung erteilt.

Schließlich muß noch auf zwei Punkte hingewiesen werden, die nicht einseitig zwischen Partnern geregelt werden können:

- Die Arbeitsverträge zu den bereits vorhandenen Mitarbeitern des "Senior-Partners" werden gemäß 613a BGB "automatisch" von der BGB-Gesellschaft - also von beiden Ärzten übernommen. Ausnahme: Jeder Arbeitnehmer kann widersprechen.

Mietvertrag - Auch ein bereits vorhandener Mietvertrag kann nur mit Einverständnis des Vermieters durch den neuen Partner mit übernommen werden. Es empfiehlt sich auf jeden Fall eine diesbezüglich Neuregelung, da andernfalls der neue Partner gegenüber dem Vermieter keinerlei Rechte besitzt.

6.2 Die Praxisgemeinschaft

Vor allem zwischen Ärzten verschiedener Fachgebiete hat sich die Praxisgemeinschaft bewährt, bei der ein Teil der Räume und Geräte und auch des Personals gemeinsam *"Ärztehaus"* "genutzt" werden. Die Bezeichnung "Ärztehaus", die hier *untersagt* für derartige Einrichtungen eine zeitlang beliebt war, ist allerdings gerichtlich untersagt worden. Die Praxisgemeinschaft verbindet einige Vorteile der Gemeinschaftspraxis, ohne jedoch deren Nachteile zu haben. Dafür ist andererseits eine gegenseitige Vertretung von fachfremden Ärzten in der Regel ausgeschlossen. Die wesentlichen Punkte:

- Die Abrechnung mit den Krankenkassen erfolgt völlig getrennt von den anderen Kollegen;

- jeder Arzt haftet nur für sein eigenes Handeln, nicht das seiner Kollegen;

- Ärzte aller Fachrichtungen können unter einem Dach zusammenarbeiten, ohne daß es einer Genehmigung der KV bedarf;

Ärzte aller Fachrichtungen

- der einzelne Arzt ist hinsichtlich der medizinischen Behandlung und der Honorareinnahmen vollkommen unabhängig - kein Kollege kann ihm ins Handwerk pfuschen;

- der Behandlungsvertrag des Patienten wird nur mit dem einzelnen Arzt, nicht mit der ganzen Gemeinschaft abgeschlossen.

Auch in einer Praxisgemeinschaft haben die ärztlichen Kollegen bestimmte gemeinsame Ziele und Vertragsinhalte. Es kann Konsultation und Kooperation vereinbart werden. Der Mietvertrag für die gemeinsamen Praxisräume sollte von allen gemeinsam unterschrieben werden - jedenfalls empfiehlt sich dies, da ansonsten im Falle der Untervermietung das Recht des Untermieters vom Schicksal des Hauptmieters abhängen würde.

Der Mietvertrag sollte auch so abgefaßt werden, daß der "Ausstieg" eines einzelnen Kollegen bei Bedarf ohne große Schwierigkeiten möglich ist, sofern er innerhalb angemessener Zeit für einen akzeptablen Nachmieter sorgt.

"Ausstieg" möglich

6.3 Die "Partnerschaft"

Ab 1995 gilt das neue "Gesetz über Partnerschaftsgesellschaften Angehöriger freier Berufe" (PartGG). Dieses Gesetz eröffnet den freiberuflich Tätigen die zusätzliche Möglichkeit, sich in Form einer "Partnerschaftsgesellschaft" zusammen zu tun. Dies betrifft insbesondere alle Angehörigen der heilenden Berufe, wie Ärzte, Zahnärzte, Tierärzte, Heilpraktiker, Krankengymnasten, Hebammen, Heilmasseure und Diplompsychologen. Die Besonderheiten einer Partnerschaft liegen in folgendem:

- Die Partnerschaft muß mit dem Namenzusatz "Partnerschaft" oder ähnlichem Zusatz im Partnerschaftsregister beim jeweiligen Amtsgericht eingetragen werden.

- Die "Partnerschaft" erlangt anders als die BGB-Gesellschaft rechtliche Selbständigkeit im Geschäftsverkehr. Sie kann also selbst klagen und verklagt werden, Eigentum erwerben und veräußern etc.

- Für die Schulden der "Partnerschaft" haftet sowohl die Partnerschaft mit ihrem Eigenvermögen, als auch die jeweiligen Partner persönlich.

Haftung beschränkbar
- Der wichtigste Unterschied ist wohl, daß die Partner ihre Haftung gegenüber den Kunden bzw. Patienten aus Schäden wegen fehlerhafter Berufsausübung auf denjenigen beschränken können, der innerhalb der Partnerschaft die berufliche Leistung zu erbringen hatte. Damit haften im Falle von Haftpflichtansprüchen der Patienten nicht mehr sämtliche Gesellschafter gemeinsam, sondern ausschließlich derjenige, der die Behandlungsfehler begangen hat bzw. die mangelhafte Aufklärung des Patienten verschuldet hat.

Wieweit das neue Gesetz dann tatsächlich in die Praxis umgesetzt wird, bleibt abzuwarten.

Schließlich ist noch darauf hinzuweisen, daß für alle Formen der beruflichen Zusammenarbeit, insbesondere aber für Gemeinschaftspraxen durch das Gesundheitsstrukturgesetz Probleme auftauchen, die möglicherweise zu Vertragsänderungen unter den Gesellschaftern führen sollten. Dies gilt jedenfalls in den Gebieten, in denen wegen bestehender oder drohender Überversorgung die Nachfolgefrage nicht mehr völlig frei geregelt werden kann. Hier bestehen vor allem zwei Gefahren:

- Der bleibende Gesellschafter bekommt vom Zulassungsausschuß einen neuen Partner vorgesetzt, der nicht seinen eigenen Wünschen entspricht;

- der ausscheidende Partner darf wegen einer Wettbewerbsklausel im Gesellschaftsvertrag sich nicht im selben

Bezirk niederlassen. Wenn die Nachbarbezirke "gesperrt" sind, führt dies zu einer erheblichen Verschärfung seiner Situation.

Bei der vertraglichen Neuregelung empfiehlt es sich, sachverständigen Rat hinzuzuziehen.

6.4 "Ärzte-GmbH"

Während der BGH das Betreiben von Arztpraxen in Form einer GmbH grundsätzlich für zulässig erklärt hat, haben die meisten Bundesländer dies inzwischen untersagt (z.B. Bayern).

7. Meldepflicht für Ärzte

Die medizinische Behandlung gehört zur Intimsphäre und darf daher nur in Ausnahmefällen gegenüber Dritten offenbart werden. Die Schweigepflicht des Arztes gem. § 203 StGB wurde bereits dargestellt. Der Arzt hat aber in bestimmten, gesetzlich genau geregelten Fällen, auch eine Mitteilungspflicht hinsichtlich bestimmter Krankheiten. Zu unterscheiden ist hier die namentliche und anonyme Mitteilungspflicht.

7.1 AIDS melden?

Laborberichtsverordnung

Für AIDS, das "Acquired Immune Deficiency Syndrome" gilt seit 01.01.1988 die gem. § 7 Abs. 1 Bundesseuchengesetz erlassene Laborberichtsverordnung. Danach müssen diejenigen, die HIV-Tests durchführen, einen AIDS-positiven Test an das AIDS-Infektionsregister beim ehemaligen Bundesgesundheitsamt (heute dem Bundesgesundheitsministerium unterstellt) melden. Die Meldung hat absolut anonym zu erfolgen, es werden nur Daten durchgegeben, die für die Erfassung der "epidemischen Lage" von Interesse sind. So enthält das vorgedruckte Formular des Bundesgesundheitsamts Rubriken für die Art des Testverfahrens, das Alter und Geschlecht der untersuchten Person sowie Fragen nach dem Anlaß für den Test und dem bereits vorhandenen Krankheitsbild.

Die Meldepflicht trifft nicht den Arzt, der einem Patienten zwar Blut abnimmt und dieses in einem Labor einschickt.

Meldepflichtige Krankheiten

Die Bundesregierung hat es bisher vermieden, AIDS in den Katalog der meldepflichtigen Krankheiten nach § 3 des Seuchengesetzes aufzunehmen. Dann wären AIDS und der AIDS-Patient namentlich zu melden.

Das Bundesverfassungsgericht hat mit Beschluß vom 28.07.1987 (*1 BvR 842/87*) die politische Linie der Regierung verfassungsrechtlich abgesegnet. Die Verfassungsbeschwerde eines Bluters hatte sich dagegen gerichtet, daß bisher weder eine namentliche Meldepflicht noch eine Reihenuntersuchung über AIDS stattfinden. Die Verfassungsrichter lehnten die Beschwerde ab, weil

1. sie Sympathien zeigten für das Konzept der AIDS-Bekämpfung durch Aufklärung. Die Meldepflicht und Reihenuntersuchungen könnten nur zu Isolation von Infizierten führen und das Trugbild einer "Sicherheit" schaffen, durch das die Seuche noch schneller verbreitet würde.

2. Der Gesetzgeber habe einen weiten Spielraum, um durch geeignete Maßnahmen die Ausbreitung von AIDS zu verhindern. Die Gerichte hätten hier nicht einzugreifen.

Es kommt hinzu, daß die Kriterien des Bundesseuchengesetzes nur schwer auf AIDS anwendbar sind. So müßte geklärt werden, wann jemand z.B. "ansteckungsverdächtig" ist oder "krankheitsverdächtig" bzw. "ausscheidungsverdächtig". Nach BSeuchG ist jemand "krank", der an einer übertragbaren Krankheit erkrankt ist. Wäre demnach der HIV-Infizierte bereits krank? Dies ist nach allgemeiner Auffassung gerade nicht der Fall.

Bundesseuchengesetz

7.2 Das Bundesseuchengesetz (BSeuchG)

Der "Katalog" der meldepflichtigen Krankheiten nach § 3 BSeuchG unterscheidet 4 Gruppen mit insgesamt 39 ausdrücklich aufgeführten Krankheiten bzw. Krankheitserregern vom Botulismus bis zu den Shigellen. Die Meldepflicht ist je nach Krankheitsstärke unterschiedlich gestaffelt. In der ersten Gruppe (z.B. Cholera, Pest, Pocken, Tollwut) ist bereits der Krankheitsverdacht, selbstverständlich aber auch Erkrankung und Tod dem zuständigen nächsten Gesundheitsamt zu melden. Dabei wird auch der Name des Patienten mitgeteilt.

Krankheitsverdacht melden

Die zweite Gruppe (z.B. Lues, Diphtherie, Malaria, Virus-Hepatitis) muß bei tatsächlich eingetretener Krankheit oder Tod gemeldet werden.

Für eine dritte Gruppe von Krankheiten ist nur die Meldung der Todesfälle vorgeschrieben, so etwa für die Virusgrippe, den Keuchhusten, Masern oder Scharlach.

Schließlich sind auch noch die "Ausscheider" bestimmter Krankheitserreger zu melden, etwa Salmonellen oder Cholera-Vibrionen. Außerdem muß jede Verletzung durch ein

Tollwutkrankes Tier

tollwutkrankes oder verdächtiges Tier dem Gesundheitsamt gemeldet werden.

Die jeweilige Meldung durch den Arzt hat innerhalb von 24 Stunden an das zuständige Wohnsitz-Gesundheitsamt des Betroffenen zu erfolgen. Meldepflichtig sind nicht nur Ärzte, sondern auch andere berufsmäßige Pflegepersonen, Hebammen und Leiter von Pflegeanstalten.

Der Arzt, der nicht Meldung erstattet, kann mit einem Bußgeld bis zu DM 50.000,-- gem. § 69 BSeuchG bestraft werden. Er sollte sich nie darauf verlassen, daß andere beteiligte Personen Meldung möglicherweise schon erstattet haben - er selbst muß auf jeden Fall melden.

7.3 Das Gesetz zur Bekämpfung von Geschlechtskrankheiten

Dieses Gesetz sieht die härtesten Melde- und Kontrollmaßnahmen gegen die betroffenen Kranken vor, die unser Rechtssystem kennt. Es betrifft aber nur die 4 dort namentlich genannten "Lust-Seuchen": Syphilis, Tripper, weicher Schanker und venerische Lymphknotenentzündung.

Ein Arzt, der eine dieser Krankheiten feststellt, muß den Betroffenen namentlich und mit Adresse dem zuständigen Gesundheitsamt melden. Er sollte außerdem, soweit ihm dies möglich und zumutbar ist, die Ansteckungsquelle ermitteln.

Der Kranke hat folgende Verpflichtungen:

Krankheitsverdacht

- Er muß sich bei Krankheitsverdacht unverzüglich untersuchen lassen - der Arzt sollte ihn im Verdachtsfall auf diese Untersuchungspflicht hinweisen und dem Patienten die Untersuchung unverzüglich anbieten.

- Bei erwiesener Krankheit kann unter Umständen die Berufsausübung untersagt werden.

"Enthaltungspflicht"

- Der Betroffene unterliegt gem. § 6 dieses Gesetzes der "Enthaltungspflicht". Verstößt er dagegen, droht Freiheitsstrafe bis zu 3 Jahren. Er darf den Geschlechtsverkehr erst dann wieder ausüben, wenn die Krankheit nach dem Urteil des behandelnden Arztes nicht ansteckend ist.

- Der Betroffene muß, wenn er jemals in seinem Leben an Syphilis gelitten hat, sich von einem Arzt vor Eingehen der Ehe eine "Unbedenklichkeitsbescheinigung" ausstellen lassen. Diese wird nur erteilt, wenn eine Ansteckungsgefahr oder eine Krankheitsgefahr für etwaige Nachkommen nicht gegeben ist.

"Unbedenklichkeitsbescheinigung"

- Eine geschlechtskranke Frau darf kein fremdes Kind stillen und ihre Milch nicht abgeben.
- Wer geschlechtskrank ist oder irgendwann Syphilis hatte, darf kein Blut mehr spenden.

Rechte und Pflichten des Arztes:
- Wer eine Geschlechtskrankheit behandelt, muß sie vorher durch persönliche Untersuchung des Kranken diagnostiziert haben.
- Die Behandlung darf nur durch den Arzt erfolgen, Heilpraktiker also sind ausgeschlossen.
- Verboten ist es, öffentlich Ratschläge zur Selbstbehandlung zu erteilen.
- Verboten ist es auch, die Behandlung dieser Krankheiten öffentlich anzubieten.
- Der Arzt hat gem. § 10 des Gesetzes genaue Aufzeichnungen über die Behandlung zu führen.

7.4 Weitere Meldepflichten

Auch nach anderen gesetzlichen Vorschriften können sich noch Melde- und Mitteilungspflichten für den Arzt ergeben, so etwa ist im § 1543d RVO der Arzt verpflichtet, dem Träger der Unfallversicherung Auskunft über die Behandlung und den Zustand des Verletzten zu erteilen. Dies betrifft also diejenigen Patienten, die wegen einer Berufserkrankung oder eines Berufsunfalls in Behandlung sind. Hier hat die Unfallversicherung einen Anspruch auf Information, weil Sie auch die Kosten der Behandlung übernimmt.

Berufserkrankung

Gegenüber privaten Versicherungsgesellschaften besteht dagegen keinerlei Auskunftspflicht für den Arzt. Fraglich ist sogar, ob er überhaupt das Recht hat, Auskunft zu erteilen. Um sich hier nicht zwischen zwei Stühle zu setzen, ist zu empfehlen, daß er sich immer eine ausdrückliche Schweigepflicht-Entbindungserklärung des Patienten für Versicherungsauskünfte im konkreten Fall vorlegen läßt. Wenn ein Patient nach einem Verkehrsunfall z.B. in ärztliche Behandlung kommt und den Arzt von der Schweigepflicht gegenüber den beteiligten privaten Versicherungen entbindet, dann hat der Arzt allerdings die vertragliche Nebenpflicht, auch Auskünfte über die Art der Verletzung, der Therapie etc. zu geben. Kostenschuldner für das entsprechende Attest ist allerdings unmittelbar der Patient. Ob dieser die Kosten von der Versicherung zurück erhält, ist nicht das Problem des Arztes. Es empfiehlt sich dringend, dem Patienten das bereits beim Unterschreiben der Schweigepflicht-Entbindung klar zu machen.

Kostenschuldner Patient

7.5 Das Bundeskrebsregistergesetz

Das Gesetz regelt die fortlaufende und einheitliche Erhebung personenbezogener Daten über das Auftreten bösartiger Neubildungen einschließlich ihrer Frühstadien sowie die Verarbeitung und Nutzung dieser Daten seit 1.1.1995.

Die Bundesländer haben die neuen Krebsregister stufenweise bis zum 1. Januar 1999 einzurichten.

Der Arzt kann, sofern das Krebsregister in seinem Bundesland errichtet ist, neu auftretende Krebserkrankungen melden. Der Patient muß allerdings von der beabsichtigten oder erfolgten Meldung zum frühestmöglichen Zeitpunkt unterrichtet werden. Anläßlich der Unterrichtung muß er auch auf sein Widerspruchsrecht hingewiesen werden. Auf seinen Wunsch hin ist ihm auch der Inhalt der Meldung bekanntzugeben.

Der Patient hat auch einen Anspruch darauf, zu erfahren, was im Krebsregister über ihn gespeichert ist. Auf seinen Antrag hin erteilt das Krebsregister die Auskunft seinem Arzt, der sie mündlich oder schriftlich an den Patienten weitergeben muß. Dabei darf weder die schriftliche Auskunft des Krebsregisters noch eine Kopie davon dem Patienten ausgehändigt werden.

Der Arzt darf vom Krebsregister erteilte Auskunft nicht an Dritte weitergeben, und zwar auch dann nicht, wenn der Patient einwilligt.

8. Betreuungsrecht und Zwangseinweisung

8.1 Grundlagen

Seit 1. Januar 1992 hat das Betreuungsgesetz die früheren Vorschriften über die Pflegschaft bzw. Vormundschaft für psychisch kranke Menschen im weitesten Sinne abgelöst. Es ist hier kein Raum, das gesamte Betreuungsgesetz darzustellen. Aber so weit es für den Arzt in der Praxis wichtig ist, insbesondere für die Fälle der medizinischen Behandlung (§ 1904 BGB) und der Zwangsunterbringung (§ 1906 BGB), werden die zentralen Begriffe des neuen Rechts vorgestellt.

Das neue Recht kennt für psychisch Kranke keine konstitutive Feststellung der Geschäftsunfähigkeit mehr, wie sie früher durch die Entmündigung und folgende Vormundschaft gegeben waren. Dies bedeutet, daß der Kranke zwar mehr Persönlichkeitsschutz und mehr Freiheit hat, andererseits aber auch eine größere Rechtsunsicherheit herrscht. Es muß bei Streitigkeiten im Einzelfall geklärt werden, ob noch Geschäftsfähigkeit vorlag. Dabei ist die Geschäftsunfähigkeit nach wie vor bei einer Person gegeben, die sich "in einem die freie Willensbestimmung ausschließenden Zustand krankhafter Störung der Geistestätigkeit befindet, sofern dieser Zustand nicht seiner Natur nach nur vorübergehend ist"   *Geschäftsunfähigkeit*

Das neue Recht läßt die Bedeutung der Geschäftsunfähigkeit in den Hintergrund treten und stellt den kranken Menschen und seinen Betreuungsbedarf in den Vordergrund.   *Betreuungsbedarf*

Voraussetzung dafür, daß jemand von Amts wegen einen Betreuer bekommt, ist gemäß § 1896 BGB, daß der Volljährige "aufgrund einer psychischen Krankheit oder geistigen oder seelischen Behinderung" seine Angelegenheit ganz oder teilweise nicht selbst erledigen kann. Die früher verwendeten Begriffe der "Geisteskrankheit" und "Geistesschwäche" tauchen im Gesetz nicht mehr auf.

Unter das neue Kriterium der "seelischen Behinderung" fallen auch z.B. diejenigen Beeinträchtigungen, die auf ge-

Geronto- rontologischen Erscheinungen beruhen. So kommt eine
logische Betreuung von Amts wegen in Frage, wenn folgende Krank-
Erscheinung heiten vorliegen:

- endogene oder exogene Psychosen;
- Suchtkrankheiten oder Psychopathien;
- angeborene oder frühzeitig erworbene Intelligenzdefekte;
- bleibende psychische Beeinträchtigung infolge früherer psychischer Krankheiten.

Der Betreuer bekommt vom Vormundschaftsgericht bei seiner Bestellung bestimmte Aufgabenkreise zugewiesen. Diese betreffen z.B. den Aufenthalt, das Vermögen, die Gesundheitsfürsorge.

Voll Der Betreute bleibt grundsätzlich neben dem Betreuer voll
handlungsfähig handlungsfähig, und zwar auch im Aufgabenkreis des Betreuers. Das Gesetz riskiert damit durchaus, daß zwei widersprechende Willenserklärungen abgegeben werden. Eine generelle Entmündigung des Betreuten gibt es jedenfalls nicht mehr. Es gibt lediglich zwei Grenzen für seine Handlungsfähigkeit:

- Die Geschäftsunfähigkeit im Einzelfall und
- der "Einwilligungsvorbehalt".

Einwilligungs- Gemäß § 1903 BGB kann das Vormundschaftsgericht ei-
vorbehalt nen Einwilligungsvorbehalt für bestimmte Willenserklärungen innerhalb des Aufgabenkreises des Betreuers anordnen. Die Folge ist, daß diese Willenserklärungen des Betreuten erst dann wirksam werden, wenn der Betreuer seine Zustimmung dazu gegeben hat. Voraussetzung für den Einwilligungsvorbehalt ist jedoch, daß die begründete Besorgnis besteht, daß dem Betreuten eine erhebliche Gefahr für seine Person oder sein Vermögen droht. Eine öffentliche Bekanntmachung dieses Einwilligungsvorbehaltes gibt es nicht.

8.2. Medizinische Maßnahmen

Für den Arzt ergibt sich aus dem vorgenannten, daß ein Betreuer, sofern er geschäftsfähig ist, über seine ärztliche Versorgung selbst zu entscheiden hat. Dies gilt jedenfalls für diejenigen Maßnahmen, die weder mit Lebensgefahr noch mit Dauerschäden verbunden sind.

Beispiel: Der unter Betreuung stehende Patient verweigert die Einnahme eines Schilddrüsenpräparats, weil die Nebenwirkungen ihm nicht behagen.

1. Variante: Der Betreute ist ersichtlich geschäftsfähig: Hier kann der Arzt nur mit ausdrücklicher Einwilligung des Betreuten Rücksprache beim Betreuer nehmen (Schweigepflicht!) und versuchen, mit diesem die Problematik zu klären. Der Betreuer kann nicht über den Kopf des Betreuten hinweg irgendwelchen Zwang anordnen.

2. Variante: Der Arzt hat erhebliche Zweifel an der Geschäftsfähigkeit des Betreuten. Ist klar, daß der Patient immerhin die "natürliche Einsichtsfähigkeit" besitzt, so ist nach richtiger rechtlicher Auffassung einerseits seine Zustimmung zu einer medizinischen Maßnahme ausreichend. Andererseits aber auch erforderlich. Auch hier gilt also das gleiche wie in Variante eins.

"Natürliche Einsichtsfähigkeit"

3. Variante: Der Patient ist deutlich einsichtsunfähig: In diesem Falle ist er auch einwilligungsunfähig, d.h. seine Einwilligung zu einer medizinischen Behandlung reicht nicht aus, um diese zu rechtfertigen. Der Arzt muß sich in diesem Fall vor einer Behandlung mit dem Betreuer in Verbindung setzen. Gegebenenfalls muß er beim zuständigen Amtsgericht (Abteilung Vormundschaftsgericht) anrufen und eine Betreuung sowie Genehmigung der Behandlung beantragen.

Wenn der Betreuer der medizinischen Untersuchung und Behandlung zustimmt, so ist diese in diesen Fällen auch gegen den Willen des Patienten möglich.

Grauzone: Wenn die Einsichtsfähigkeit des Patienten zweifelhaft ist und er die Behandlung verweigert, so hat nach zutreffender Rechtsauffassung die medizinische Maßnahme zu unterbleiben! Der Arzt riskiert andernfalls den Strafvorwurf der vorsätzlichen Körperverletzung. Es bedarf dann der Anordnung eines Einwilligungsvorbehalts durch das Vormundschaftsgericht (für die konkrete Maßnahme) mit der Folge, daß der Widerspruch des Betreuten gegen die

Maßnahme unterlassen

Zustimmung des Betreuers unwirksam wäre und der Arzt die Behandlung beginnen könnte.

Diese Schwierigkeiten gelten nicht in den Fällen, in denen "die begründete Gefahr besteht, daß der Betreute aufgrund der Maßnahme stirbt oder einen schweren oder länger dauernden gesundheitlichen Schaden erleidet". In diesen Fällen schwerer medizinischer "Geschütze" genügt die Einwilligung des Betreuers in eine medizinische Untersuchung, Heilbehandlung oder einen ärztlichen Eingriff nicht.

Vormund-schafts-gericht Es bedarf dann zusätzlich der Genehmigung des Vormundschaftsgerichts (§ 1904 BGB)

Diese Genehmigung ist nur dann verzichtbar, wenn mit dem Aufschub Gefahr verbunden wäre. Hier hat der Arzt in "Geschäftsführung ohne Auftrag" zu handeln, wie bei allen anderen Patienten.

Die Schwelle der Genehmigungspflicht ist hoch. Wenig wahrscheinlich, jedoch nicht auszuschließende Risiken sind also genehmigungsfrei. Sinn der Vorschrift ist es vor allem, daß das Vormundschaftsgericht hinsichtlich des Sterberisikos bei riskanten Operationen etwa an herzkranken Patienten eingeschaltet wird.

Rechnet der Arzt mit schweren Schäden, die jedoch nicht länger andauern (nicht länger als 1 Jahr), etwa tiefe blutende Wunden etc., so ist eine Genehmigung des Vormundschaftsgerichts nicht erforderlich. Es müssen nämlich beide Merkmale zutreffen für die Genehmigungspflicht. Die Folge muß sowohl schwer als auch länger dauernd sein.

Schwere Nebenwirkungen Auch schwere nachteilige Nebenwirkungen von Medikamenten können daher genehmigungspflichtig sein.

Hinweis: Der Arzt wird wegen seiner besonderen Verantwortung im Falle einer Betreuung sich sicherheitshalber vom Betreuer das Bestellungsdokument des Vormundschaftsgerichts vorlegen lassen. Der Betreuer hat überhaupt nur dann "etwas zu sagen", wenn er auch für den Aufgabenkreis der "Gesundheitsfürsorge" verantwortlich ist.

8.3 Die Zwangsunterbringung (§ 1906)

Die hier geregelte Zwangsunterbringung setzt immer einen Betreuer voraus, der mit dem Aufgabenkreis "Aufenthalt" und "Gesundheitsfürsorge" betraut ist. Hier gilt als Grundsatz, daß eine Unterbringung gegen den Willen des Betreuten nur mit Genehmigung des Vormundschaftsgerichts zulässig ist. Diese Genehmigung wiederum ist immer abhängig von einem psychiatrischen Gutachten. Ohne diese Genehmigung ist eine Unterbringung nur zulässig, wenn "mit dem Aufschub Gefahr" verbunden ist. Handelt es sich um eine derartige "Gefahr-Unterbringung", so ist die Genehmigung unverzüglich nachzuholen.

Genehmigung des Vormundschaftsgerichts

Im übrigen setzt die Zwangsunterbringung voraus, daß sie zum Wohl des Betreuten erforderlich ist, weil
1. aufgrund einer psychischen Krankheit oder geistigen oder seelischen Behinderung des Betreuten die Gefahr besteht, daß er sich selbst tötet oder erheblichen gesundheitlichen Schaden zufügt, oder
2. eine Untersuchung des Gesundheitszustandes, eine Heilbehandlung oder ein ärztlicher Eingriff notwendig sind, die ohne die Unterbringung des Betreuten nicht durchgeführt werden können und der Betreute aufgrund einer psychischen Krankheit oder geistigen oder seelischen Behinderung die Notwendigkeit der Unterbringung nicht erkennt oder nicht nach dieser Einsicht handeln kann.

Dieser § 1906 BGB regelt also im Prinzip zwei Fälle: Einmal den der Selbstgefährdung und dann den der medizinischen Untersuchung und Behandlung gegen den Willen des Patienten. Hierbei ist aber immer zusätzlich das Verhältnismäßigkeitsgebot zu berücksichtigen. Eine detaillierte Rechtsprechung gibt es hierfür noch nicht. Es ist aber klar, daß kein Patient wegen kleinerer gesundheitlicher Gebrechen bereits mit der Einweisung rechnen muß.

Behandlung gegen den Willen des Patienten

3. Schließlich ist noch auf die Sonderregelung für die Sterilisation in § 1905 BGB hinzuweisen. Hier ist geregelt, daß der nichteinwilligungsfähige Patient nur mit Einwilligung des Betreuers und mit Genehmigung des Vormundschaftsgerichts in bestimmten Fällen sterilisiert werden darf. Für die Einzelheiten wird hier auf den Wortlaut des § 1905 BGB hingewiesen.

IV. RECHTSMEDIZIN UND SONSTIGES ARZTRECHT

1. Die Todesbescheinigung

Ein Arzt wurde am 13.10.1986 gegen 17.00 Uhr während seiner Nachmittagssprechstunde zu einer etwa 70 Jahre alten Patientin gerufen, die er bei seiner Ankunft in der Wohnung bereits tot auf ihrem Rücken liegend fand. Er kontrollierte Atem, Puls und Pupillenreaktion und stellte eine Todesbescheinigung aus. Als Todesursache gab er Herz-Kreislauf-Versagen infolge eines Herzinfarkts und Schlaganfalls an. Er übersah, daß die Verstorbene vor allem auf dem Rücken deutlich ausgeprägte hellrote Totenflecken zeigte, die typisch für eine Kohlenmonoxydvergiftung waren. Wie sich später herausstellte, war die Frau nicht an einer natürlichen Todesursache gestorben, sondern an einer Kohlenmonoxydvergiftung, weil aus ihrem Ofen, besonders bei höheren Außentemperaturen, CO-Gas austrat - drei Tage nach dem Tod der alten Frau starb auch deren Tochter in derselben Wohnung an einer Gasvergiftung gleicher Ursache. Das Amtsgericht Wennigsen am Deister verurteilte den Arzt wegen fahrlässiger Tötung der Tochter (*NJW 1989, 786*).

Hellrote Totenflecken

Auch wenn das strafrechtliche Ergebnis in der juristischen Literatur heftig kritisiert wurde, zeigt das Beispiel, daß der Arzt, der einen Totenschein ausstellt, große Verantwortung trägt.

Große Verantwortung

Nach den meisten Landesgesetzen ist der Arzt verpflichtet, im Leichenschein anzukreuzen, ob der Betroffene eines "natürlichen Todes", "nichtnatürlichen Todes" oder aus "ungeklärter Todesursache" gestorben ist. Rechtlich ist der Arzt verpflichtet, auch nur beim geringsten Zweifel an einem natürlichen Tod zumindest ein Kreuzchen vor der Rubrik "Todesursache ungeklärt" zu machen. Die Folge ist freilich, daß in der Regel dann die Leiche in ein rechtsmedizinisches Institut überführt und obduziert wird.

Nach einer Untersuchung der Universität Homburg wurden von 13.500 Todesfällen 62 % falsch diagnostiziert. Bei mehr als 800 Leichen waren im Totenschein auffällige Hinweise für Mord oder Totschlag übersehen worden (*vgl. Der Spiegel 43/1993*). Dies sind zwar nur 6 % aller Fälle, aber immerhin hat der zuständige Arzt mit Sicherheit in jedem einzelnen Fall gegen das betreffende Landesgesetz verstoßen. Die Landesgesetze sehen nämlich vor, daß der Arzt, der vorsätzlich oder auch leichtfertig eine unrichtige Bescheinigung über die Todesursache ausstellte, sich strafbar macht. Außerdem macht sich jeder Arzt, der eine "unnatürliche Todesursache" übersieht, evtl. unwissentlich zum Gehilfen eines Verbrechers.

Hinweise übersehen

So unangenehm es dem Arzt sein mag, aber er ist zu einer gewissenhaften Untersuchung der Leiche verpflichtet. Dies bedeutet, daß er sie in der Regel auch unter Anwesenheit naher Angehöriger entkleiden und die gesamte Oberfläche genau untersuchen muß.

Im einzelnen hat der Arzt folgende Verpflichtungen:

a. Er muß die Personalien, soweit dies an Ort und Stelle möglich ist, feststellen.

b. Er muß, sofern er die Personalien nicht feststellen kann oder der Verdacht eines nichtnatürlichen Todes vorliegt, unverzüglich die nächstzuständige Polizeidienststelle benachrichtigen und der Polizei bei ihrem Eintreffen den Leichenschau-Schein übergeben.

Der Grund hierfür ist, daß jede Beerdigung eines Verstorbenen einer behördlichen Genehmigung bedarf. Der Sterbefall muß standesamtlich beurkundet sein und die Beerdigung soll nicht früher als 48 Stunden und nicht später als 96 Stunden nach dem Todeseintritt erfolgen. Die kommunalen Gesundheitsbehörden haben die Leichenschau zu überwachen. Diese soll, wenn möglich, innerhalb von 24 Stunden nach dem Tode erfolgen.

Behördliche Genehmigung

c. Der Arzt muß Todeszeitpunkt und Todesart feststellen. In der Regel sollte mindestens ein sicheres Todeszeichen vorhanden sein, bevor der Leichenschein unterschrieben wird.

Todeszeitpunkt und Todesart

d. Der Arzt hat festzustellen, ob eine übertragbare Krankheit im Sinne des Bundesseuchengesetzes vorlag und muß, wenn dies der Fall war, Meldung beim zuständigen Gesundheitsamt erstatten.

Todesursache e. Die genauere Todesursache bereitet oft die größte Schwierigkeit und ist immer wieder Anlaß zu erheblichen Zweifeln. Insbesondere die häufige Diagnose "plötzlicher Herztod" hält in vielen Fällen, wie Gerichtsmediziner feststellen müssen, einer Nachprüfung nicht stand (*vgl. Höhn, Rechtsmedizin, Kapitel 132*). Wenn möglich, soll auch das *Grundleiden* Grundleiden angegeben werden, das der Krankheit oder Verletzung zugrundelag, welche schließlich den Tod herbeigeführt hat. Der Arzt kann und sollte auch zu diesem Zweck diejenigen Ärzte und Heilpraktiker sowie die Angehörigen des Verstorbenen um Auskunft bitten. Diese sind ihm gegenüber auch zur Auskunft verpflichtet.

Nur in einigen Bundesländern (Bremen, Hamburg) besteht die Möglichkeit, einen vorläufigen Totenschein auszustellen, der lediglich den Tod selbst bescheinigt, ohne daß jedoch die Ursache angegeben werden muß. Diese kann dann entweder von einem Rechtsmediziner nach eingehender Leichenschau festgestellt werden oder vom selben Arzt, nachdem die Leiche an einen Ort gebracht worden ist, wo die Untersuchung in aller Ruhe erfolgen kann.

2. Sterbehilfe

Wenn es um Leben oder Tod geht, braucht der Arzt in der Praxis eigentlich eindeutige, praktikable und leicht merkbare rechtliche Regeln und ethische Grundsätze. Beides kann ihm jedoch nicht für alle Lebens- und Sterbenslagen zur Verfügung gestellt werden. Allerdings lassen sich doch aus der Rechtsprechung einige Grundsätze herausfiltern, die es dem Arzt ermöglichen sollten, zwischen der vom Patienten erwünschten Sterbehilfe, der ebenfalls straflosen Beihilfe zum Selbstmord und der strafbaren Tötung auf Verlangen (§ 216 StGB) einen für sich gangbaren Weg zu finden.

Straflose Beihilfe

2.1 Leitsatz des BGH

Dazu ein Leitsatz des Bundesgerichtshofs (*NJW 1991, 2357*): "Auch bei aussichtsloser Prognose darf Sterbehilfe nicht durch gezieltes Töten, sondern nur entsprechend dem erklärten oder mutmaßlichen Patientenwillen durch die Nichteinleitung oder den Abbruch lebensverlängernder Maßnahmen geleistet werden, um dem Sterben - ggf. unter wirksamer Schmerzmedikation - seinen natürlichen, der Würde des Menschen gemäßen, Verlauf zu lassen".

Das Urteil wurde gefällt im Zusammenhang mit einer Krankenschwester, die diese Grundsätze mißachtet hatte und 5 schwerstkranke Patienten mit Injektionen heimlich getötet hatte, um ihnen aus Mitleid den Todeskampf zu ersparen. Die Krankenschwester wurde wegen Totschlags verurteilt.

Heimlich getötet

Ganz anders lag die Situation bei einem praktischen Arzt, der vom Bundesgerichtshof (*Urteil vom 04.07.1984, Az.: 3 StR 96/84*) freigesprochen wurde, weil er das Selbstbestimmungsrecht einer Patientin geachtet und sich ihrem Willen untergeordnet hatte.

Selbstbestimmungsrecht

Der Fall: Der Arzt, der seit vielen Jahren Hausarzt der über 70jährigen Patientin war, stellte beim Eintreffen in ihrer Wohnung fest, daß sie im Sterben lag. Sie atmete nur noch 6 x pro Minute, ihr Puls war nicht mehr zu fühlen. In ihren

Händen und auf dem Wohnzimmertisch lag jeweils ein Zettel, auf dem sie vermerkt hatte, daß sie nicht ins Krankenhaus wolle und man sie sterben lassen solle. Diesen "Briefen" sowie die den herumliegenden Arzneimittelpakkungen (Morphium und Schlaftabletten) konnte der Arzt entnehmen, daß es sich um einen Suizid handelte. Der Arzt wußte von ihr, daß sie weder die Einweisung in ein Krankenhaus oder Pflegeheim wünschte, noch die Behandlung auf der Intensivstation oder die Anwendung lebensverlängernder Mittel.

Als er die bewußtlose Patientin untersucht hatte, war ihm klar, daß sie entweder gar nicht mehr oder nur mit Folge schwerer Dauerschäden zu retten sein würde. Er unternahm nichts zu ihrer Rettung, sondern blieb die Nacht über bei ihr, bis er morgens um 07.00 Uhr den Tod feststellte.

"Tötung durch Unterlassen"

Ein forscher Staatsanwalt erstattete gegen den Arzt unverzüglich Anzeige wegen "Tötung durch Unterlassen", zumindest aber wegen unterlassener Hilfeleistung. Der Arzt wurde allerdings nicht nur vom BGH, sondern auch von den unteren Instanzen freigesprochen. Der Fall darf aber keineswegs dahin verallgemeinert werden, daß ein Arzt in keinem Fall verpflichtet wäre, einen "Selbstmörder" zu retten. Der Arzt im genannten Beispiel wurde vielmehr nur deshalb freigesprochen, weil er davon ausging, daß die Lebensmüde entweder gar nicht mehr zu retten war oder aber ganz erhebliche Schädigungen davontragen würde. Nur unter diesen Umständen durfte der Arzt den Willen der Patientin respektieren und sie sterben lassen.

Schmerzmittel

Noch einen Schritt weiter ging der BGH in einem Urteil vom November 1996: Der Arzt darf einem Sterbenden, der unter starken Schmerzen leidet, starke Schmerzmittel geben, auch wenn dadurch das Leben verkürzt wird.

Voraussetzungen:
- Der Patient liegt bereits „im Sterben" (unmittelbare Todesnähe);
- der Patient leidet unter starken Schmerzen;
- der Patient wünscht ausdrücklich eine Lebensverkürzung, oder (bei Bewußtlosigkeit) dies ist aufgrund vorheriger Äußerungen als sein Wunsch anzunehmen.

Begründung für die Straffreiheit: Der Wille des Patienten, der ja über die Behandlung zu entscheiden hat, hat Vorrang.

2.2 Richtlinien der BÄK

Die Bundesärztekammer hat 1998 ihre Richtlinie zur Sterbehilfe im Vergleich zu bisher geringfügig modifiziert. Es gelten folgende Grundsätze:

a. Der Wille des Patienten ist zu respektieren, auch wenn er die vom Arzt befürwortete Therapie ablehnt.

b. Beim bewußtlosen oder urteilsunfähigen Patienten muß auf den mutmaßlichen Willen des Patienten geachtet werden. Indizien für diesen Willen können vorher verfaßte "Patientenbriefe" oder Testamente sein. Auch dem Patienten nahestehende Menschen müssen angehört werden.

Der mutmaßliche Patientenwille

c. Besteht bei einem dem Tode nahen Kranken oder Verletzten <u>Aussicht auf Besserung</u>, so setzt der Arzt diejenigen Behandlungsmaßnahmen ein, die der möglichen Heilung und Linderung des Leidens dienen.

d) Die aktive Sterbehilfe wird generell abgelehnt. Unter bestimmten Voraussetzungen ist aber der Behandlungsabbruch bei Sterbenden, Todkranken, aber auch lebensbedrohlich Erkrankten noch vor Eintritt in die Sterbephase zulässig. Dies kann auch den Entzug künstlicher Ernährung umfassen. Über die Zulässigkeit des Behandlungsabbruchs entscheidet der erklärte oder mutmaßliche Wille des Patienten. Die Richtlinie gilt auch für Neugeborene mit schwersten Fehlbildungen und für Wachkomapatienten. Bei Neugeborenen soll es nicht auf den Willen der Eltern ankommen, sondern auf die Schwere der Schäden.

2.3 Patientenbrief

Immer mehr Patienten verfassen einen Patientenbrief oder ein Patiententestament, in dem sie von vornherein erklären, daß sie mit einer "künstlichen Lebensverlängerung" im Falle einer aussichtslosen Prognose nicht einverstanden sind. Insbesondere verbieten sie dem Arzt z.B. Intensivtherapie, Reanimation, künstliche Beatmung, Bluttransfusionen oder den Einsatz künstlicher Organe.

Patientenbrief

Einsatz künstlicher Organe

Auch diese schriftlichen Äußerungen sind vom Arzt mit Vorsicht zu genießen. Entscheidend kommt es immer darauf an, ob der Patient zum Zeitpunkt der möglichen Behandlung immer noch den "Verzicht" wünscht. Auf lebensverlängernde Maßnahmen verzichten sollte der Arzt hier nur, wenn er

- den Patienten gut kennt und daher seinen mutmaßlichen Willen ebenfalls;

- oder zusätzlich mit Menschen sprechen kann, die den Patienten nahestehen;

- oder der Arzt zumindest eindeutige Zeugenaussagen dafür hat, daß der Patient auch kurz vor der schweren Erkrankung bzw. dem schweren Unfall noch der im "Patientenbrief" geäußerten Auffassung war.

Auch dann sollte die Entscheidung nur zusammen mit einem anderen Arzt getroffen werden.

2.4 Tötung auf Verlangen und Beihilfe zum Selbstmord

"§ 216 StGB: Ist jemand durch das ausdrückliche und ernstliche Verlangen des Getöteten zur Tötung bestimmt worden, so ist auf Freiheitsstrafe von 6 Monaten bis zu 5 Jahren zu erkennen. Der Versuch ist strafbar".

Giftbecher

Bei diesem Straftatbestand ist die Grenze zu der - straffreien - Beihilfe zum Selbstmord oft nur schwer zu ziehen, wie ein sehr umstrittenes Urteil des Oberlandesgerichts München aus dem Jahre 1987 zeigt (*Az.: 1 Ws 23/87*).

"Beihilfe zur Selbsttötung"

Ein Arzt, der hier letztlich der Patientin einen Giftbecher reichte, wurde jedoch sowohl vom Vorwurf der Tötung auf Verlangen als auch der unterlassenen Hilfeleistung freigesprochen. Dabei ist für die Richter entscheidend, wer das zum Tode führende Geschehen tatsächlich beherrschte. Hat es der Patient beherrscht, so handelte der Arzt lediglich in strafloser "Beihilfe zur Selbsttötung". Beherrschte dagegen der Arzt das Geschehen, so wäre er nach § 216 StGB wegen des Vergehens einer Tötung auf Verlangen schuldig gewesen. Überläßt der Arzt also bis zum letzten

Moment die freie Entscheidung über das Schicksal des Patienten diesem selbst, dann handelt es sich um Selbsttötung, wenn auch mit fremder (strafloser) Hilfe (*so auch der Bundesgerichtshof in NJW 1965, 699*).

Im entschiedenen Fall litt eine Patientin, bevor der Arzt ihr schließlich das tödliche Gift besorgte, seit vielen Jahren an Krebs. Sie hatte ein Basaliom im Gesicht und nahm täglich etwa 18 Gelonida Tabletten pro Tag und außerdem etwa 40 Trf. Valoron sowie zusätzlich auch noch Dolviran Zäpfchen. Ihr Gesicht war schon stark vernarbt mit offenen Wunden am rechten und linken Naseneingang, das linke Auge war von der Geschwulst verschlossen, an beiden Unterlidern bestanden starke Schwellungen.

Nach Einschätzung der Gutachter war vor dem Tode der Frau damit zu rechnen, daß sich die Krankheit nicht bessern, sondern bis zum Tode schnell fortschreiten würde. Der Zustand der Patientin verschlechterte sich täglich. Sie litt an unerträglichen Schmerzen. Sie bat den Arzt mehrmals, ihr beim Sterben zu helfen, es wurde schließlich ein Sterbetag, der 18.04.1984, vereinbart. Der Arzt gab ihr zusammen mit einem Kollegen einen Pappbecher mit Kaliumzyanid in Wasser aufgelöst. Es handelte sich um die mehrfache Dosis dessen, was für den Tod eines Menschen erforderlich gewesen wäre. Die Patientin trank den Giftbecher und verstarb ohne erkennbaren Todeskampf.

"Garantenstellung"

Das Gericht lehnte auch eine Verurteilung unter dem Gesichtspunkt der "Tötung durch Unterlassen" ab: Der Arzt hat für seine Patientin zwar eine "Garantenstellung". Dies hat zur Folge, daß er grundsätzlich die Lebensrettung nicht unterlassen darf. Da die Patientin jedoch bis zum letzten Moment bewußt und in freier Verantwortung handelte, war der Arzt nicht berechtigt, gegen ihren Willen zu handeln.

Unterlassene Hilfeleistung

Auch der Tatbestand der unterlassenen Hilfeleistung wurde von den Richtern abgelehnt, weil die Verhinderung des Selbstmordes bei den hier gegebenen Umständen nicht mehr als die "erforderliche Hilfe" im Sinne des § 323 c StGB angesehen werden konnte.

3. Die Alkoholblutprobe

Die Blutprobe wegen Alkoholverdachts muß immer von einem Arzt durchgeführt werden. Für die Polizei ist daher die Verlockung groß, den nächstgelegenen praktischen Arzt aufzusuchen zum Zwecke einer Blutentnahme des Festgenommenen.

Straftat Dabei hat zwar die Polizei immer bei Verdacht einer unter der Einwirkung von Alkohol begangenen Straftat zu prüfen, ob sie unter Alkoholeinfluß zustande gekommen ist, und wenn der Verdacht bejaht wird, ist eine Blutentnahme durchzuführen. Dies gilt sowohl bei

- schwerwiegenden Vergehen und Verbrechen als auch (§ 81a StPO)
- bei Verkehrsstraftaten und Ordnungswidrigkeiten gem. § 24 a StVG.

Danach ist auch gegen den Willen des Betroffenen die Entnahme einer Blutprobe zulässig, wenn sie durch einen Arzt durchgeführt wird und kein Nachteil für seine Gesundheit zu befürchten ist. Der Verdächtige darf festgeschnallt werden. Eine Beruhigungsspritze ist allerdings nur mit seinem Einverständnis zulässig!

Beruhigungsspritze

Der in eigener Praxis niedergelassene Arzt hat allerdings <u>keinerlei Verpflichtung</u>, einem Ersuchen der Polizei oder Staatsanwaltschaft um Entnahme von Blutproben zu folgen. Hierfür zuständig und dazu auch verpflichtet sind nämlich diejenigen Ärzte, die entweder als Vertragsärzte der kommunalen Sicherheitsbehörde oder der staatlichen Polizeibehörden sich freiwillig verpflichtet haben, Blutproben bei Tag oder Nacht zu entnehmen. Diese Blutentnahme erfolgt dann in der Regel auf dem jeweiligen Polizeirevier. In schwerwiegenden Fällen kann zur Sicherung des Beweismittels auch etwa 10 bis 15 Minuten nach der ersten Blutprobe noch eine zweite Blutprobe entnommen werden.

4. Die Sterilisation

Die Sterilisation zählt auch heute noch wegen der ernsthaften Gefahr dauernder Fortpflanzungsunfähigkeit zu den "schwersten Eingriffen in die körperliche Integrität und die gesamte Lebensführung" (Dreher/Tröndle, Strafgesetzbuch, Rn 13 zu § 226 a StGB).

Nach der Musterberufsordnung (§ 6) bedürfen Sterilisationen noch immer einer Indikation. Dabei ist die medizinische, genetische oder soziale Indikation möglich. Reine Gefälligkeitssterilisationen ohne eine dieser Indikationen müssen daher noch immer als Verstoß gegen die Berufsordnung angesehen werden.

Indikation erforderlich

Dies besagt aber noch nichts darüber, ob der Arzt sich durch eine Sterilisation strafbar macht. Die Rechtsprechung - diese ist für die Praxis entscheidend - ist spätestens seit der Entscheidung des BGH vom 29.06.1976 der Auffassung, daß die Sterilisation eines einwilligungsfähigen erwachsenen Menschen nicht strafbar ist und daher auch nicht gegen § 226 a StGB verstößt.

Nicht strafbar

§ 226 a StGB lautet: "Wer eine Körperverletzung mit Einwilligung des Verletzten vornimmt, handelt nur dann rechtswidrig, wenn die Tat trotz der Einwilligung gegen die guten Sitten verstößt."

Dabei ist auch nicht die Einwilligung des jeweiligen Partners oder Ehegatten erforderlich.

Allerdings hat der BGH eine Einschränkung dahingehend gemacht, daß wegen der "guten Sitten" jeder Einzelfall geprüft werden müsse. Im entschiedenen Fall hatte sich eine 34jährige Frau nach Entbindung ihres 3. Kindes sterilisieren lassen, weil sie kein weiteres Kind haben wollte. Der BGH betont, daß nach der gegenwärtigen Gesetzeslage jeder selbst darüber bestimmen kann, ob er einen ärztlichen Eingriff an sich vornehmen lassen will oder nicht. Dieser Grundsatz wird allerdings dann durchbrochen, wenn der Eingriff trotz seiner Einwilligung gegen die "guten Sitten" verstößt. Hinsichtlich dieser guten Sitten betont der BGH: "Er (der Arzt) sollte in jedem Einzelfall bedenken, ob

Verstoß gegen die "guten Sitten"

ein derart endgültiger Eingriff angesichts der Lebensverhältnisse der Betroffenen verantwortet und ob nicht ein weniger schwerwiegender Weg beschritten werden kann. Die Sittenordnung fordert jedoch von ihm nicht, daß er der Frau den Wunsch, sterilisiert zu werden, unter dem im vorliegenden Fall gegebenen Umständen abschlägt".

Ausführliche Aufklärung

Mit anderen Worten: Bei reinen Gefälligkeitssterilisationen, insbesondere von jungen Menschen, die noch keine Kinder haben, ist auch heute noch Vorsicht geboten, mangels eindeutiger gesetzlicher Regelung tappt die Rechtsprechung hier nach wie vor im Nebel und überläßt dem einzelnen Arzt die Entscheidung. Dieser sollte daher auf jeden Fall eine ausführliche Aufklärung über die Folgen der Sterilisation vornehmen und sich dieses Aufklärungsgespräch auch schriftlich bestätigen lassen.

Besonderer Betreuer

Eindeutig ist die Rechtslage nur in den Fällen, in denen ein Patient "Betreuter" im Sinne des § 1896 BGB ist: In diesem Fall bestimmt § 1899 Abs. 2 BGB: "Für die Entscheidung über die Einwilligung zu einer Sterilisation des Betreuten ist stets ein besonderer Betreuer zu bestellen".

Der Betreuer ist seit der Geltung des Betreuungsgesetzes vom 12.09.1990 an die Stelle des früheren "Pflegers" getreten. Er kann gem. § 1896 BGB bestellt werden, wenn "ein Volljähriger aufgrund einer psychischen Krankheit oder einer körperlichen, geistigen oder seelischen Behinderung seine Angelegenheiten ganz oder teilweise nicht besorgen" kann.

5. Embryonenschutz

Seit 01. Januar 1991 wird nach dem Embryonenschutzgesetz die mißbräuchliche Anwendung von Fortpflanzungstechniken mit Freiheitsstrafe bis zu 3 Jahren oder Geldstrafe geahndet.

Die Einzelheiten des Gesetzes dürften den niedergelassenen Arzt in der Regel nicht betreffen. Es soll daher hier nur ein kurzer Überblick gegebenen werden.

"Embryo" im Sinne des Gesetzes ist die befruchtete, entwicklungsfähige menschliche Eizelle vom Zeitpunkt der

Kernverschmelzung an, sowie jede einem Embryo entnommene totipotente Zelle, die sich bei Vorliegen der weiteren Voraussetzungen zu einem Individuum zu entwickeln vermag.

Die künstliche Befruchtung, die Übertragung eines menschlichen Embryos auf eine Frau sowie die Konservierung eines menschlichen Embryos oder einer menschlichen Eizelle, in die bereits eine Samenzelle eingedrungen oder künstlich eingebracht worden ist, darf nur ein Arzt vornehmen. Im einzelnen enthält das Gesetz jedoch zahlreiche Einschränkungen dieser künstlichen Befruchtungstechniken. So ist unter anderem untersagt die

Künstliche Befruchtung

- künstliche Veränderung menschlicher keimbarer Zellen;
- das "Klonen";
- die Schimären- und Hybrid-Bildung;
- die künstliche Geschlechtsauswahl.

Verboten ist außerdem jede lediglich zu Test- oder Forschungszwecken durchgeführte künstliche Verschmelzung von Samen und Eizelle des Menschen, ohne daß dadurch die Schwangerschaft einer Frau herbeigeführt werden soll.

Aus diesem Grunde ist es auch verboten, mit menschlichen Embryonen Handel zu treiben.

Verbot, Handel zu treiben

Darüber hinaus ist auch die Beteiligung an der Zeugung mittels einer "Leih- oder Ersatzmutter verboten". Demnach wird bestraft, wer

- auf eine Frau eine fremde, unbefruchtete Eizelle überträgt;

"Leih- oder Ersatzmutter verboten"

- einer Frau einen Embryo vor Abschluß der Einnistung in die Gebärmutter entnimmt, um diesen auf eine andere Frau zu übertragen oder ihn für eine nicht seiner Erhaltung dienenden Zweck zu verwenden, oder

- wer es unternimmt, bei einer Frau, die bereit ist, ihr Kind nach der Geburt Dritten auf Dauer zu überlassen, eine künstliche Befruchtung durchzuführen oder auf sie einen menschlichen Embryo zu übertragen.

6. Die Sektion

Die Sektion oder Leichenöffnung darf nur durchgeführt werden, wenn sie

a. mit ausdrücklicher Einwilligung des Verstorbenen oder Zustimmung der totensorgeberechtigten Angehörigen erfolgt oder

b. auf Anordnung der Staatsanwaltschaft oder des Gerichts gemäß § 87 Strafprozeßordnung (StPO).

Beispiel: Eine türkische Staatsangehörige verstarb in einem Berliner Krankenhaus. Sie wurde in die Türkei überführt, wo die Angehörigen nach Öffnung des Sarges während der Trauerfeier in der Moschee mit Bestürzung wahrnahmen, daß die Leiche in der ganzen Längen aufgeschnitten und nur mit wenigen Stichen wieder zugenäht war. Es stellte sich heraus, daß die Pathologen des Berliner Krankenhauses 3 Tage nach dem Tod der Türkin eine Autopsie durchgeführt und zahlreiche Gewebeteile und Organe des Leichnams entfernt hatten. Die Staatsanwaltschaft erhob Anklage nach § 168 StGB und hatte nur deshalb keinen Erfolg, weil das Gericht wegen eines "unvermeidbaren Verbotsirrtums" der Ärzte das Verfahren einstellte.

"Verbotsirrtum" der Ärzte

§ 168 StGB "Störung der Totenruhe": "Wer unbefugt aus dem Gewahrsam des Berechtigten eine Leiche, Leichenteile, eine tote Leibesfrucht, Teile einer solchen oder die Asche eines Verstorbenen wegnimmt, wer daran oder an einer Beisetzungsstätte beschimpfenden Unfug verübt oder wer eine Beisetzungsstätte zerstört oder beschädigt, wird mit Freiheitsstrafe bis zu 3 Jahren oder mit Geldstrafe bestraft".

Das Kammergericht Berlin (*NJW 1990, 782*) entschied, daß auch die Klinikärzte von § 168 StGB betroffen sind, zumindest dann, wenn der totensorgeberechtigte Angehörige (hier der Ehemann) bereits vom Tode benachrichtigt worden ist und das Krankenhaus ihm mitteilt, daß die Tätigkeit der Ärzte beendet sei und der Ehemann ein Bestattungsunternehmen beauftragen solle.

Zustimmung der nächsten Angehörigen

Ohne ausdrückliche Zustimmung der nächsten Angehörigen ist hier eine Obduktion auch dann unzulässig, wenn in den allgemeinen Krankenhaus-Aufnahmebedingungen die Einwilligung zur Obduktion im Todesfalle gegeben wird. Diese Einwilligung ist als Überraschungsklausel gemäß § 9 des AGB-Gesetzes (Gesetz zur Regelung des Rechts der Allgemeinen Geschäftsbedingungen) unwirksam.

Überraschungsklausel

Das Gericht weist darauf hin, daß es sich damit in Gegensatz stellt zu der bisherigen Rechtsprechung einiger anderer Oberlandesgerichte und daß die Krankenhausärzte künftig nicht mehr mit einer Straffreiheit zu rechnen haben werden.

Es ist allgemein anerkannt, daß die nächsten Angehörigen zwar kein Eigentum am Leichnam des Verstorbenen haben, aber ein sogenanntes "Totensorgerecht". Umstritten zwischen den Juristen ist lediglich, ob dieses Totensorgerecht auch dann "greift", wenn der verstorbene Angehörige ohne Benachrichtigung seiner Verwandten noch im Krankenhaus untergebracht ist. Um Strafverfahren zu vermeiden, empfiehlt sich jedoch auf jeden Fall, ein defensives Vorgehen und eine Anfrage bei den Angehörigen.

Anders sieht die Lage aus, wenn Staatsanwalt oder Gericht die Leichenöffnung gemäß § 87 StPO anordnen. Dies ist der Fall, wenn fremdes Verschulden am Tode in Betracht kommt und die Todesursache oder "Zeit" festgestellt werden muß. In diesem Fall gilt folgendes:

Staatsanwalt oder Gericht

- Die Angehörigen sind vor der Leichenöffnung, wenn irgend möglich zu hören;

- die Ärzte müssen die Leichenöffnung vornehmen und ununterbrochen anwesend sein;

- der behandelnde Arzt ist von der Mitwirkung ausgeschlossen sofern er im weitesten Sinne den Verstorbenen wegen der dem Tode vorhergehenden Krankheit behandelt hat. Dieser Arzt kann allerdings vom Staatsanwalt aufgefordert werden, der Leichenöffnung beizuwohnen, um als sachverständiger Zeuge über den vorangegangenen Krankheitsverlauf zu berichten.

Behandelnder Arzt

V. WICHTIGE URTEILE IN KÜRZE (Leitsätze des Verfassers)

1. Der Arzt, der einen Patienten bei einem Telefonanruf in einem dringenden oder zweifelhaften Fall lediglich telefonische Ratschläge gibt, kann sich nach ärztlichem Berufsrecht strafbar machen (Berufsgericht für Heilberufe, *OVG Koblenz in NJW 91, 772*). - Einzelheiten siehe Seite 16

2. Die gesetzliche Krankenversicherung muß auch dann Arzneimittel erstatten, wenn ihre Wirkung nicht wissenschaftlich erwiesen ist. Dies gilt zumindest dann, wenn die Schulmedizin „am Ende ist", und das „alternative Heilmittel" eine konkrete Heilungs- oder Linderungschance bietet *(BSG in NJW 92, 1584)* - Einzelheiten siehe Seite 20ff.

3. Der Arzt „dokumentiert" nur dann ausreichend, wenn er die „wichtigsten diagnostischen und therapeutischen Maßnahmen und Verlaufsdaten (Funktionsbefunde, OP-Bericht, Narkose-Protokoll, Zwischenfälle) registriert hat" *(OLG München NJW 92, 2973)* - siehe Seite 25ff.

4. Für das Vorliegen eines Behandlungsfehlers macht es keinen Unterschied, ob das Schwergewicht des ärztlichen Handelns in der Vornahme eines sachwidrigen - oder im Unterlassen einer gebotenen Heilmaßnahme liegt *(BGH, NJW 89, 767)* - siehe Seite 51ff.

5. Ein ärztlicher Urlaubsvertreter darf eine von dem vertretenen Arzt begonnene Therapie nach dessen Bestrahlungsplan jedenfalls dann nicht ungeprüft weiterführen, wenn ausreichende Anhaltspunkte für ernste Zweifel an dessen Richtigkeit für ihn erkennbar sind. (*BGH, NJW 1998, 1802*)

6. Der Arzt ist auch dann für die unerwünschten Nebenwirkungen eines Medikaments verantwortlich, wenn dieses im Prinzip die richtige Therapie darstellt. Er darf sich keinesfalls auf den Beipackzettel verlassen, sondern muß den Patienten selbst über mögliche Nebenwirkungen informieren *(BGH Aktenzeichen: VI ZR 69/80)* - siehe Seite 49ff.

7. Ein Patient, der entgegen ärztlicher Anordnung nicht vom Rauchen Abstand nimmt, muß sich einen Mitverschuldensanteil (hier: ein Viertel) anrechnen lassen, wenn er in Folge einer ärztlichen Fehlbehandlung einen Schaden erleidet (hier: Amputation an einer Extremität wegen einer nicht beherrschbaren Gangrän). (*OLG Köln, NJW 1997, 3099*)

8. Wenn eine Operation (hier: Uterusentfernung) nur relativ indiziert ist, weil ihre Notwendigkeit vom Sicherheitsbedürfnis der Patientin abhängt, so muß das mit der Patientin besprochen werden. Geschieht dies nicht, so fehlt es an der erforderlichen Aufklärung als Voraussetzung für eine wirksame Einwilligung in die Operation. (*BGH, NJW 1997, 1637*)

9. Die Aufklärung des Patienten über die Risiken eines Eingriffs muß so rechtzeitig erfolgen, daß er in Ruhe das Für und Wider abwägen kann. Bei stationären Eingriffen muß die Aufklärung mehrere Tage vorher erfolgen, beim ambulanten Eingriff kann dies noch am selben Tag genügen, nicht aber wenn bereits sämtliche Operationsvorbereitungen getroffen sind *(BGH Aktenzeichen IV ZT 178/93)* - siehe Seite 52ff.

10. Die Operationsaufklärung kann auch dann als nachgewiesen gelten, wenn sich ein Arzt als Zeuge zwar nicht mehr konkret an das Aufklärungsgespräch erinnert, aber bestätigt, daß er sicher sei, daß die "übliche Vorgehensweise" der Aufklärung immer eingehalten worden sei.

11. Eine Minderjährige (hier: 16 Jahre) bedarf zur Einwilligung in den Schwangerschaftsabbruch nicht der Zustimmung ihrer Erziehungsberechtigten, wenn sie nach ihrem Reifegrad in der Lage ist, die Bedeutung des Eingriffs und dessen Tragweite für ihr Leben zu erkennen. (*AG Schlüchtern, NJW 1998, 832*).

12. Wer Schadensersatzansprüche aus einem zwar rechtskräftigen, aber (inzwischen fehlerhaften) medizinischen Urteil geltend macht, muß nur dann scheitern, wenn er die Unrichtigkeit kennt und sein Handeln in "hohem Maße unbillig und geradezu unerträglich" wäre. Dies ist nicht der Fall, wenn ein Arzt besonders schwerwiegend gegen

guten ärztlichen Standard verstoßen hat, sich aber nachträglich herausstellt, daß dieses Handeln doch nicht ursächlich für den Schaden des Patienten war. (*OLG Hamm, NJW 1998, 1800*)

13. Eine „Wunde" im Rechtssinne ist eine durch Verletzung entstehende blutende Beeinträchtigung der Haut- oder Schleimhautoberfläche. Dies kann nur bei Verätzungen oder Verbrennungen anders sein. Nur in diesem Falle kann die „Erstversorgung einer Wunde" abgerechnet werden *(BSG 6 RKa 2/93)* - siehe Seite 20ff.

14. Prüfgremien sind berechtigt, eine Vielzahl von Methoden zu benutzen, um die Wirtschaftlichkeit eines Arztes zu prüfen. Neben der strengen Einzelfallprüfung sind auch statistische Methoden zulässig *(BSG in NJW 93, 1550)* - siehe Seite 105ff.

15. Die Übergabe von Abrechnungsunterlagen im Wege der Honorarabtretung an gewerbliche Verrechnungsstellen ist wegen Verletzung der ärztlichen Schweigepflicht strafbar und daher zivilrechtlich unwirksam *(BGH in NJW 91, 2955)* - siehe Seite 123ff.

16. Bei plötzlicher Verschlechterung einer Krankheit, großen Schmerzen und erhöhtem Fieber kann eine unterlassene Hilfeleistung im Sinne des § 323c StGB vorliegen, wenn der Arzt lediglich telefonisch die Einweisung ins Krankenhaus empfiehlt *(OLG Karlsruhe NJW 79, 2360)* - siehe Seite 118.

17. Die käufliche Übergabe der Patientenkartei einer Arzt- oder Zahnarztpraxis ohne ausdrückliche Zustimmung der Patienten verstößt gegen die ärztliche Schweigepflicht (§ 203 StGB) und ist daher zivilrechtlich unwirksam *(BGH in NJW 92, 737)* - siehe Seite 129ff.

18. Die Formularerklärung eines Patienten, daß er über die Operation und "deren evtl. Folgen" aufgeklärt worden ist, reicht nicht aus, wenn ein Eingriff die hohe Warscheinlichkeit einer Nachoperation birgt. Dann muß konkret über das Risiko der Nachoperation (hier: Verlust einer Niere) aufgeklärt werden. (*BGH vom 9.7.1996, NJW 96,3073*).

VI. MUSTERVERTRÄGE UND FORMULARE

Behandlungsvertrag mit Kassenpatienten

Hiermit versichere ich

....
(Vorname, Name, Adresse)

daß ich innerhalb von 10 Tagen die Versicherungskarte vorlegen werde. Für den Fall, daß ich die Versicherungskarte nicht rechtzeitig nachreiche, wünsche ich die ärztliche Behandlung als Privatpatient auf der Basis der GOÄ.

....
(Unterschrift des Patienten)   (Unterschrift des Arztes)

Behandlungsvertrag mit Privatpatienten

Name des Patienten:

Geburtsdatum:

Adresse:

Familienstand:

Zwischen dem oben genannten Patienten und Herrn/Frau Dr. med. .... wird hiermit ein Behandlungsvertrag abgeschlossen. Für das Honorar gilt die amtliche GOÄ. Der Patient teilt ausdrücklich mit, in der .... privat krankenversichert zu sein (ggf. zusätzlich kommt die Beihilfe der Stadt/des Landes/Bundes .... für die Behandlungskosten auf). Unabhängig vom Eintreten der Krankenversicherung/der Beihilfe haftet der Patient persönlich für die Kosten der von ihm gewünschten medizinischen Behandlung.

....
(Datum, Ort, Unterschrift)

Einverständnis mit privater Abrechnungsstelle

Hiermit erkläre ich, ..., (Patient bzw. gesetzlicher Vertreter) mich damit einverstanden, daß die Abrechnungsunterlagen meiner medizinischen Behandlung bei Herrn/Frau Dr. med. .... (Name des Arztes/der Ärztin) zum Zweck der Rechnungsstellung einer Privatärztlichen Verrechnungsstelle übergeben werden.

....
(Datum, Ort, Unterschrift)

Einverständnis im Falle der Praxisveräußerung

Hiermit erkläre ich, ..., (Patient bzw. gesetzlicher Vertreter) mich damit einverstanden, daß meine sämtlichen Krankenunterlagen im Falle einer Praxisveräußerung dem Käufer bis auf Widerruf übergeben werden.

....
(Ort, Datum, Unterschrift des Patienten)

Mahnschreiben

Per Einschreiben mit Rückschein

Betr.: Behandlung vom ....

Rechnung Nr. .... vom ....

Sehr geehrte(r) Herr/Frau ....,

auf die Rechnung vom .... haben Sie bisher nicht reagiert. Ich fordere Sie hiermit höflichst auf, den noch offenen Betrag von DM .... bis spätestens .... zu bezahlen.

Sollte dieser Betrag nicht bis zum genannten Datum auf einem meiner angegebenen Konten eingegangen sein, sehe ich mich bedauerlicher Weise gezwungen, gerichtliche Schritte einzuleiten.

Sollte sich diese Mahnung mit ihrer Überweisung gekreuzt haben, bitte ich, dieses Mahnschreiben als erledigt zu betrachten.

Mit freundlichen Grüßen

Schweigepflicht-Entbindungserklärung

Betr.: Unfall vom ....

Schadensereignis vom ....

Erkrankung ....
(nichtzutreffendes bitte streichen)

Hiermit entbinde ich Frau/Herrn Dr. med. .... von der ärztlichen Schweigepflicht im Hinblick auf das oben genannte Ereignis gegenüber der .... Versicherung und

gegenüber Frau/Herrn Rechtsanwalt ....
Im Falle eines ärztlichen Gutachtens/Befundberichtes/Attestes gilt die Schweigepflicht-Entbindung nur für den Fall, daß der Arzt eine Kopie des Gutachtens/Befundberichtes/Attestes gleichzeitig an mich schickt.

....
(Ort, Datum, Name)

Arbeitsvertrag mit Arzthelferin

§ 1 Beginn des Arbeitsverhältnisses

1) Frau .... beginnt am .... als Sprechstundenhilfe in der Praxis des Herrn / Frau Dr. ....

2) Der Arbeitsvertrag wird auf unbestimmte Zeit abgeschlossen. Die ersten drei Monate gelten als Probezeit. Während dieser Zeit kann das Arbeitsverhältnis mit einer Frist von einem Monat von beiden Seiten gekündigt werden.

§ 2 Arbeitsbereich

Frau .... verpflichtet sich, alle Arbeiten nach Weisung des Arbeitgebers auszuüben, die üblicherweise von einer Sprechstundenhilfe verrichtet werden.

Arbeitskleidung ist ein Arztkittel.

Zum Arbeitsbereich gehört auch das Reinigen der Arbeitsplätze und medizinischen Geräte sowie im Aushilfsfall erforderlichenfalls auch der gesamten Praxisräume.

Der Arbeitnehmer versorgt auch die Tee- und Kaffeeküche der Praxis.

§ 3 Arbeitszeit

Die regelmäßige Arbeitszeit beträgt .... Stunden pro Woche.

Beginn der täglichen Arbeitszeit: ....

Beginn und Ende der täglichen Arbeitszeit: ....

Der Arbeitgeber ist berechtigt, den Arbeitnehmer an den Tagen, an denen er zum Notfalldienst eingeteilt ist, auch außerhalb der regelmäßigen wöchentlichen Arbeitszeit zu beschäftigen. Notfallpläne sind dem Praxispersonal auf Wunsch zugänglich zu machen.

§ 4 Vergütung

Frau .... erhält für die Tätigkeit als Sprechstundenhilfe ein monatliches Bruttogehalt von .... DM. Die Vergütung ist jeweils am Letzten des Monats fällig und auf das Konto Nr. .... bei der .... Bank zu überweisen.

Zusätzliche Zahlungen:

Das Urlaubsgeld beträgt: .... pro Jahr und wird mit dem Juni-Gehalt ausgezahlt.

Das Weihnachtsgeld beträgt .... DM und wird mit dem Novembergehalt ausgezahlt.

Bei diesen zusätzlichen Leistungen handelt es sich um freiwillige, unverbindliche Zahlungen des Arbeitgebers, die jeweils nur für das betreffende Jahr gewährt werden und jederzeit widerrufen werden können.

§ 5 Urlaub

Der Arbeitnehmer erhält pro Kalenderjahr einen Erholungsurlaub von .... Arbeitstagen. Scheidet er während des Kalenderjahres aus dem Betrieb aus, so erhält er nur den anteiligen Jahresurlaub.

§ 6 Kündigung

Das Arbeitsverhältnis kann gegenseitig mit einer Frist von 6 Wochen zum Quartalsende gekündigt werden.

Die außerordentliche Kündigung richtet sich nach den gesetzlichen Vorschriften (§ 626 BGB).

§ 7 Schweigepflicht

Der Arbeitnehmer ist in die Schweigepflicht des Arztes (§ 203 StGB) eingebunden. Er hat alle Praxisvorgänge sowie den Personenkreis der Patienten auch gegenüber eigenen Familienangehörigen geheimzuhalten. Dies gilt auch nach Beendigung des Arbeitsverhältnisses.

§ 8 Arbeitsversäumis/Arbeitsunfähigkeit

Die Arbeitsunfähigkeit ist am ersten Arbeitstag vormittags anzuzeigen. Die ärztliche Arbeitsunfähigkeitsbescheinigung ist spätestens bis zum dritten Arbeitstag dem Arbeitgeber vorzulegen.

Bei nichtgenehmigtem Fernbleiben vom Arbeitsplatz, egal aus welchem Grund, hat der Arbeitnehmer insoweit keinen Anspruch auf Gehaltsfortzahlung. Absatz 1 bleibt hiervon unberührt.

§ 9 Zeugnis

Der Arbeitnehmer hat während des Arbeitsverhältnisses Anspruch auf ein Zwischenzeugnis, sofern er hierfür nachvollziehbare Gründe vorträgt.

Nach Ausspruch der Kündigung des Arbeitsverhältnisses hat der Arbeitnehmer Anspruch auf Aushändigung eines Zeugnisses innerhalb von fünf Arbeitstagen.

Das Zeugnis betrifft Art und Dauer der Tätigkeit. Auf Wunsch des Arbeitnehmers ist es auch auf Leistung und Führung zu erstrecken.

§ 10 Ausschlußfristen

Ansprüche aus dem Arbeitsverhältnis sind innerhalb einer Frist von sechs Monaten nach ihrem Entstehen schriftlich geltend zu machen.

....
(Ort, Datum)

....
(Arbeitgeber)   (Arbeitnehmer)

Aufhebungsvertrag

Frau/Herr Dr. med. .... (Arbeitgeber)

und

Frau .... (Arbeitnehmer)

schließen hiermit folgenden Aufhebungsvertrag:

1) Das Arbeitsverhältnis zwischen oben genannten Parteien wird auf Veranlassung des Arbeitgebers aus betriebsbedingten Gründen einverständlich zum .... aufgehoben.

2) Der Arbeitnehmer wird bis zu diesem Zeitpunkt von der Arbeit freigestellt. Diese Zeit wird auf seinen Urlaub angerechnet. Weitere Ansprüche auf Urlaub bzw. Urlaubsabgeltung bestehen damit nicht mehr.

3) Der Arbeitnehmer erhält vom Arbeitgeber einen einmaligen Abfindungsbetrag von DM .... Dieser Betrag ist, sofern er unter DM 24.000,-- liegt, steuer- und sozialabgabenfrei und wird daher brutto gleich netto am letzten Tag des Arbeitsverhältnisses an den Arbeitnehmer überwiesen.

4) Der Arbeitnehmer erhält ein Arbeitszeugnis.

5) Der Arbeitnehmer erklärt, daß er über die Konsequenzen aus diesem Abfindungsvertrag auf die Arbeitslosenförderung informiert wurde.

6) Beide Parteien sind sich darin einig, daß mit Erfüllung dieses Abfindungsvertrages sämtliche Ansprüche aus dem Arbeitsverhältnis erledigt sind und keine weiteren gegenseitigen Ansprüche mehr bestehen.

....
(Ort, Datum)

....
(Arbeitgeber)   (Arbeitnehmer)

Ausgleichsquittung I

Anläßlich meines Ausscheidens aus dem Arbeitsverhältnis bei Frau/ Herrn Dr. med. .... bestätige ich folgendes:

1) Ich habe die folgenden Papiere ordnungsgemäß ausgefüllt erhalten:
- ein Versicherungsnachweisheft einschließlich Versicherungskarte;
- die Lohnsteuerkarte für das Jahr ....;
- eine Arbeitsbescheinigung für das Arbeitsamt;
- ein (qualifiziertes) Zeugnis;
- eine Gehaltsabrechnung zur Beendigung des Arbeitsverhältnisses;
- eine Urlaubsbescheinigung gem. § 6 Bundesurlaubsgesetz (BUrlG);
- ....
- ....

2) Das Arbeitsverhältnis ist zum .... wirksam beendet worden.

....
(Ort, Datum)

....
(Unterschrift des Arbeitnehmers)

Ausgleichsquittung II

Anläßlich des Ausscheidens aus dem Arbeitsverhältnis bei Frau/Herrn Dr. med. .... erkläre ich, daß ich keine weiteren Ansprüche aus dem Arbeitsverhältnis und seiner Beendigung gegenüber dem Praxisinhaber (der Praxisinhaberin/den Praxisinhabern) habe. Insbesondere erkläre ich, mit der Beendigung des Arbeitsverhältnisses einverstanden zu sein.

....
(Ort, Datum)

....
(Unterschrift des Arbeitnehmers)

Anzeige der Schwangerschaft gem. § 5 I Mutterschutzgesetz (MuSchG)

An das Gewerbeaufsichtsamt der Stadt ....

Sehr geehrte Damen und Herren,

hiermit zeige ich an, daß meine Mitarbeiterin, Frau

(Name, Vorname): ....

geborene ....

Geburtstag: ....

Adresse: ....

Krankenkasse: ....

in meiner Praxis als Arzthelferin/Laborantin/Auszubildende/ MTA beschäftigt ist. Die Mitarbeiterin hat mir mitgeteilt, daß sie schwanger ist. Voraussichtlicher Tag der Entbindung: ....
Das Zeugnis eines Arztes ist mir vorgelegt worden.

Die Arbeitszeit der Arbeitnehmerin dauert täglich von .... bis .... Uhr unter Einschluß der gesetzlichen tarifvertraglichen Ruhepausen.

....
(Praxisstempel/Unterschrift)

Arbeitsvertrag für eine Aushilfskraft

Frau/Herr Dr. med. ....
Adresse der Praxis
    und
Frau ....
Adresse:
schließen hiermit folgenden Aushilfsarbeitsvertrag:

§ 1

Das Arbeitsverhältnis beginnt am .... und endet am ....(bzw.: es endet nach Rückkehr der Kollegin .... aus dem Erziehungsurlaub/der Krankheit).

§ 2

Frau .... vertritt in der Praxis die Sprechstundenhilfe/Laborantin/MTA .... und ist an deren Arbeitsplatz tätig.

§ 3 Arbeitszeit

Die regelmäßige Arbeitszeit beträgt .... Stunden pro Woche. Beginn der täglichen Arbeitszeit: ....Ende der täglichen Arbeitszeit: ....

§ 4 Vergütung

Frau .... erhält für die Aushilfstätigkeit ein wöchentliches (monatliches, tägliches) Bruttogehalt von .... DM.
Die Vergütung ist jeweils am Freitag der Woche (Monatsletzten) fällig und wird auf das Konto Nr. .... bei der .... überwiesen.

§ 5 Urlaub

Frau .... hat anteilig den betriebsüblichen Urlaub, sofern sie mindestens einen Monat ununterbrochen tätig ist.

§ 6 Kündigung

Das Aushilfsarbeitsverhältnis kann von beiden Seiten ordentlich mit einer Woche Frist zum Wochenende gekündigt werden. Sollte die Arbeitnehmerin mehr als 3 Monate in der Praxis tätig sein, so beträgt die Kündigungsfrist für beide Seiten vier Wochen zum Monatsende.

§ 7 Schweigepflicht

Die Aushilfskraft ist wie die anderen Arbeitnehmerinnen verpflichtet, über die Patienten und deren Behandlung gegenüber Personen außerhalb des Praxispersonals, auch in ihrer eigenen Familie, strengstes Stillschweigen zu wahren. Eine Zuwiderhandlung hat die sofortige fristlose Kündigung ohne Abmahnung zur Folge.

....
(Ort, Datum)

....
(Arbeitgeber)   (Arbeitnehmerin)

Vertretungsvertrag

Frau/Herr Dr. med. ....
Praxisinhaber in ....
und
Frau/Herr Dr. med. ....
Adresse: ....,

schließen hiermit folgenden Vertretungsvertrag:

§ 1 Tätigkeit

1) Frau/Herr Dr. med. .... vertritt Frau/Herrn Dr. med. .... vom .... bis .... in dessen Arztpraxis.

2) Frau/Herr Dr. med. .... übt die Vertretung selbständig und eigenverantwortlich im Namen und für Rechnung des Praxisinhabers aus.

3) Der Praxisinhaber zeigt die Vertretung bei der zuständigen KV an.

§ 2 Voraussetzungen des Vertreters

1) Der Vertreter versichert, approbierte Ärztin/approbierter Arzt zu sein. Er ist Facharzt für ....

2) Der Vertreter erklärt, folgende praktische Erfahrung als Arzt zu haben:
....
....
....

3) Der Vertreter versichert, daß keinerlei gesundheitliche, berufsrechtliche oder strafrechtliche Hinderungsgründe für die Ausübung des ärztlichen Berufs vorliegen. Er verfügt über eigenen Pkw und Führerschein Klasse 3.

§ 3 Pflichten des Vertreters

1. Der Vertreter verpflichtet sich, die Praxis gewissenhaft und sorgfältig zu führen und die berufsrechtlichen und vertragsärztlichen Pflichten zu erfüllen. Er hat insbesondere das Praxispersonal sorgfältig anzuleiten, sowie die Abrechnungen ordnungsgemäß durchzuführen. Insbesondere hat er sich an die Verpflichtung zu wirtschaftlicher Behandlungs- und Verordnungsweise zu halten.

2) Der Vertreter/in ist zur Teilnahme am ärztlichen Notfalldienst, soweit sie in den genannten Zeitraum fällt, verpflichtet.

§ 4 Vergütung

1) Der Vertreter erhält für seine Tätigkeit eine Vergütung in Höhe von .... DM pro Tag/Woche/Monat.

2) Er erhält keinerlei Sozialversicherungsbeiträge, keine Lohnfortzahlung im Krankheitsfall und keinen Urlaub, da die Tätigkeit selbständig und weisungsunabhängig erfolgt. Die Vergütung wird daher auch selbst versteuert.

3) Er benutzt einen eigenen Pkw und erhält für Hausbesuche im Rahmen der Praxistätigkeit ein Kilometergeld in Höhe von .... DM pro Kilometer.

§ 5 Haftung

1) Der Praxisinhaber erklärt, daß sich seine Berufshaftpflichtversicherung auch auf die Vertretertätigkeit erstreckt

(oder: Der Vertreter erklärt, daß er durch eine eigene Berufshaftpflichtversicherung in voller Höhe abgedeckt ist).

2) Der Vertreter/in erklärt, den Praxisinhaber im Innenverhältnis von Schadensersatzansprüchen Dritter sowie von Regressansprüchen der Kassenärztlichen Vereinigung, die auf seiner Tätigkeit als Vertreter beruhen, freizustellen.

§ 6 Kündigung

1) Dieser Vertrag endet, sofern er nicht vorher gekündigt wird, zu dem in § 1 vereinbarten Zeitpunkt.

2) Der Vertrag kann beiderseitig ohne Angabe von Gründen mit einer Frist von 4 Wochen zum Monatsende gekündigt werden.

3) Aus wichtigem Grund kann der Vertrag jederzeit fristlos gekündigt werden. Der Grund ist in der Kündigung anzugeben.

§ 7 Salvatorische Klausel

Ist eine einzelne Bestimmung dieses Vertrags unwirksam, so soll der Vertrag im übrigen bestehen bleiben. Anstelle der unwirksamen Bestimmung tritt das Gesetz.

....
(Ort, Datum)

....
(Praxisinhaber)   (Vertreter)

Vertragsmuster für eine Gemeinschaftspraxis

(Voraussetzung: Ein bereits praktizierender Kollege nimmt einen anderen Kollegen als gleichberechtigten Partner in seine Praxis auf und gründet damit eine "Gemeinschaftspraxis")

1) Herr/Frau Dr. med. ....
und
2) Herr/Frau Dr. med. ....

schließen zum Zwecke einer gemeinsamen Ausübung der Gemeinschaftspraxis für .... (Fachgebiet) folgenden Vertrag:

§ 1 Sitz und Gegenstand der Gesellschaft

Sitz der Gesellschaft ist der Ort der Gemeinschaftspraxis in ....

Gegenstand der Gesellschaft ist die gemeinsame Ausübung einer Kassen- und Privatpraxis für ....

§ 2 Einlagen

1) Herr/Frau Dr. med. .... bringt zum ....

(Datum) sein/ihr gesamtes Praxis-Vermögen in die Gesellschaft ein.

2) Herr/Frau .... leistet eine Bareinlage von DM ...., die bis spätestens .... fällig ist.

3) Die Gesellschafter gehen davon aus, daß damit gleich hohe Einlagen geleistet worden sind.

4) Geschäftsführung und Vertretung der Gesellschaft üben die Gesellschafter gemeinschaftlich aus. Laufende Geschäfte kann ein Gesellschafter für die Gesellschaft alleine tätigen, sofern die Gesellschaft daraus nicht über DM .... verpflichtet wird.

§ 3 Zusammenarbeit der Gesellschafter

1) Die Honorare aus privatärztlicher und kassenärztlicher Tätigkeit fließen ab Beginn der Praxis .... ausnahmslos auf die Praxiskonten.

2) Von diesen gemeinsamen Einnahmen werden sämtliche praxisbedingte Kosten abgezogen.

3) Honorare und Nebeneinnahmen aus nichtärztlicher Tätigkeit stehen dem einzelnen Gesellschafter alleine zu.

§ 4 Gewinn- und Verlustverteilung

1) Gewinn und Verlust werden wie folgt verteilt:

Dr. med. ....: 50 %
Dr. med. ....: 50 %

2) Jeder der Partner kann verlangen, daß die Gewinnverteilung geändert wird, wenn Arbeitseinsatz bzw. Produktivität mindestens ein Jahr lang erheblich auseinanderklaffen.

3) Die endgültige Feststellung und Verteilung des Gewinns erfolgt zum Abschluß eines jeweiligen Geschäftsjahres.
Wenn einer der Gesellschafter dies verlangt, ist der Jahresabschluß durch einen Wirtschaftsprüfer zu kontrollieren.

§ 5 Entnahmen

1) Die monatlichen Entnahmen erfolgen in gleicher Höhe. Die Gesellschafter haben sich vorher über den Betrag zu einigen.

2) Die Entnahmen haben sich an der Liquidität der Gesellschaft zu orientieren. Die laufende Geschäftstätigkeit der Gemeinschaftspraxis (Mieten, Gehälter, Leasinggebühren, etc.) muß mindestens für drei Monate erhalten bleiben.

§ 6 Urlaub

Jeder Partner hat Anspruch auf einen jährlichen Erholungsurlaub von .... Tagen. Es dürfen nicht mehr als .... Wochen zusammenhängend und nicht weniger als .... Tage zusammenhängend genommen werden.

§ 7 Personal

1) Einstellung und Kündigung von Personal kann nur von beiden Partnern gemeinsam erfolgen.

2) Für Urlaub, Krankheit und sonstige Abwesenheit vertreten sich die Partner gegenseitig. Falls ein Partner länger als drei Wochen pro Kalenderjahr wegen Krankheit ausfällt, erhält der ihn vertretende Partner eine zusätzliche Vergütung von DM .... pro Tag. Jeder Gesellschafter hat sich in einer Krankentagegeldversicherung entsprechend abzusichern.

§ 8 Kündigung

1) Jeder Gesellschafter ist berechtigt, den Vertrag mit einer Frist von 6 Monaten zum Jahresende zu kündigen.

2) Unabhängig davon hat jeder Gesellschafter das Recht zur fristlosen Kündigung des Vertrages bei schwerwiegenden Verstößen des anderen Partners.

§ 9 Ausscheiden eines Gesellschafters

1) Ein Gesellschafter scheidet aus der Gesellschaft aus,
a. wenn er gem. § 8 die Gesellschaft gekündigt hat zum dort genannten Zeitpunkt;
b. bei Eröffnung des Konkursverfahrens über sein Vermögen;
c. mit Pfändung seines Gesellschaftsanteils;
d. mit Feststellung seiner dauernden Berufsunfähigkeit;
e. mit seinem Tod.

2) War ein Gesellschafter innerhalb von drei Jahren mehr als .... Monate arbeitsunfähig, so kann der andere Gesellschafter verlangen, daß sich der Kollege einer Untersuchung durch einen ärztlichen Sachverständigen wegen der Frage der Berufsunfähigkeit unterzieht. Der Sachverständige wird von der Ärztekammer benannt. Das Urteil wird von beiden Teilen als unanfechtbar akzeptiert.

§ 10 Ansprüche des ausgeschiedenen Gesellschafters

1) Der ausscheidende Gesellschafter bzw. seine Erben erhalten ein Abfindungsguthaben, das wie folgt berechnet wird:

a. 50 % des materiellen Praxiswertes, der durch einen Sachverständigen der Ärztekammer geschätzt wird.

b. 50 % des immateriellen Praxiswertes, der dem durchschnittlichen Quartalsumsatz der letzten drei Jahre entspricht.

2) Dieses Abfindungsguthaben wird in 5 Jahresraten bezahlt. Es ist erstmals zwei Monate nach dem Tag des Ausscheidens fällig.

§ 11 Patientenkartei

1) Der bisherige Praxisalleininhaber, Dr. med. .... erklärt, daß die Krankenunterlagen für seine Patienten in einem verschlossenen Schrank untergebracht sind, zu dem nur seine nichtärztlichen Angestellten und er selbst Zugang haben.

2) Der in die Praxis als Gesellschafter eintretende Dr. med. .... erklärt, daß er die in Ziffer 1. genannten Krankenunterlagen nur dann einsehen wird, wenn der jeweilige Patient zu ihm in die Behandlung kommt.

§ 12 Haftung

1) Beide Partner haben bei der Erfüllung der ihnen obliegenden Pflichten für die verkehrsübliche Sorgfalt einzustehen.

2) Wenn ein Gesellschafter von einem Dritten wegen einer unerlaubten Handlung oder Vertragsverletzung des anderen Partners in Anspruch genommen wird, so hat er den anderen Gesellschafter im Innenverhältnis insoweit freizustellen, als er selbst den Schaden allein verursacht hat.

§ 13 Auflösung

1) Die Gesellschaft kann durch einstimmigen Beschluß jederzeit aufgelöst werden.

2) Die Liquidation erfolgt gem. den gesetzlichen Bestimmungen (§ 730 ff BGB). Eine Nachschußpflicht gem. § 735 BGB ist ausgeschlossen.

§ 14 Genehmigung, Salvatorische Klausel

1) Dieser Vertrag gilt nur unter der Voraussetzung, daß der Zulassungsausschuß die Genehmigung zur Ausübung der Gemeinschaftspraxis erteilt. Diese Genehmigung wird von den Vertragspartnern unverzüglich beantragt.

2) Die Unwirksamkeit einzelner Vertragsbestimmungen berührt nicht die Wirksamkeit der übrigen Bestimmungen. Die Gesellschafter sind in diesem Fall verpflichtet, bei einer rechtswirksamen Regelung mitzuwirken, die dem Sinn und Zweck des Vertrags entspricht.

3) Falls gesetz- oder kassenärztliche Richtlinien dies verlangen, sind Vertragsänderungen vorzunehmen.

....
(Ort, Datum)

....
(Unterschrift) (Unterschrift)

Stichwortverzeichnis

Ablehnung (der Behandlung) 107
Abmahnung 175
Abrechnung per EDV 141
Abrechnungsbetrug 116
Abrechnungsfehler 110
Aggressive Mittel 49
Aids 196
Akteneinsichtsrecht 101
Alkohol-Blutprobe 214
Allgemeinverbindlichkeit 154
Anhörungsrecht 101
Anmeldepflicht (AOK) 186
Anscheinsbeweis 46
Anspruchsabwehr 65
Anwaltskosten (im Prüfverfahren) 103
Approbationswiderruf 108
Arbeitsunfähigkeit (Definition) 77
Arbeitsunfähigkeitsbescheinigung 75 ff
Arbeitsunfall 79
Arbeitsvertrag 150 ff
Arbeitszeit (flexible) 185
Arzthaftung 39 ff
Arzneimittelregress 97
Ärzteverzeichnis 106
Ärztlicher Befundbericht 82
Ärztliches Zeugnis 82
Assistenten 187
Aufhebungsvertrag 176
Aufklärung (des Patienten) 50 ff
Aufklärung (Umfang) 52
Aufklärung (Verzicht) 58
Aufklärung (Zeitpunkt) 51
Aufklärungsmangel 48
Aufklärungsmißbrauch 56 ff
Ausbildungsplan 166
Ausfallhonorar 33
Ausgleichsquittung 180
Aushilfsarbeitnehmer 180
Auszubildende 164 ff

Beerdigung 207
Befangenheit (des Prüfungsmitglieds) 102
Befruchtung (künstlich) 217
Behandlung (telefonische) 17
Behandlungsabbruch 15
Behandlungsfehler 48 ff
Behandlungsfehler (grober) 46
Behandlungsfehler (typische) 50
Behandlungsfolgen 54
Behandlungspflicht 14, 107
Behandlungsspielraum 20

Beihilfe zum Selbstmord 212
Beipackzettel 49
Belegarzt 83
Belegarztvertrag 84
Beratungsfehler 72
Bereitschaftsarzt 118
Bereitschaftsdienst 16
Berufsordnung 106
Berufsschüler 164
Beschäftigungsverbote 167
Beschlagnahmung (d Patientenkartei) 115
Beschwerdeausschuß 101
Betreuungsrecht 201 ff
Betriebsarzt 89
Beweis (der Aufklärung) 55
Beweislast (bei Wirtschaftlichkeitsprüfung) 94
Beweislastregeln 45
Beweislastumkehr 48
Beweissicherung 56
Bewertung (der Arztpraxis) 127
Bundesseuchengesetz 197

Computereinsatz 141 ff
Computermängel 141 ff

Delegationsfehler 110
Delegieren (ans Personal) 61 ff
Dienstbereitschaft 22
Dienstvertrag (mit Patienten) 27
Disziplinarrecht 110
Dokumentation (ausreichende) 48
Dokumentationsfehler 47
Dokumentationspflicht 25
Durchschnittsprüfung 92

Ehefrau (als Arbeitnehmerin) 186
Ehefrau (als Kreditnehmer und Bürge) 136 f
Einbauten (Praxisräume) 148
Eingriff (diagnostischer) 54
Einsicht (ins Krankenblatt) 25
Einstellungsgespräch 154
Einstweilige Anordnung (im Disziplinarverfahren) 112
Einwilligung (des Patienten) 44
Einwilligungsvorbehalt 202
Einzelfallprüfung 99
Embryonenschutz 216
Entziehungsverfahren 110
Entziehungsverfahren (der Arztzulassung) 112 ff

237

Erbschäden 73
Erziehungsurlaub 169

Fahrlässigkeit 41
Ferndiagnose (telefonische) 50
Fortbildungspflicht 107
Fortschritte der Medizin 49
Freier Mitarbeiter 189
Fruchtwasseruntersuchung 72

Gehaltstarifvertrag 153
Geheimsprache (in Zeugnissen) 179
Geldbuße 110
Geldbuße (wegen verweigertem Hausbesuch) 16
Gemeinschaftspraxis 188
Gerichtskosten 68
Geringfügig Beschäftigte 151
Geschäftsführung ohne Auftrag 45
Geschlechtskrankheiten-Gesetz 198
Gesundheitsstrukturgesetz 21
Gewährleistung (für Computer) 143
Goodwill (der Praxis) 128
Großes ärztliches Zeugnis 82
Grundaufklärung 53
Grundvergütung (für Hausärzte) 23
Gutachten 80
Gutachterstellen 70

Haftpflichtprozeß 45
Haftpflichttarif 39
Haftung (aus unerlaubter Handlung) 43
Haftung (des Belegarztes) 85
Haftung (des Ehepartners) 28
Haftung (für das Personal) 60
Haftung (vertragliche) 41
Haftungsausschluß 42
Handdesinfektion 47
Hauptfürsorgestelle 170 f
Hausarztprinzip 21
Hausbesuch 15
Herausgabeanspruch (des Patienten) 26
Herzuntersuchung 47
Honorar (Fälligkeit) 29
Honorarfragen (beim Belegarzt) 87
Honorarvereinbarung 30

Infektion (bakterielle) 50
Interesse (öffentliches) 69

Jugendarbeitsschutzgesetz 166

Kaution 147
Kindesmißhandlung 121
Kompensation (bei Wirtschaftlichkeitsprüfung) 97
Komplikationen (unbekannte) 55
Körperverletzung (fahrlässige) 45
Körperverletzung 43
Krankenblatt 25
Krankenversicherungskarte (ungültige) 13
Krankheit (des Arbeitnehmers) 156
Krankheit (im Urlaub) 184
Kredite (für die Praxis) 136
Kündigung 173 ff
Kündigung (des Arztvertrags) 27
Kündigung (fristlose) 175
Kündigungsschutz 152
Kündigungsschutz (von Schwangeren) 167
Kunstfehler 48 ff
Kürzung (des Honorars) 93 ff
Kürzungen (pauschale) 100
Kürzungsbescheid 95

Leasing 138
Leichenöffnung 219
Leistungsanspruch (des Patienten) 19
Leistungsanspruch (des Versicherten) 13
Lohnsteuerpauschale 186

Mahnkosten 29
Mangel (der Mieträume) 145
Mängelhaftung (bei Praxiseinrichtung) 139
Meldepflicht (von Krankheiten) 196
Methodenvielfalt (bei der Wirtschaftlichkeitsprüfung) 105
Mietvertrag (Praxisräume) 144 ff
Mutterschaftsgeld 167

Nebenkosten (Miete) 144
Nebenwirkungen (Information des Patienten) 49
Notfall (akuter) 47
Notfalldienst 15, 110
Patientenbrief 211
Patientenkartei 107
Patientenkartei (Verkauf) 128
Patientenwille (mutmaßlicher) 211
Pauschalhonorar 32
Praxiseinrichtung 136
Praxisgemeinschaft 192

Praxiskauf 127
Praxisvertreter 130
Privathonorar 12
Privatliquidation 11
Privatvertrag 12
Probezeit 155
Prozeßkosten 68
Prüfverfahren 100
Punktion (des Kniegelenks) 46

Querschnittlähmung 53
Querulant 14

Rechtsanwaltskosten 66 ff
Rechtsschutzversicherung 36
Rechtswidrigkeit (der Körperverletzung) 45
Rezept (ohne Krankenversicherungskarte) 13
Richtgrößen 98
Risiken (typische) 50
Röntgenauswertung 50
Röntgenverordnung 26
Routineeingriff 51
Ruhende Zulassung 110

Schadensersatz (wegen AU-Bescheinigung) 78
Schlichtungsstellen 70
Schmerz- und Beruhigungsmittel 50
Schmerzensgeld 43
Schönheitsreparaturen 146
Schuldanerkenntnis 68
Schwangere Arbeitnehmerin 167
Schwangerschaftsabbruch 124
Schwangerschaftsabbruch (mißlungener) 72
Schweigepflicht 119
Schweigepflicht (des Betriebsarztes) 90
Schweigepflicht (im Honorarprozess) 123
Schweigepflicht (post mortem) 122
Schweigepflicht-Entbindung 77, 120
Schwerbehinderte 170 ff
Schwerbehinderte (Urlaub) 164
Sektion 218
Selbstbestimmungsrecht (des Patienten) 53, 209
Selbstmordversuch 118
Sicherheitsabschlag 105
Simulant 15
Sterbehilfe 209
Sterilisation 215 ff
Sterilisation (fehlgeschlagene) 71

Stirnhöhlenoperation (Einwilligung) 51
Strafantrag 69
Stufenaufklärung 54
Sudeck-Syndrom 48
Suizidgefahr 210

Taktik (im Prozeß) 64
Tarifvertrag 152
Teilzeitpersonal 183
Todesbescheinigung 206
Todesfall (im Mietrecht) 149
Todesursache 208
Totenruhe (Störung der) 218
Totensorgerecht 219
Tötung auf Verlangen 212
Tötung durch Unterlassen 210

Überlastung (zeitliche) 14
Überspannung (der Aufklärung) 55
Überversorgung (und Gemeinschaftspraxis) 190
Überwachung (des Personals) 64
Unglücksfall 117
Unterhaltsansprüche 71 ff
Unterlassene Hilfeleistung 117
Urlaub 162
Urlaub (bei Teilzeit) 184
Urlaubsabgeltung (für Aushilfen) 182
Urlaubsabgeltung 164

Vergütung (angemessene) 19
Vergütung (ärztliche) 23
Verhör (von Patienten und Angestellten) 115
Verjährung 30
Verjährung (deliktische Ansprüche) 59
Verjährung (des Rückforderungsanspruchs gegen die KV) 104
Verjährung (vertragliche Ansprüche) 59
Verrechnungsstellen 123
Versetzung 161
Versicherungskarte 11
Vertrag zugunsten Dritter 11
Verwarnung 110
Verweis 110
Vormundschaftsgericht 203
Vorsatz 42
Vorschädigungen 49

Warteliste (bei Praxisverkauf) 134
Wartungsvertrag 141
Weisungsrecht 161

Werbung 107
Wiedereinsetzung (im Prüfverfahren) 103
Wirksamkeit (der Behandlung) 20
Wirtschaftlichkeitsgebot (Verletzung) 110
Wirtschaftlichkeitsprüfung 91 ff
Wissenschaftlichkeitsklausel (bei Privatversicherungen) 92

Zahlvater 71
Zeugnis (für Arbeitnehmer) 177 ff
Zufallskontrolle 99
Zulassungsbeschränkungen (bei Assistenten) 187
Zulassungsbeschränkungen 133
Zustimmung (zur Kündigung von Schwerbehinderten) 171
Zwangsunterbringung 205
Zweckmäßigkeit (der Behandlung) 20
Zweischrankmodell 131